T0157216

# النظريات الاجتماعية المتقدمة

دراسة تحليلية في النظريات الاجتماعية المعاصرة

تأليف

الأستاذ الدكتور

## احسان محمد الحسن

دكتوراه علوم في علم الاجتماع من جامعة لندن بدرجة امتياز

### حائز على جائزة نوبل في العلوم الاجتماعية

أستاذ علم الاجتماع في كلية الآداب بجامعة بغداد

دار وائل للنشر

الطبعة الثانية

2010

رقم الايداع لدى دائرة المكتبة الوطنية : (2005/3/545)
الحسن ، احسان محمد
النظريات الاجتماعية المتقدمة : دراسة تحليلية في النظريات الاجتماعية المعاصرة/
احسان محمد الحسن. - عمان : دار وائل للنشر ، 2005
(317) ص
ر.إ. : (2005/3/545)
الواصفات: علم الاجتماع / الانثروبولوجيا الاجتماعية
* تم إعداد بيانات الفهرسة والتصنيف الأولية من قبل دائرة المكتبة الوطنية

**********

رقم التصنيف العشري / ديوي 301
ISBN 9957-11-542-1 (ردمك)

* النظريات الاجتماعية المتقدمة
* الأستاذ الدكتور إحسان محمد الحسن
* الطبعة الأولى 2005
* الطبعة الثانية 2010


* جميع الحقوق محفوظة للناشر

دار وائل للنشر والتوزيع

* الأردن - عمان - شارع الجمعية العلمية الملكية - مبنى الجامعة الاردنية الاستثماري رقم (2) الطابق الثاني
هـاتف : 00962-6-5338410 - فاكس : 00962-6-5331661 - ص. ب (1615 - الجبيهة)
* الأردن - عمان - وسط البلد - مجمع الفحيص التجاري- هـاتف: 00962-6-4627627
www.darwael.com
**E-Mail:** Wael@Darwael.Com

# المحتويات

# المقدمـــة

تعد مادة النظريات الاجتماعية المتقدمة من اهم المواد العلمية التي يدرسها طلبة الدراسات الاولية والعليا، واهميتها لا تكمن في مجالها النظري والاكاديمي فحسب بل تكمن ايضاً في مجالها البراغماتي والتطبيقي. ذلك ان اية نظرية اجتماعية يستخدمها الطالب في دراسته او بحثه او اطروحته وتنطوي على اطار نظري يحدد الهوية العلمية للدراسة ومنطلقاتها الفكرية والمبدئية، وتنطوي ايضاً على تقنيات عملية واجرائية من شأنها ان تحدد الدراسة وكيفية تناولها وتقصي المعلومات عنها مع توضيح سبل الـربط بـين عناصرها لكي تتسم الدراسة بوحدة الموضوع والهدف.

وعند تدريسي المادة هذه في الدراسات الاولية والعليا لعشرات السنين لم اعثر عـلى كتـاب واحـد يتناول بالدراسة والتحليل اشهر النظريـات الاجتماعيـة المعـاصرة التـي يعرفها علماء الاجتماع في الغـرب والشرق، بل ولم اعثر على كتابين او ثلاثة كتب تغطي النظريات الاجتماعية المعروفة. لذا كنت ازود الطلبـة بقائمة مفصلة من المصادر العلمية باللغتين العربية والانكليزية بمادة النظريات لكي يطلعوا عليها ويلمـوا بحيثياتها. وجهد شاق كهذا كان مضنياً للاستاذ والطالب عـلى حـد سـواء. لـذا قررت تـأليف كتـاب واحـد يحتوي على جميع النظريات الاجتماعية المعاصرة المطلوب من الطالب معرفتها واستيعابها، وهـذا الكتـاب يأخذ عنوان " النظريات الاجتماعية المتقدمة "، وعدد هذه النظريات اربعة عشر نطرية، لكل نظرية عـدد من المنظرين الاجتماعيين والمبادىء والاسس والتطبيقات العملية على البحوث العلمية. فضلاً عـن وجـود دولة او مجموعة دول تتبنى النظرية وتنتهجها في خططها السياسية والاجتماعيـة والاقتصادية والفلسـفية والتربوية.

لقد عرفت النظرية الاجتماعية على انها مجموعة الافكار والمعتقدات والآراء التي تجسد ماهيـة وطبيعـة البنى والانظمة والعمليات والعلاقات الاجتماعية بين الافراد والجماعـات لـكي يصار الى الاستفادة منها في فهم النظم والمجتمعات. وللنظرية الاجتماعية شروطها ووظائفها الاساسية. فمن شروطها تكامل وترابط افكارها ومفاهيمها ومبادئها مع وضوح النظرية وتسلسل افكارها وبعدها عن التعقد والتشويش، فضلاً عن اشتقاقها من طبيعة الواقع الاجتماعي الذي توجد فيه مع تـوفر شرط الصحة النسبية للنظريـة وليس الصحة المطلقة. اما وظائف النظرية فهي نضوج واكتمال العلم والاختصاص، والقـدرة علـى تفسير الظواهر الواضحة والغامضة والتفاعلات الاساسية والثانوية والعوامل الموضوعية والذاتية لعلم من العلـوم، اضافة الى احتوائها على المفاهيم والمصطلحات العلمية وتحديدها لميادين الدراسة لأي علم من العلوم.

يحتوي كتاب النظريات الاجتماعية المتقدمة على ثمانية عشر ـ فصلاً متكاملاً، كـل فصـل يـدرس جانباً مهماً من جوانب هذه النظريات. فالفصل الاول يدرس النظريات والقوانين الاجتماعيـة العلميـة مـن ناحية تحليلها الى عناصرها الاولية. ذلك ان القانون الاجتماعي يتمتع بصحة اعلى من النظريـة الاجتماعيـة، والاخيرة تتمتع بصحة اعلى من الفرضية الاجتماعية، والاخيرة تكـون صحتها اعلـى مـن المنطق او الفكـرة. فضلاً عن ان هذا الفصل يدرس مفاهيم الفكرة والفرضية والنظرية والقانون وشروطها ووظائفها خصوصاً بالنسبة للنظرية والقانون. والفصل الثاني من الكتاب يـدرس النظريـة البنيويـة الاجتماعية. وهذا الفصل يحتوي على خمسة مباحث هي متى تأسست النظرية البنيوية ومن هم اهم روادهـا ؟ ومبحـث مـا هـي اهم المؤلفات المنشورة حولها ؟ ومبحث المبادىء الاساسية التي تنطوي عليهـا النظريـة البنيوية. ومبحث الاضافات التي قدمها كل من كونت وكولدن ويزر وليفي ستراوس ومارسيل ماوس لتطور النظرية البنيوية. واخيراً هناك مبحث تطبيق النظرية البنيوية على الابحاث الاجتماعية.

والفصل الثالث من الكتاب يدرس النظرية البنيوية الوظيفية. وهذا الفصل يحتوي على اربعة مباحث هي: نشوء النظرية البنيوية الوظيفية ومبحث رواد النظرية البنيوية الوظيفية، ومبحث المبادىء الاساسية التي ترتكز عليها البنيوية الوظيفية، واخيراً مبحث التطبيقات العملية للبنيوية الوظيفية.

اما الفصل الرابع من الكتاب فيتناول بالدراسة والبحث النظرية التفاعلية. وهذا الفصل يتكون من اربعة مباحث هي: تأسيس النظرية التفاعلية والعوامل المؤثرة في النشأة والتكوين، ومبحث رواد النظرية التفاعلية ومساهماتهم في الاضافة الى النظرية، ومبحث المبادىء الاساسية التي ترتكز عليها التفاعلية كنظرية حديثة، واخيراً مبحث التطبيقات العملية للنظرية التفاعلية. وهناك الفصل الخامس من الكتاب الذي يدرس النظرية التفاعلية الرمزية. وهذا الفصل يتكون من اربعة مباحث هي: مبحث تأسيس وظهور النظرية التفاعلية الرمزية، ومبحث رواد التفاعلية الرمزية ومساهماتهم في اغناء النظرية وتطويرها، ومبحث المبادىء التي تستند عليها التفاعلية الرمزية، واخيراً مبحث التطبيقات العملية للتفاعلية الرمزية. ويهتم الفصل السادس من الكتاب بالنظرية البايولوجية التي قسمها الباحث الى ثلاثة مباحث هي المبحث الاول الذي يهتم بالنظرية البايولوجية البنيوية، والمبحث الثاني الذي يدرس النظرية البايولوجية العنصرية او العرقية، واخيراً هناك المبحث الثالث الذي يدرس النظرية البايولوجية السكانية.

اما الفصل السابع فيدرس موضوع النظرية التطورية التي يقسمها الباحث الى خمسة مباحث هي مبحث النظرية التطورية عند اوكست كونت ومبحث النظرية التطورية عند هربرت سبنسر ومبحث النظرية التطورية عند اميل دوركهايم ومبحث النظرية التطورية عند فيردناندتونيز واخيراً مبحث النظرية التطورية عند ليونارد هوبهوس.

والفصل الثامن من الكتاب يهتم بدراسة النظرية الصراعية. والفصل يحتوي على ستة مباحث كل مبحث يهتم بنظرية صراعية عند اهم المنظرين الصراعيين. فالمبحث الاول يدرس النظرية الصراعية عند ابن خلدون، والمبحث

الثاني يدرس النظرية الصراعية عند كارل ماركس، اما المبحث الثالث فيهتم بالنظرية الصراعية عند باريتو، والمبحث الرابع يتعلق بالنظرية الصراعية عند كارل منهايم، والمبحث الخامس يدرس النظرية الصراعية عند رالف داهرندوف، واخيراً يتعلق المبحث السادس بالنظرية الصراعية عند سي رايت ملز. اما الفصل التاسع من الكتاب فيأخذ عنوان " النظرية المادية التاريخية الدايلكتيكية "، وهذا الفصل يدرس التفسير الاقتصادي الدايلكتيكي للمجتمع والتاريخ، ويهتم بموضوع الاغتراب وفائض القيمة والطبقات الاجتماعية والصراع الطبقي. والفصل العاشر يدرس نظرية الدور، والنظرية تنطوي على ثلاثة مباحث رئيسية هي نظرية الدور عند ماكس فيبر وتالكوت بارسونز وهانز كيرث وسي. رايت ملز، ومبحث المبادىء العامة لنظرية الدور، واخيراً مبحث التطبيقات النظرية لنظرية الدور.

اما الفصل الحادي عشر فيتخصص بدراسة النظرية السببية. وهذا الفصل يتكون من ثلاثة مباحث هي المبحث الاول الذي يأخذ عنوان التفسير السيكواجتماعي للنظرية السببية، والمبحث الثاني الذي يأخذ عنوان التفسير السببي للعوامل والقوى الاجتماعية المترابطة، والمبحث الثالث الذي يدرس نظرية روبرت مكايفر السببية التي تكمن في الدافع المتأتي من ترابط الموقف مع المصلحة، اضافة الى التطبيقات العملية للنظرية. والفصل الثاني عشر من الكتاب يتعلق بنظرية التبادل الاجتماعي. وهذا الفصل يتكون من اربعة مباحث هي المبحث الاول الذي هو تأسيس نظرية التبادل الاجتماعي ونشوءها، والمبحث الثاني الذي يدرس المبادىء الاساسية التي ترتكز عليها نظرية التبادل الاجتماعي، والمبحث الثالث عن اهم رواد نظرية التبادل الاجتماعي، اما المبحث الرابع والاخير فيدور حول التطبيقات العملية للنظرية.

والفصل الثالث عشر الذي يتخصص بدراسة النظرية الشكلية يتكون من سبعة مباحث رئيسية هي المبحث الاول: ظهور النظرية الشكلية، والمبحث الثاني:

اهم المؤلفات عن النظرية الشكلية والمبحث الثالث الذي يأخذ عنوان " اهم مبادىء النظرية الشكلية "، والمبحث الرابع: النظرية الشكلية وصور العلاقات الاجتماعية، والمبحث الخامس: النظرية الشكلية ومضمون العلاقات الاجتماعية. اما المبحث السادس فيدرس اهمية النظرية الشكلية في دراسة النماذج الاجتماعية. واخيراً يبحث المبحث السابع موضوع النظرية الشكلية والدايلكتيكية. في حين يتخصص الفصل الرابع عشر بدراسة نظرية التمثيل المسرحي. وهذا الفصل يدرس ثلاثة مباحث رئيسية هي المبحث الاول: تأسيس نظرية التمثيل المسرحي، والمبحث الثاني: المبادىء التي ترتكز عليها نظرية التمثيل المسرحي، والمبحث الثالث: التطبيقات العملية والبحثية لنظرية التمثيل المسرحي. اما الفصل الخامس عشر فيدرس نظرية الوصم من حيث تاريخ تأسيسها والمصادر والكتب المنشورة عنها وروادها والمبادىء الاساسية التي تحملها واخيراً تطبيقاتها العملية. واخيراً هناك الفصل السادس عشر والسابع عشر والثامن عشر التي تدرس سيرة ومسيرة وتعاليم اميل دوركهايم وماكس فيبر وكارل منهايم على التوالي اذ يخصص فصل لكل عالم من هؤلاء العلماء.

ومن الجدير بالملاحظة هنا بان المنهج العلمي الذي اعتمده الكتاب في تحليل النظريات الاجتماعية المعاصرة وسردها وربط بعضها ببعض هو المنهج الاستنتاجي الذي حاول من خلاله المؤلف تحليل كل نظرية من النظريات الى عناصرها الاولية مع تبيان سماتها الاساسية التي تميزها عن بقية النظريات. ودراسة كهذه أملت على الباحث الولوج الى المنهج التكاملي، هذا المنهج الذي يعد فاعلاً في دراسة الظاهرة الاجتماعية من جميع زواياها لكي يصار الى فهمها واستيعاب جوهرها الداخلي وسماتها الخارجية.

لا يستفيد من الكتاب طلبة الاجتماع والانثروبولوجيا والخدمة الاجتماعية فحسب بل يستفيد منه ايضاً طلبة علم النفس والتربية والاقتصاد والادارة العامة والقانون والسياسة والفلسفة والتاريخ والاعلام على حد سواء. فضلاً

عن انه يغني المكتبة العربية بكتاب نفيس ونادر هي بأمس الحاجة اليه. واخـيراً نأمـل ان يكون الكتـاب نافعاً للقرّاء جميعاً المختصين منهم وغير المختصين، والله من وراء القصد.

المؤلف

الاستاذ الدكتور إحسان محمد الحسن

قسم الاجتماع - كلية الآداب

جامعة بغداد

# الفصل الاول
## النظريات والقوانين العلمية

لا نستطيع فهم النظريات والقوانين العلمية دون فهم واستيعاب الفرضيات والمفاهيم التي تشكل المادة الاساسية للنظريات والقوانين. فالفرضية هي مجموعة من الافكار والآراء والمفاهيم والحقائق غير المبرهنة وغير المعززة بالارقام والبيانات والحجج الاحصائية والرياضية التي تثبت صحتها وواقعيتها وموضوعيتها وقدرتها على تفسير جانب من جوانب الواقع الاجتماعي او الحياة العقلية والسلوكية التي تميز الافراد والجماعات في المجتمع[1]. والفرضية تبنى من الافكار والآراء (Notions) التي يكتسبها الافراد من بيئتهم وواقعهم ومن تجارب احتكاكهم وتفاعلهم مع الآخرين ومن مصالحهم الشخصية وطموحاتهم الحياتية وخصائلهم الخلقية المتميزة. ولا يمكن اعتبار هذه الافكار والآراء التي يتمسك بها الافراد صحيحة او غير صحيحة نظراً لكونها معبرة عن حياتهم الذاتية والنفسية. ولكن هذه الافكار والآراء يمكن ان تتحول الى فرضية او فرضيات فيما اذا رتبت ترتيباً عقلانياً وعلمياً ودونت باسلوب كتابي متميز يعبر تعبيراً واضحاً عن افكار وآراء الكاتب تجاه قضية او ظاهرة او موضوع معين[2]. والفرضيات كثيرة ومتعددة فهي تصنف الى ابواب مختلفة تتعلق بجوانب الحياة المختلفة او تتعلق بالعلوم التي اهتدى اليها الانسان منذ بداية الخليقة ولحد الآن. ولكل علم فرضياته الاكاديمية الصرفة التي يهتم بها ويحاول اختبارها وتجربتها لكي تتحول الى نظريات قادرة على تفسير بعض الظواهر العلمية التي تحتاج الى فهم وادراك كاملين، نظريات يمكن ان تستعمل في حل المشكلات والملابسات الموضوعية التي يعاني منها الانسان والمجتمع. وتتحول الفرضية الى نظرية اذا استطاع العالم او المختص

برهان صحتها واثبات مفاهيمها من خلال اجراء الدراسة النظرية او الميدانية[3]. ويمكن تحويل النظريـة الى قانون كوني اذا كانت قادرة على تفسير الظاهرة او النظام او المشكلة تفسيراً منطقياً وعلمياً وعقلانياً مهـما تكن ظروف وملابسات واجواء الظاهرة او المشكلة ومهما يكن موقعها الزماني او المكاني[4]. والقانون الكوني يتمتع بدرجة عالية من الصحة والثبات من حيث حقائقه وتماسكه وعلميته ودرجة عقلانيته.

النظريات العلمية    (Scientific Theories)

ان اصطلاح نظرية هو من المصطلحات الغامضة التي لا يستطيع العالم استعماله استعمالاً دقيقاً وصحيحاً في كتاباته وبحوثه، فقد يشير الاصطلاح الى النظام التجريدي الذي يجمع بين الافكار ويوحد بينها ويضعها في قالب يعكس معنى المفاهيم التي يطرحها العالم في سياق ابحاثه الاكاديمية. اما معنى النظريـة الاجتماعية فقد كان متعلقاً بالدراسات الفلسفية والسياسية. فقد استعمل اصطلاح النظريـة الاجتماعيـة لأول مرة للتعبير عن نظرية الدولة، هذه النظرية التي اهتمت بدراسة اصل نشوء الـدول الحديثـة مـع التبريرات الفلسفية والعلمية للاشكال التي تتخذها[5]. وهنـاك مجموعـة مـن المؤلفـات والكتابـات الادبيـة التي يمكن ان توضع تحت عنوان النظرية الاجتماعية او تحت عنوان تاريخ الفكر. ولكن لما كانت هـذه المؤلفات والكتابات تدور حول طبيعة العلاقات الانسانية والمجتمع البشري فمن المستحسن استعمال اصطلاح النظرية الاجتماعية لوصفها وتحليلها والتعبير عنها. فمثلا كتاب " من التاريخ الى علـم الاجتماع " الذي هو دراسة في تبديل الفكر التاريخي الالماني لمؤلفه كارلو أنتوني وكتاب " الوعي والمجتمع " لمؤلفـه د. هيوز هي كتب تتعلق بالنظرية الاجتماعية (Social Theory) وذلك لقرب مواضيعها من مواضيع النظريـة السيسيولوجية (Sociological Theory) علماً بأن النظرية الاخيرة يمكن تمييزها عن النظرية الاجتماعيـة مـن حيث تركيزها على الطرق المنهجية المتعلقة بدراسات البنيات والانظمة والعلاقات الاجتماعية[6].

لكن الباحث يكون النظرية العلمية ليستعملها في تفسير ظواهر وتفاعلات وملابسات الموضوع الذي ينوي دراسته وفحصه. والنظرية العلمية هي نظرية نسبية قابلة للتعديل والتغيير. فكم من نظرية علمية قبل بصحتها واستمرت كذلك قائمة فترة طويلة، وصلت الى قرون احياناً، ثم ثبت خطؤها بعد اجراء المزيد من الدراسة، خصوصاً بعد ظهور اكتشافات جديدة غيرت من وجهات النظر القائمة. والقت ضوءاً على جوانب لم تكن واضحة عند الدراسة الاولى للموضوع. ويجب ان ننتبه الى ان اي تقدم علمي في ميدان من ميادين المعرفة كثيراً ما يغير من النظريات القائمة في ميدان آخر[7]. ذلك ان الافكار الانسانية مهما تشعبت وتفرعت الى ميادين انما تؤلف كلاً متكاملاً يعكس تكامل الحياة وترابطها. ومن الجدير بالاشارة في هذا المجال ان النظرة العلمية الحديثة تعتبر الكثير من النظريات القديمة مجرد فروض علمية كنظرية بطليموس في تفسيره للاجرام السماوية، والتي ظلت قروناً عديدة مرجعاً لدارسي الفلك حتى ثبت خطؤها، ونظرية نيوتن في الذرة والتي اعتمد عليها العلماء من بعده فترة طويلة في تفسير كثير من الظواهر الفيزيائية والنووية ثم ثبت خطؤها ايضا. ان النظرية العلمية لا تقتصر ـ على مجرد الانسجام والاتساق المنطقي بين حجمها وبياناتها وانما تتعدى ذلك الى التحقيق العلمي الناتج من اختبار ادلتها وافتراضاتها اختباراً يعتمد على التجربة والقياس وغيرها من وسائل البحث العلمي[8]. لكن النظرية تأتي نتيجة بحث علمي متكامل متوفر فيه جميع شروط البحث العلمي، ومن ثم تكون قادرة على الكشف عن العلاقات الوظيفية بين ظواهر معينة وتفسيرها وتوضيح المبادىء والقوانين المنظمة لها[9].

يستطيع علم الاحصاء مساعدتنا في اجراء الدراسات العلمية التي تهدف الى برهان الفرضيات وتحويلها الى نظريات علمية[10]. فالباحث الاجتماعي مثلاً يستطيع برهان الفرضية التي تدعي بأن حجم العائلة يعتمد على خلفيتها الاجتماعية والطبقية وذلك من خلال اجراء دراسة ميدانية عن الموضوع. والدراسة هذه

تتوخى اختبار صحة الفرضية وتحويلها الى نظرية بعد جمع الادلة والبراهين الكافية عنها من الميدان الاجتماعي. فالدراسة قد تختار عينات من عوائل المجتمع وتصمم ورقة استبيانية تطرح فيها مجموعة من الاسئلة تدور حول اثر الخلفية الاجتماعية والطبقية في حجم العائلة. وبعد مقابلة عائلات العينة مقابلة رسمية وغير رسمية تبوب المعلومات الاحصائية وتكون منها الجداول التي تحلل معلوماتها تحليلاً علمياً وعقلانياً يساعد الباحث على الوصول الى النتائج النهائية للبحث. وهذه النتائج قد تشير الى ان حجم العائلة يعتمد على خلفيتها الاجتماعية والطبقية او يعتمد على عوامل وقوى اخرى. فاذا كانت نتائج البحث تشير الى ان عامل الخلفية الاجتماعية والطبقية هو من العوامل المهمة والاساسية التي تحدد حجم العائلة فان الفرضية تتحول الى نظرية علمية. اما اذا كانت النتائج تشير الى عكس هذا فلا يمكن هنا تحويل الفرضية الى نظرية مطلقاً. النظرية اذن هي مجموعة من الافكار والحقائق العقلانية والنظامية التي تم برهانها واثباتها علمياً بعد اجراء الدراسة الاكاديمية او الميدانية.

**شروط النظرية العلمية :**

لكي تكون النظرية علمية وقادرة على تفسير الظواهر والعلاقات والتغيرات والملابسات التي تتعلق بموضوعها ومادتها يجب ان تتوفر فيها    الشروط الآتية:

1-  يجب ان تكون افكار ومبادىء ومفاهيم النظرية مترابطة ومتكاملة بحيث تخلو مادتها من التناقض والتضارب[11].

2-  يجب ان تكون النظرية معبرة عن فكرة او افكار او مبادىء واضحة ومركزة ومتسلسلة تسلسلاً نظامياً ومنطقياً بعيداً عن التعقد والتشوش والارتباك.

3- ينبغي ان تكون المادة العلمية للنظرية مشتقة من طبيعة الواقع الاجتماعي الذي توجد فيه، وينبغي ان لا تكون معتمدةعلى افكار فلسفية او لاهوتية او ذاتية حيث ان مثل هـذه الافكـار لا تخضع الى اساليب التحليل والتجريب والفحص الميداني الموضوعي[12]. كما يجب ان تكـون النظريـة قادرة عـلى معالجة سلبيات وتناقضات الواقع الذي اشتقت منه مادتها الاساسية معالجة موضوعية وحقيقية.

4- على النظرية ان تكون قادرة ومتمكنة من تفسير جميع الظواهر والملابسـات التـي تهتـم بدراستها وتحليلها، والتفسير ينبغي ان يكون عقلانياً ومستمداً من طبيعة الظاهرة او المشكلة المدروسة وليس من تصورات وتخيلات ومقاصد واهواء ومصالح الباحث الذي يقوم بدراستها والاهتمام بها.

5- ينبغي ان تكون صحة النظرية نسبية وليس مطلقة[13]. كما يجب ان تكـون قابلـة للتغييـر والتعـديل تبعاً لتغير الظروف الموضوعية والعوامل الفاعلة التي تحدد درجة قوتها وزخمها.

6- النظرية الجيدة والصحيحة هي النظرية التي تتوصـل الى نفس الحقـائق والاستنتاجات اذا تكـررت دراستها وفحوصها واثباتاتها خلال فترات زمنية مختلفة وفي اماكن جغرافية مختلفة[14].

7- يجب ان تنفرد النظرية بتفسير الحقائق التي تشمل عليها. فوجود نظرية اخرى تفسر نفس الحقائق التي تفسرها النظريـة الاولى يضعف الاهميـة العلميـة للنظريتين. ومـن الجـدير بالملاحظـة ان تقـدم الدراسة والبحث في موضوع ما يؤدي الى اختفاء ظاهرة التفاوت الكبير بين النظريات.

**وظائف النظرية العلمية:**

لجميع النظريات العلمية وظائف اساسية ومهمة مهما تكن المواضيع والـدروس التي تكتنفهـا. ولولا وظائف النظريات التي تقدمها للباحثين وللعلم لما ظهـرت وتطورت وتغيرت بـين فـترة واخرى. ونستطيع تلخيص وظائف النظرية العلمية بالنقاط التالية:

1- تساعد النظرية على نضوج واكتمال العلم، فجميع العلوم الطبيعية والاجتماعية مكونة مـن نظريـات اخصائية تهتم بتفسير وتوضيح الجوانب المختلفة لمواضيعها وموادها العلميـة والمنهجيـة[15]. فكلمـا كانت نظريات علم من العلوم كثيرة ومتشعبة كلما كان العلـم ناضجاً وقادراً عـلى تفسير ظواهره وعلاقاته وتفاعلات عناصره التي تهتم بدراستها وتحليلها. وكلما كانت نظريات العلم قليلة وضعيفة كلما كان العلم فتياً وغير قادر عـلى تفسير ظواهره وعناصره التكوينية وبالتـالي غـير متمكن مـن معالجة مشاكل وسلبيات الانسان والمجتمع.

2- تقوم النظرية العلمية بتفسير الظواهر الواضحة والغامضة والتفاعلات الاساسية والثانوية والعوامـل الموضوعية والذاتية لعلم من العلوم. ومثل هذا التفسير والشرح يمكن العلم من استيعاب المشكلات والتناقضات التي تقع في حقل مـن حقول المجتمع. وبعـد استيعابها والالمام بجوانبها تستطيع معالجتها معالجة موضوعية تدفع المجتمع الى التطور والنمو والازدهار.

3- تتكون النظريـة مـن المفاهيم والمصطلحات الفنية التي لا غنى عنها لأي علـم مـن العلـوم. وعنـدما تتكـاثر وتتضـاعف النظريـات تـزداد المفـاهيم والمصـطلحات التـي تكتنفهـا النظريـات وتنمو العلـوم نمـواً سريعـاً. ان كـل مفهـوم او مصـطلح يتضـمن خـبرة اجتماعية

وعلمية طويلة، وهو بمثابة تلخيص لكثير من الحقائق التي تتكون منها النظرية العلمية.

4- تحدد النظرية ميادين الدراسة في مختلف العلوم، كما تحدد نوع الحقائق التي ينبغي ان يتجه اليها الباحث في ميدان دراسته. وبدون النظرية تتداخل ميادين البحث وتتلاشى الحدود التي تفصل بعضها عن البعض الآخر.

**القوانين العلمية:**

القانون هو عبارة عن علاقة ضرورية تقوم بين ظاهرتين او اكثر. فعندما نقول بأن الظاهرة أ سببت وقوع الظاهرة ب فاننا نعني بأن وقوع الظاهرة أ كان قبل وقوع الظاهرة ب اي ان الظاهرة ب تعتمد على ظاهرة أ . اذن توجد هناك علاقة جدلية ومنطقية بين الظاهرتين. والقوانين تقسم الى قسمين القوانين السببية (Causal Laws) والقوانين الوظيفية (Functional Laws). القوانين السببية هي الاحكام الموضوعية والعقلانية التي تفسر العلاقة الجدلية والمنطقية بين حادثتين او ظاهرتين[17]. الحادثة المستقلة والحادثة المعتمدة التي يعتمد وقوعها على وجود الحادثة المستقلة. فالقانون الذي ينص على ان المطر يعتمد على التبخر والتبخر يعتمد على الحرارة هو قانون سببي عقلاني يربط بين ظاهرة مستقلة كالحرارة مثلاً وظاهرة معتمدة كالتبخر او المطر. اما القوانين الوظيفية فتعبر عن العلاقات بين الظواهر دون ان تشرح تلك الظواهر من الناحية السببية[18]. وتعبر العلاقة الوظيفية عن كل ترابط بين ظاهرتين توجدان في آن واحد، وتتغيران تغيراً نسبياً بحيث تعتبر كل منها شرطاً من شروط وجود الاخرى دون امكان القول بأن احداهما سبب والاخرى نتيجة. والقوانين الوظيفية تكثر في العلوم الاجتماعية وتكون صحتها اعلى نسبياً من صحة القوانين السببية وذلك لتعقد الظواهر الاجتماعية وكثرة الاسباب والمتغيرات التي تؤثر فيها. بينما تكثر القوانين السببية في العلوم الطبيعية كالرياضيات والفيزياء والكيمياء نظراً لوضوح ظواهرها

وترابط الاشياء والمواد التي تدرسها ترابطاً عقلانياً وسببياً يمكن تفسيره بالسبب والنتيجة (Cause and Effect) . فهناك الكثير من الظواهر الطبيعية يمكن ان تفسر بالسبب الواحد مثلاً تتقلص المعادن بانخفاض درجات الحرارة وتتمدد بارتفاع درجات الحرارة. بينما لا يمكن تفسير الظواهر الاجتماعية كالطبقية او الجريمة او السلوك الاجتماعي او الانتحار او ازدحام السكان في المدن او التعاون او التنافس او المركزية واللامركزية بالسبب الواحد فلو اخذنا ظاهرة الطبقية مثلاً لوجدنا بأن هناك عدة عوامل تؤثر في انتماء الشخص لطبقة او فئة او شريحة اجتماعية دون الطبقة او الفئة او الشريحة الاخرى. ومن اهم هذه العوامل الدخل والملكية، الثقافة والتربية والتعليم، المهنة، المنطقة السكنية، لقب العائلة، اللغة والمظهر الخارجي، القيم والمقاييس والمصالح والاهداف... الخ[19]. جميع هذه العوامل مجتمعة تساعدنا على معرفة الطبقة او الشريحة الاجتماعية التي ينتمي اليها الفرد في المجتمع العصري الحديث. بينما اللجوء الى السبب الواحد في تفسير ظاهرة الطبقية كاللجوء الى العامل المادي او الاقتصادي مثلاً في قياس المكانة والفئة الاجتماعية التي ينتمي اليها الفرد لا يمكن ان يساعدنا في معرفة طبقته ومكانته الاجتماعية. حيث ان ظاهرة الطبقية هي ظاهرة معقدة وشائكة ولا يمكن فهمها وتعرية ملابساتها بدراسة العامل الواحد. وكذلك الحال بالنسبة للظواهر الاجتماعية الاخرى.

ان العلوم الاجتماعية لم تستطع لحد الآن اكتشاف القوانين السببية الثابتة التي تعرفها العلوم الطبيعية ولم تتمكن من بناء وتكوين القوانين الواضحة التي تستطيع تفسير ظواهرها والاشياء التي تدرسها تفسيراً منطقياً وعلمياً وذلك لصعوبة حقولها الدراسية وكثرة العوامل والمتغيرات التي تؤثر فيها ودراستها لجوانب المجتمع المختلفة التي يلعب فيها الانسان الدور الاساسي والمهم في عملية تنظيمها وتحديد قوانينها ونشاطاتها[20]. فهي تستطيع وضع التعميمات السببية وليس القوانين السببية، فالعالم الاجتماعي يستطيع القول بأن الحادثة أ تولد

الحادثة ب ولكنه لا يستطيع التكهن على ان الحادثة أ يجب ان تولد الحادثة ب طالما ان وقوع الحوادث التي تكمن في القانون تستلزم وجود نظريات ثابتة. والعلوم الاجتماعية في الوقت الحاضر تفتقد الى مثل هذه النظريات. لهذا تختلف التفسيرات السببية للعلوم الاجتماعية عن تلك التي تطرحها العلوم الطبيعية طالما ان للعلوم الطبيعية نظريات ثابتة تستطيع تفسير الظواهر والحوادث تفسيراً سببياً علمياً.

والقوانين الوظيفية الكونية في علم الاجتماع كثيرة ومتفرعة وتدخل تقريباً في جميع حقوله واختصاصاته الضيقة، ومن هذه القوانين ما يلي:

أ - يتحول المجتمع البشري من مجتمع بسيط الى مجتمع مركب ومن مجتمع مركب الى مجتمع معقد.

ب - يستطيع المجتمع احراز التقدم الاقتصادي السريع اذا توازنت كمية الموارد الطبيعية مع كمية السكان.

ج - تزداد نسب الانتحار كلما تقدم المجتمع في الحقول المادية والحضارية والتكنولوجية والعلمية وتقل في المجتمعات المتخلفة والنامية.

د - كلما تقدم المجتمع مادياً وحضارياً وتكنولوجياً كلما اصبحت العلاقات الاجتماعية رسمية وضعيفة.

هـ - تزداد نسب الجرائم في المجتمعات التي يلعب فيها الدين دوراً هامشياً وثانوياً.

ومن الجدير بالملاحظة ان كثرة القوانين الكونية في العلم تشير الى نضوجه واكتماله وفاعليته في تفسير الظواهر والمشكلات التي تجابه نطاقه النظري او العملي.

**شروط القوانين العلمية:**

لكي تعتبر القوانين علمية وقادرة على تفسير جميع الظواهر والحوادث والعلاقات التي يهتم العلم بدراستها وتحليلها في مختلف الاماكن والازمنة يجب ان تتوفر فيها الشروط التالية:

1- يجب ان تكون القوانين العلمية نسبية في صحتها وليس مطلقـة اي يجـب ان تكـون مستعدة عـلى التغيير والتبديل والتحوير تبعاً لتغيير وتبديل الظروف والعوامل والملابسـات المتعلقـة بـالمواد التـي تدرسها وتتخصص في تحليلها وتفسيرها وتحديد مضامينها وابعادها.

2- ينبغي ان تكون القوانين العلمية قادرة على تفسير جميع الظواهر والظروف والعلاقـات التـي تهتـم بدراستها ويجب ان تكون تفسيراتها وشروحها دقيقة ومركزة وشاملة ومستمدة مـن طبيعـة الشـيء الذي تفسره وتدرسه وتهتم به.

3- يجب ان تكون القوانين مكملة الواحد للآخر وفي حالة اكتشاف قوانين جديدة فان القـوانين القديـمة يجب ان تحافظ على منزلتها وشكلها السابق وشريطة ان تكون كفـوءة وقـادرة عـلى شرح وتوضيح حقائق الاشياء وملابساتها[21]. ومن الجدير بالملاحظة ان زيادة قوانين العلم تعنـي نضـوجه واتسـاع امكانياته في مساعدة الانسان على التغلب على مشاكله وسلبياته.

4- قابلية القوانين على تنبؤ الحوادث والظواهر قبل وقوعها[22]. فـاذا ظهـر ان هـذه التنبـؤات صحيحة ودقيقة ازدادت القوانين قوة ويقينا في كشف حقيقة الظاهرة او الحادثة قبل وقوعها.

**وظائف القوانين العلمية :**

1- تساعد القوانين العلمية الباحثين والمختصين والعلماء عـلى اشتقاق الفرضيات والنظريـات الجديـدة التي سرعان ما تتحول الى قوانين كونية شمولية اذا استطاع العلماء برهان صحتها ونتائجها من خـلال اجرائهم البحوث الاكاديمية او الميدانية. وهذا معناه بأن القوانين نفسها تسـاعد عـلى خلق قـوانين جديدة تلعب الدور الكبير في تطوير العلم واتساع آفاقه النظرية والتطبيقية.

2- تستعمل القوانين في حل المشكلات الطبيعية والاجتماعية التي تواجه الانسان حيث ان الغرض الاساس من اكتشاف وانتشار القوانين العلمية هو استعمالها في فهم التناقضات والملابسات وكشف الحقائق التي توصل الانسان الى التقدم والرفاهية والسعادة والازدهار[23].

3- تكشف لنا القوانين الكثير من الحقائق والمفاهيم والآراء والافكار التي يكتنفها العلم. فبدلاً من دراسة وحصر- وتعداد هذه الحقائق والمفاهيم المتفرقة والمتشعبة نستطيع استيعابها وادراك مضامينها من خلال اطلاعنا على القوانين التي تكتنفها. لذا فالقوانين توفر لنا الوقت والجهد عند دراسة الحقائق والمفاهيم العلمية والاطلاع على تطورها وبلورتها.

4- تساعدنا القوانين على تنبوء ما سيطرأ على الظواهر من تغييرات في المستقبل. وقد هيأت هذه المعرفة للانسان سبيل السيطرة على الطبيعة وتسخيرها لخدمة البشرية والتنبؤ بالمشكلات قبل وقوعها ورسم احسن الحلول لمواجهتها والتغلب عليها.

5- لما كانت القوانين تتخصص في دراسة وتحليل ووصف مواد مختلفة لعلم واحد او مجموعة علوم فانها تلعب الدور الكبير في وضع الحدود الاكاديمية والنظرية بين مواضيع العلم الواحد من جهة وبين العلوم المختلفة من جهة اخرى[24]. وهنا يعرف المختص او العالم حدود اختصاصه وعلمه ولا يتدخل في الاختصاصات والعلوم الاخرى. وتخصص العالم في حقل دراسي معين سيساعده على الابداع في هذا الحقل والبروز فيه بعد ان يتوصل اى اكتشاف نظريات او مفاهيم جديدة تضاف الى النظريات والمفاهيم المعروفة. وهنا يستطيع العالم احراز التقدم والنمو المستمرين بسبب اعتماد نظام تقسيم العمل والتخصص فيه. ولكن اعتماد هذا النظام لا يمكن ان يكون حقيقة دون وجود القوانين العلمية التي تفصل بين الاختصاصات الدراسية والحقول العلمية.

المصادر والهوامش

(1)Brown. R. Explanation in Social Science, Chicago, 1963, P.181.

(2)Davis, James A. Elementary Survey Analysis, Englewood Cliffs, 1971, PP.1-2.

(3)Ibid., P.4.

(4)Ibid., P.7.

(5)Mitchell, D.A Dictionary of Sociology, Routledge and Kegn Paul, London, 1973, P.211.

(6)parsons. T. and Shils, E. Toward A General Theory of Action, Harvard Univ. Press, Cambridge, 1992, P.3.

(7)Madge, John. The Tools of Social Science, Longmans, London, 1983, see Ch.1.

(8)Moser, C.A. survey Methods in Social Investigation, London, PP.3-4.

(9)Ibid., P.5.

(10)Waugh, A.E, Elements of Statistical Method, New York, 1993, PP.2-3.

(11)Firth, R. Essays on Social Organization and Values, London, 1964, PP.9-12.

(12)Mannheim, Karl, "Conservative Thought " in Essays on Sociology and Social Psychology, New York, Oxsford University Press, 1953, P.121.

(13)Ibid., P.48.

(14)Beveridge, W.I. The Art of Scientific Investigation, Heinemann. London, 1980, P.20.

(15)Johnson, H. Sociology : A Systematic Introduction, Routledge and Kegan Paul, London, 1981, P.2.

(16)Blumer, H. Symbolic Interactionism, Englewood Cliffs, 1969, P.159.

(17)Weber, Max. The Theory of Social and Economic Organization, The Free Press, 1997, See the Introduction by T. parsons.

(18)Ibid., P.23.

(19) الحسن، احسان محمد (الدكتور). علم الاجتماع: دراسة نظامية، بغداد، 1976، ص242-235.

(20)Andreski, S.L. " Method and Substantive Theory in Max Weber " in Journal of Socioloy, XV, 1,1964.

(21)Allyn, C. Sociology : An Introduction, New Jersey, 1972, PP.167-168.

(22)Mannheim, Karl, A Contribution To the Critique of Political Economy, Ideology and Uropia, London, 1989, See the preface.

(23)Bernal, J. The Social Function of Science, London, 1989, P.292.

(24)Kosov, Y.V. Administration of Intersectional Scientific and Technical Programmes , Moscow, 1973, PP.10-12.

# الفصل الثاني
# النظرية البنيوية الاجتماعية

**مقدمة تمهيدية :**

تعدّ النظرية البنيوية من اهم واقدم النظريات الاجتماعية المعروفة. والبنيوية لا يدرسها علماء الاجتماع فحسب بل يدرسها ايضاً علماء اللغة وعلماء النفس وعلماء البايولوجي (الاحياء) بل وحتى علماء الفلسفة[1]. وكل مجموعة من هؤلاء الاختصاصيين يعنون بها شيئاً معيناً يتأتى من اختصاصهم وفي الوقت نفسه يخدم الاختصاص ويطوره في ضروب معينة. فالبنبوية عند استخدامها في علم اللغة تعني اصول تراكيب الكلمات والمصطلحات والجمل والفقرات، اذ ان لكل كلمة او مصطلح تركيبه البنيوي، أي الاجراءات الاساسية التي يتكون منها. كما ان لكل جملة في اللغة تركيبها الذي يتكون من مجموعة الكلمات او المصطلحات. اذاً تتحلل الجملة تحليلاً بنيوياً الى كلمات والكلمة الواحدة تتحلل الى حروف هي بمثابة العناصر الاساسية التي تتكون منها الكلمة.[2]

وتستخدم النظرية البنيوية في علم البايولوجي الذي يدرس مجموعة فصائل الحيوانات والنباتات. ذلك ان الحيوان له تركيب او بناء يتكون من مجموعة الاجهزة العضوية، والجهاز العضوي الواحد في الحيوان كالجهاز العضلي او العظمي او العصبي يتكون من مجموعة الخلايا[3]. اما استخدام البنيوية في دراسة المجتمع فهو استخدام لا يختلف كثيراً عن الاستخدام اللغوي او البايولوجي. ذلك ان للمجتمع بناء يتكون من مجموعة المؤسسات او الانظمة الاجتماعية الفرعية، والنظام الفرعي الواحد يتحلل الى الادوار البنيوية، والدور الواحد يتحلل الى الواجبات والحقوق الاجتماعية[4].

ان هذا الفصل يتكون من مقدمة وخمسة مباحث رئيسية هي:

أ- متى تأسست النظرية البنيوية ومن هم أهم روادها ؟

ب- ما هي أهم المؤلفات المنشورة حولها ؟

جـ- المبادىء الاساسية التي تنطوي عليها النظرية البنيوية.

د- الاضافات التي قدمها كل من كونت، وكولدن ويزر وليفي ستراوس، ومارسيل ماوس لتطور النظرية البنيوية.

هـ- تطبيق النظرية البنيوية على الابحاث الاجتماعية.

والآن علينا دراسة هذه المباحث بشيء من التفصيل والتحليل..

## المبحث الاول: متى تأسست النظرية البنيوية ومن هم أهم روادها ؟

تأسست النظرية البنيوية في نهاية القرن التاسع عشر واستمرت بالنمو والتطور حتى منتصف القرن العشرين[5]. وقد كان تأسيسها يستند الى ظهور مفكرين اجتماعيين معروفين امثال اوكست كونت وكولدن ويزر وكلود ليفي ستراوس ومارسيل ماووس، ويرجع ايضاً الى نشر مؤلفات مهمة " كالسكون الاجتماعي " "وعلم الاجتماع الوضعي" لكونت، "والطوطمية " لكولدن ويزر، " والبنى الاولية للقرابة " لليفي ستراوس، واخيراً كتاب " الهدية " لمارسيل ماووس. علماً بأن رواد النظرية البنيوية جميعهم يركزون على موضوع البنى او الانساق الاجتماعية التي يتكون منها البناء الاجتماعي كالبناء الديني والبناء الاسري والبناء السياسي والبناء العسكري، والبناء التربوي... الخ[6]. وان هذه البنى مختلفة في اشكالها ومضامينها ولكنها متكاملة ومتضامنة بعضها مع بعض اذ ان كل بناء اجتماعي يسند ويعضد البناء او البنى الاجتماعية الاخرى. وهذا ما يؤدي الى ظهور ما يسمى بالتكامل الاجتماعي[7].

ومن الجدير بالذكر ان هؤلاء المنظرين الاجتماعيين لا يعالجون أجزاء البناء وعلاقتها بالبنى الاخرى فحسب بل يدرسون ايضاً تحليل البناء او

النسق الواحد الى عناصره الاولية ويتناولون بالبحث والدراسة الترابط بيناجراء او اركان النسق مع اشتقاق قوانين تتعلق بطبيعة تغير الانساق منشكل الى شكل آخر والتركيز على الاسباب الموضوعية والذاتية الداعية للتحول او التغيير الذي يعتري الانساق او الاجزاء التي يتكون منها المجتمـع[7].

ان الاضافات التي قدمها اوكست كونت (1798-1858) للنظرية البنيوية كانت في منتصف القرن التاسع عشر، في حين الاضافات التي قدمها كولدن ويزر (1880-1940) للنظرية البنيوية كانت في عقدي الثلاثينات والاربعينات من القرن العشرين. اما الفترة الزمنية التي قدم فيها مارسيل ماووس (1872-1950) اضافاته للنظرية الاجتماعية فقد كانت خلال الثلاثينات والاربعينات مـن القرن العشرين. واخـيراً قـدم كلـود ليفـي سـتراوس (1908-1986) اضافات للنظرية البنيوية خـلال حقبـة الستينات والسبعينات من القرن العشرين.


## المبحث الثاني: اهم الاعمال العلمية المنشورة حول النظرية البنيوية:

هناك اربعة اعمال علمية تتناول بالدراسة والتحليل كل ما يتعلق بالنظرية البنيوية، ولعل مـن اهم هذه الاعمال كتاب " الفلسفة الوضعية " لأوكست كونت الذي يقع في مجلدين. والكتاب يتناول كـل ما يتعلق بعلم الاجتماع الوضعي والوضعية[8]. فعلم الاجتماع الوضعي هو الموضوع الذي يتخصص بدراسة الظواهر الكلية لعقل الانسان والافعال الانسانية الناتجة عن هذا العقل.

ويضيف كونت ان علم الاجتماع الوضعي لا يدرس العقل في حد ذاته ولكنه يهـتم بالنتائج المتراكمـة والمتجمعة عن استعمال العقل وممارسته[9]. فعلم الاجتماع الوضعي يدرس اذاً ظواهر المجتمع دراسة كلية وضعية، أي دراسة اجزاء المجتمع دراسة علمية موضوعية تعتمـد علـى العقـل والمنطـق والخبر والتجارب

السابقة وتعتمد على الملاحظة والمقارنة والتتبع التاريخي للاحداث حسب تسلسل وقوعها[10].

ويعتقد كونت بان مصطلح الوضعية يجب ان يستعمل في السياسة والاجتماع والفلسفة. علماً بأن اهمية استخدام الاصطلاح او المصطلح تكمن في رغبته الملحة في تحويل العلوم التي يدرسها من علوم ادبية وفلسفية الى علوم واقعية علمية وموضوعية تهتم بدراسة الظواهر والحقائق الاجتماعية والحضارية دراسة مشتقة من طبيعة المحيط الذي تشتق منه هذه الظواهر والحقائق، ودراسة تبتعد عن اسلوب التكهن والحزر الفلسفي والميتافيزيقي.[11]

ويتناول كتاب الفلسفة الوضعية موضوع السكون او الستاتيك الاجتماعي والذي يقصد به كونت دراسة المجتمعات الانسانية، دراسة تغور في تفصيلاتها وجزئياتها وعناصرها ونظمها في حالة استقرارها بقصد الوقوف على القوانين التي تحكم تماسكها وتعمل على تضامنها. وحدد كونت في الكتاب عناصر المجتمع من خلال تحليله السكوني او الاستاتيكي الى ثلاثة عناصر هي الفرد والعائلة والدولة[12]. ذلك ان الفرد في ذاته لا يعتبر عنصراً اجتماعياً الا اذا تفاعل مع الآخرين وتضامن معهم بشكل جماعات ومنظمات متماسكة. كما ان الجماعة او المنظمة الاجتماعية لا تظهر ولا تكون فاعلة وقوية الا بوجود الافراد وانتماءهم الى الجماعة. لذا ينتهي كونت من هذا التحليل الى ان الفردية الخالصة لا تمثل شيئاً في الحياة الاجتماعية الا بعد امتزاج وتفاعل العقول بعضها مع بعض. علماً بأن تفاعل العقول لا يتحقق في الوسط الفردي وانما يتحقق في الوسط الجمعي. ولعل الاسرة هي الوسط الذي تتحقق فيه كل هذه الامور وكذلك الجماعات الاجتماعية الاخرى[13].

وهناك كتاب آخر يتعلق بالنظرية البنيوية ذلك هو كتاب " الطوطمية " او عبادة الاوثان للعالم كولدن ويزر الذي سبق ان اشرنا اليه. والكتاب يعتمد على

الافتراضات العقلانية التي طرحها كولدن ويزر في تفسير الطوطمية او الوثنية. فالوثنية بالنسبة له هي مرحلة بنيوية في التطور الشمولي للحضارة[14]. علماً بأن الحضارة كما يصفها العالم هي نتاج الافراد الـذين يجدون انفسهم في حالات وظروف مختلفة. يعتقد كولدن ويزر بان الطوطمية كما تشير الادلة والبيانـات التاريخية والاثرية هي شيء قديم ومنتشر في جميع اجزاء العالم. انها أي الطوطميـة تتكون مـن صفات ومزايا معقدة بعضها اجتماعي وبعضها ديني وبعضها الاخر طقوسي[15]. وشيء معقد كهذا لا يمكن ان يظهر بصورة فجائية او صدفية. فعندما توجد الطوطمية في مئات القبائل فينبغي ان تكون هناك صلة بـين طبيعة هذه القبائل لاسيما بين سماتها الحضارية المادية وغـير الماديـة والطوطميـة. ان الطوطميـة تظهر وسط الظروف الاجتماعية البنيوية للقبيلة ثم لا تلبث ان تخرج منها وتصل الى القبائل الاخرى المجاورة او النائية. وهنا تتشابه القبائل في الظروف الموضوعية والذاتية التي تقود الى ظهور الوثنية او الطوطمية فيهـا بصورة منفردة طالما ان التكون البايولوجي للبشر من الناحية الجسـمية والعقليـة هـو تكوين واحد، وان هناك شبه بين فرد وآخر، فضلاً عن وجود نقاط الشبه الكبيرة بين بيئة واخرى مـن مكوناتهـا الماديـة وغـير المادية[16].

وهنا يمكن القول بأن الطوطمية ليست هي مرحلة في التطور الشمولي للحضارة وانما هي صنف من الاستجابات الحضارية المتشابهة التي تقوم بها عقول متناغمة لظروف بيئية واحدة[17].

والكتاب الآخر الذي يهتم بدراسة النظرية البنيوية هو كتـاب " البنى الاولية للقرابة " لمؤلفـه كلاود ليفي ستراوس. فالكتاب يتناول اولاً البنيوية كمـا بينها سـتراوس اذ يـدرس الاسس الحقيقيـة التي تستند عليهـا، وهـذه الاسس تكمـن في النظريـات النفسية لاواخـر القرن التاسـع عشـر ـ ذلـك ان الادراك والتجربة تعتمد كما تقول هذه النظريات النفسية على التجـارب الاوليـة والاحاسيس التي تظهر في العديـد مـن العمليـات والظـواهر الاجتماعية[18]. علمـاً بـأن هـذه التجـارب الاولية تتكـون مـن

مجموعة الصفات الفيزيولوجية للاشياء وطبيعة تصورات وادراك الناس لها بضمنها مقاصدهم وعلاقاتهم الاجتماعية في البنى والمؤسسات التي ينتمون اليها ويتفاعلون معها[19].

ويتناول ليفي ستراوس في كتابه موضوع بنى وتراكيب العقل كما تتجسد في الادلة النفسية. فالفكر الذي يحمله الشخص البالغ كما يقول ستراوس يتمحور حول البنى الثابتة للخبرات والمعلومات والتجارب التي حصل عليها منذ بداية طفولته الاولى[20]. وفهم واستيعاب مثل هذه المعلومات الاولية من قبل عالم الاجتماع انما تمكنه من النفاذ او الدخول الى طبيعة المؤسسات الاجتماعية طالما ان العنصر العام للبناء العقلي والمخطط المؤسسي للبناء هي الموارد الاولية التي يعتمد عليها الناس في مشاريعهم وتوجهاتهم الاجتماعية[21]. ذلك ان الخواص التفاعلية لنظم القرابة انما هي المادة الاولية لخلق او توليد النظم المتفاضلة او المختلفة التي يتكون منها البناء الاجتماعي الذي هو اساس المجتمع على حد قول ليفي ستراوس.

اما الكتاب الاخير الذي يتناول دراسة البناء والنظرية البنيوية فهو كتاب " الهدية " للعالم مارسيل ماووس والذي يقول فيه بأن تبادل الهدايا بأشكالها المختلفة يكون تقريباً في جميع المجتمعات البشرية. وبالرغم من كون الهدايا من الناحية النظرية اختيارية وتلقائية وغير قصدية فانها تتسم بصفات الالزام والواجب والقصد[22]. فهي تبني منظومة التزامات تتعلق بالعطاء والاستلام ورد الدين والواجب، وهي جزء لا يتجزأ من المساعدة المشتركة المتبادلة والتفاهم والعلاقات الايجابية المتبادلة. وقد عمم ليفي ستراوس احكام الهدية والتزاماتها وجعلها حجر الاساس لنظريته حول القرابة. فاحكام الزنا بالمحارم مثلاً تدين الاتصال الجنسي بين الاب وابنته وبين الاخ واخته. ومثل هذا التحريم او الادانة يمنح الاب او الابن حق الاتصال الجنسي بالاباعد من النساء. وهنا ينطوي تحريم الزنا بالمحارم على

تبادل النساء وتكوين العلاقات المتبادلة بين العوائل، أي قيام العائلة باعطاء امرأة لعائلة اخرى واستلام امرأة منها[23].

يعتقد ليفي ستراوس بأن جميع المؤسسات القرابية هي وسائل لتحقيق التكامل بين العوائل من خلال ظهور ثلاث بنى قرابية هي البناء القرابي المشترك والبناء القرابي الابوي والبناء القرابي الامي. ومثل هذه البنى القرابية التي تحدد انحدار النسب تشكل او تكوّن حلقة او دائرة من التبادل بين هذه الجماعات.

عندما يكون السكن او الزواج في خط واحد كخط الذكور او الاناث فان التبادل سرعان ما يظهر بين هذا الخط لاسرة معينة وخط آخر لاسرة او عائلة اخرى. وهكذا نلاحظ بأن تبادل النساء يكون بين العوائل نتيجة لاختلاف انحدار النسب[24].

ان المبادىء الاساسية للنظرية البنيوية عند ليفي ستراوس كما يحددها في اعماله العلمية والتطبيقية هي ما يلي:

أ-تحليل العلاقات التي تأخذ مكانها بين الظواهر الاجتماعية.

ب-اختزال الظواهر والعلاقات الى بنى اولية بسيطة.

جـ-مفهوم الظواهر الاجتماعية كنظم تتجسد في الافكار.

د-الاعتراف بأن هذه الافكار المتجسدة هي اشياء غير واعية ولا شعورية.[25]


**المبحث الثالث: المبادىء الاساسية العامة التي تعتمد عليها النظرية البنيوية:**

تعتمد النظرية البنيوية على عدد من المبادىء الاساسية العامة التي يمكن تحديدها بالنقاط الآتية:

1- لكل مجتمع انساني بناء اجتماعي متكامل.

2- البناء الاجتماعي هذا يتكون من نظم اجتماعية فرعية او مؤسسات اجتماعية ذات اغراض محددة كالمؤسسات الدينية والمؤسسات الاقتصادية والمؤسسات

السياسية والمؤسسات التربوية والمؤسسات العائلية والمؤسسات العسكرية وهكذا[26].

3- تكون هذه النظم الاجتماعية الفرعية مترابطة ومتساندة بعضها مع بعـض.

4- اذا حـدث تغيـير في أي مـــن هـذه الـنظم والمؤسسات فـان هـذا التغيـير لابـد
ان يؤثر على بقية النظم او المؤسسات اذ يغيرها من طور الى طور آخر[27].

5- البناء الاجتماعـي يمكـــن تحليلـه الى عنـاصره الاوليـة، وعنـــاصر البنـــاء
الاجتماعي هي المؤسسات الاجتماعية والادوار البنيوية والحقوق والواجبات الاجتماعية[28].

6- للبناء الاجتماعي نسقين النسق العمـودي والنسق الافقـي. فهـدف النسـق العمودي هـو السيطرة
والضبط، بينما هدف النسق الافقي هو تحديد مكان او موقع المسؤولية ومراعاة الاختصاص وتقسيم
العمل واخيراً زيادة حجم المؤسسة وتوسعها.

7- تعتقد النظرية النبوية بنظام قيمي يحدد واجبات الادوار وحقوقها ويرسم قنوات الاتصال بين الادوار
البنيوية ويوضح الممارسات التي يقبلها النظام ويقرها والممارسات التي ينتهجها النظام ويرفضها[19].

8- تحدد النظرية البنيوية العلاقـة المتفاعلـة بـين الـدور الاجتماعـي والشخصـية مـن جهـة وبـين الـدور
الاجتماعي والبناء الاجتماعي من جهة ثانية لأن الدور هو حلقة الوصل بين الشخصية والبناء او بـين
الفرد والمجتمع.

9- تحدد النظرية البنيوية قوى او عوامل الثبات وقوى او عوامل التغير الاجتماعي. فمن قوى الثبـات او
السكون الاجتماعي اساليب التنشئة الاجتماعية ووسائل الضبط الاجتماعي وبخاصة الـدين والقـانون،
ومن عوامل التغير الاجتماعي الحرب والثورة والتصنيع والتحضر والتنميـة وتغـير النظام السياسي
لسبب او لآخر... الخ[30].

10- تحدد النظرية البنيوية العديد من الظواهر التي ترسم اطر البناء الاجتماعي كالطبقية والبناء الطبقي والسكان والبناء السكاني والعنصر والبناء العنصري والاثني والمهن والبناء المهني... الخ.

## المبحث الرابع: الاضافات التي قدمها رواد النظرية البنيوية لتطوير النظرية الاجتماعية:

هناك اربعة رواد اساسيين وهبوا الشيء الكثير لتطوير النظرية البنيوية، ومن اهم هؤلاء الرواد ما يلي:

**أ-الاضافات التي قدمها كونت لتطوير النظرية البنيوية:**

يمكن تحديد هذه الاضافات بخمس نقاط اساسية هي ما يلي:

أ - درس كونت المجتمع البشري في حالته السكونية، أي دراسة اجزائه البنيوية في نقطة زمنية محددة. علماً بأن المجتمع البشري يتكون من اجزاءاً ونظم مختلفة باغراضها كالنظم الاقتصادية والدينية والسياسية والعائلية[31].

ب - تكون النظم التي يتكون منها المجتمع متكاملة، أي يكمل بعضها للبعض الآخـــر.

جـ - اذا تغير نظام اجتماعي فرعي من نظم البناء الاجتماعي فان هذا التغير لابد ان يؤثر على بقية النظم اذ يغيرها من طور الى طور آخر.

د - تهدف الدراسة السكونية للمجتمع بنظر كونت الى الوقوف على القوانين التي تحكم تماسك النظم وتضامنها. علماً بان العناصر الاساسية للمجتمع هي الفرد والعائلة والدولة.

هـ - لا يعتبر الفرد عنصراً اجتماعياً الا اذا تفاعل مع الآخرين وتضامن معهم بشكل جماعات ومنظمات متماسكة. لذا فالفردية الخالصة لا تمثل شيئاً في الحياة الاجتماعية الا بعد امتزاج وتفاعل العقول بعضها مع بعض.

علماً بان تفاعل العقول لا يتحقق في الوسط الفردي وانما يتحقق في الوسط الجمعي.[32]

**ب-الاضافات التي قدمها الكسندر كولدن ويزر لتطوير النظرية البنيوية:**

يمكن تحديد الاضافات التي قدمها كولدن ويزر لتطوير النظرية البنيوية باربع نقاط اساسية

هي على النحو الآتي:

1-نظـــر كولـــدن ويـــزر الى النظريـــة البنيويـــة مـــن الزاويـــة الانثروبولوجيـــة عـــن طريق دراسته للطوطمية التي اعتبرها مرحلة بنيوية من مراحل تطور الحضارة.

2-الحضارة تتكون من اجزاء مادية وغير مادية، وهذه الاجزاء هي من نتاج الانسان الذي يكون ماثلاً في جميع اجزاء العالم[33].

3-السمات الحضارية التي يبتدعها الانسان في جزء من اجزاء العالم لا تبقى هناك بل تنتشر الى بقية الاجزاء. فعندما تظهر الطوطمية وسط الظروف البنيوية للقبيلة فانها سرعان ما تنتشر الى القبائل الاخرى عن طريق الانتشار الحضاري او الاتصال الحضاري.

4-انتشار معالم الحضارة او اجزائها قد لا يكون عن طريق الاتصال بل يكون عن طريق تشابه عقول البشر وطرق تفكيرهم وتشابه البيئات الاجتماعية التي تظهر فيها معالم الحضارة المادية وغير المادية.

**جـ-الاضافات التي قدمها كلاود ليفي ستراوس لتطور النظرية البنيوية:**

يمكن تحديد هذه الاضافات بخمس نقاط اساسية هي ما يلي:

1- تبيان الاسس التي تستند عليها البنيوية، وهذه الاسس هي نفسية تتجسد في الادراك والتجزئة والاحاسيس التي تظهر في العديد من العمليات والظواهر الاجتماعية[34].

2- افكار الشخص البالغ هي حصيلة الخبرات والمعلومات والتجارب التي حصل عليها في بداية طفولته الاولى.

3- معرفة الخبرات والمعلومات والتجارب الاولية عند الفرد انما تمكن العالم الاجتماعي من معرفة طبيعة المؤسسات الاجتماعية[35].

4- ان الخواص التفاعلية لنظم القرابة هي المادة الاولية لتوليد وظهور النظم المختلفة التي يتكون منها البناء الاجتماعي الذي هو اساس المجتمع اذ ان المجتمع يتكون من اجزاء مختلفة ولكن متكاملة ومترابطة بعضها مع بعض.

5- يدرس ليفي ستراوس المتطلبات الاساسية التي يحتاجها النظام الاجتماعي لكي يستمر وينمو ويتطور. وهذه المتطلبات هي تنشئة الاطفال وتربيتهم لكي يتكيفوا الى النظام، وجود لغة تعد اساس التفاهم بين الافراد، توزيع الادوار على الافراد كل حسب قابليته ومؤهلاته ورغباته، واخيراً توزيع المكافآت والامتيازات والحقوق بطريقة تعتمد على الادوار التي يقومون بها في المجتمع[36].

**د - الاضافات التي قدمها مارسيل ماووس لتطور النظرية البنيوية:**

تقع الاضافات التي قدمها مارسيل ماووس لتطور النظرية البنيوية في اربع نقاط رئيسية هي على النحو الآتي:

1- يربط مارسيل ماووس بين الهوية والعادات والتقاليد الاجتماعية ربطاً انثروبولوجياً اجتماعياً اذ يعتقد بأن تقديم الهدية هو سلوك اختياري غير انه يولد التزامات عند الشخص الذي يستلمها، وهذه الالتزامات هي رد الهدية للشخص في الوقت المناسب[37]. وحالة كهذه سرعان ما تصبح جزءاً من عادات وتقاليد المجتمع.

2- يطبق مارسيل ماووس الهدية على موضوع تبادل النساء، فهناك اشخاص كثيرون يعطون نساءً لرجال ويأخذون نساءً منهم[38]. وهذا الموضوع اصبح يسمى بالزواج التبادلي الذي هو اعطاء امرأة لرجل واخذ امرأة منه.

3- الزواج التبادلي كما يعتقد ماووس يكون متأصلاً عادة بتحريم الزنا بالمحارم، فعندما يمنع الاب من تكوين علاقة جنسية مع ابنته او يمنع الاخ من تكوين علاقة جنسية مع اخته فانه يذهب الى امرأة بعيدة عنه ويكون علاقة جنسية معها عن طريق المصاهرة. وقد تكون هذه العلاقة الجنسية مشروطة بأخذ امرأة من عائلته. وهنا يظهر الزواج التبادلي[39].

4- الـزواج التبـادلي هـذا يكـون مربوطـاً بظـروف واوضـاع اجتماعيـة بنيويـة معقـدة منهـا الافكـار والمعطيـات الدينيـة، الاحـوال الاقتصاديـة والسياسـية، الوضع السكاني والديمغرافي واخيراً الاتفاقيات والمعاهدات العسكرية والامنية[40].


## المبحث الخامس: تطبيق النظرية البنيوية على الابحاث الاجتماعية:

يمكـن تطبيـق النظريـة البنيويـة علـى بحثـين اجتماعيـين علميـين همـا بحـث " الطـلاق كمظهـر مـن مظـاهر التفكـك الاسري " وبحـث " السـرقة كمشـكلة اجتماعية ".

### اولا : تطبيق النظرية البنيوية على بحث " الطلاق كمظهر من مظاهر التفكك الاسري " :

تساعدنا النظرية البنيوية في فهـم " الطلاق كمظهـر مـن مظاهر التفكك الاسري " وذلك مـن خـلال دراسـة العوامـل البنيويـة التـي تـدفع الـزوجين او احـدهما الى طلـب الطـلاق للتخلص مـن الحيـاة الزوجيـة الشـاقة او الفاشـلة. وبالعوامـل البنيويـة للطلاق نعنـي الاسباب الموضوعية والذاتية المتأتية من البناء الاجتماعي المحيط بالزوجين وبحياتهما الزوجية كصعوبة الظروف الاقتصادية للعائلـة وتـدخل الاهل والاقـارب في الحيـاة الزوجيـة للـزوجين وكـثرة النزاعـات والمشـاحنات بـين الـزوجين لاسباب تتعلق بـالفوارق الذهنيـة والعمريـة والثقافيـة والاجتماعيـة والسياسـية والدينيـة وصعوبة الحيـاة التـي يعيشـها الزوجان وكـثرة عـدد الاطفال، واخـيراً مـرور المجتمـع

في مرحلة انتقالية نتيجة لمظاهر التحضر والتنمية والتصنيع ونقل التكنولوجيا... الخ. ناهيك عن تساهل المحاكم والاجهزة العدلية في منح ترخيص الطلاق لمن يطلبه من الازواج والزوجات. لهذه العوامل البنيوية تكثر حوادث الطلاق وتهدم العديد من الاسر مما يترك آثاره الوخيمة على ضحايا الطلاق وبخاصة الاطفال الابريـــاء.

**ثانياً : تطبيق النظرية البنيوية على بحث " السرقة كمشكلة اجتماعية " :**

تساعدنا النظرية البنيوية على فهـم واستيعاب العوامل البنيوية الموضوعية منها والذاتيـة المسؤولة عن جريمة السرقة. فهذه العوامل هي التي تدفع الافراد الى نهب اموال الغير والاستحواذ عليها بطريقة غير مشروعة ولا قانونية. ونعني بالعوامل البنيوية للسرقة عوامل الوسط الاجتماعي او المحيط والتي منها الفقر والحاجة الاقتصادية والعوز المادي وسوء التنشئة الاجتماعية، والتأثير السيء للجماعات المرجعية او المؤسسية التي ينتمي اليها الفرد ويتفاعل معها، ووسائل الاعلام الجماهيري وآثارها السلبية في الافراد والجماعات التـي تستعملها، وضعف وهشاشة وسائل الضبط الاجتماعي لاسيما الرسمية منها كقوات الامن والشرطة والمحاكم ودوائر العدالة الجنائية... الخ. اضافة الى ضعف القيم وتحلل الاخلاق وضعف الدين في نفوس الافراد والجماعات وتفشي- الامراض والعلل الاجتماعية والنفسية، مع ارتباك الظروف التي يعيشها المجتمع. ناهيك عن اضطراب الشخصية وتصدع عناصرها البنيوية وسوء تكيفها للمجتمع او المحيط الذي تعيش فيه وتتفاعل معه.

جميع هذه العوامل البنيوية التي يكون مصدرها الوسط الاجتماعي الذي يعيش فيه الفرد هي التي تدفعه الى السرقة والاستحواذ على اموال وممتلكات الغير بطريقة غير مشروعة تبعد كل البعد عـن القانون والشرع والاخلاق.

# مصادر الفصل

(1)     Golden weiser, A. Anthropology, New York, Crofts, 1957, P.322.

(2)     Ibid., P.323.

(3)     Barash, D.P. Sociobiology and Behaviour,New York, Elsevier, 1977, P.23.

(4)     Parsons, T. The Social System, New York, The Tree Press, 1981, PP.15-16.

(5)     Martindale, Don. The Nature and Types of Sociological Theory, Boston, Houghton

        Mifflin Co., 1981, PP.250-252..

(6)     The Positive Philosophy of A. Comte, London, Bell, 1986, Vol.11, Translated by H. Martineau,

        P.294.

(7)     Ibid., P.295.

(8)     Ibid., See the Introduction.

(9)     Ibid., P.292.

(10)الحسن، احسان محمد (الدكتور). رواد الفكر الاجتماعي، بغداد، مطبعة دار الحكمة، 1991، ص120.

(11)الحسن، احسان محمد (الدكتور). علم الاجتماع: دراسة تحليلية في النظريات والنظم الاجتماعية،

بغداد، مطبعة التعليم العالي، 1988، ص126.

(12)المصدر السابق، ص127.

(13)المصدر السابق، ص128.

(14)    Golden Weiser, A. Totemism, New York, Knoph, 1962, P.11.

(15)    Ibid., P.15.

(16)    Ibid., P.18.

(17)    Ibid., P.21.

(18)    Lev., Strauss, Claude. The Elementary Structure of Kinship, Boston, Beacon Press, 1969,

        P.91.

(19)    Ibid., P.95.

(20)    Ibid., P.101.

(21)    Ibid., P.103.

(22)    Mauss, Marcel, The Gift, translated by 1.Cunnison, New York, the Free Press, 1954, P.41.

(23)    Ibid., P.43.

(24)     Ibid., P.45.

(25)     Ibid., P.51.

(26)تيماشيف، نيقولا. نظرية علم الاجتماع، ترجمة د. محمود عودة وآخرون، القاهرة، دار المعارف،

1983، ص55.

(27)المصدر السابق، ص56.

(28)     Parsons, T. The Social System, P.16.

(29)     Ibid., P.149.

(30)     Davis, K. Human Society, New York, The Macmillan Press, 1984, P.622.

(31)الحسن، احسان محمد (الدكتور). رواد الفكر الاجتماعي، ص128.

(32)المصدر السابق، ص129.

(33)     Martindale, Don. The Nature and Types of Sociological Theory, P.251.

(34)     Ibid., P.253.

(35)     Levi, Straus, Claude. The Elementary Structures of Kinship, P.93.

(36)     Ibid., P.96.

(37)     Mauss, Marcel. The Gift, P.44.

(38)     Ibid., P.51.

(39)     Ibid., P.55.

(40)     Ibid., P.61.

# الفصل الثالث
## النظرية البنيوية الوظيفية : ظهورها، روادها، مبادؤها وتطبيقاتها العملية

**مقدمة تمهيدية:**

ظهرت النظرية البنيوية الوظيفية في اعقاب ظهور كل من البنيوية الاجتماعية على ايدي كل من كلاودس ليفي ستراوس وكولدن ويزير عندما نشر العالمان كتابي " ابنية القرابة "، و " الطوطمية " على التوالي[1] ، والوظيفية على ايدي كل من ماكس فيبر واميل دوركهايم ووليم كراهام سمنر في مؤلفاتهم المنشورة " الدين والاقتصاد " و " تقسيم العمل في المجتمع " و " طرق الشعوب "[2]. علماً بأن ظهورها كان كرد فعل للتراجع والضعف والاخفاق الذي منيت به كل من البنيوية والوظيفية لكون كل منهما احادية الجانب[3]. ذلك ان البنيوية تفسر المجتمع والظاهرة الاجتماعية وفقاً للاجزاء والمكونات والعوامل المفردة التي يتكون منها البناء الاجتماعي بعيداً عن وظائف هذه الاجزاء والنتائج المتمخضة عن وجودها[4]. في حين ان الوظيفة تفسر الظاهرة الاجتماعية تفسيراً يأخذ بعين الاعتبار نتائج وجودها وفعالياتها بعيداً عن بنائها والاجزاء التي تتكون منها[5].

لهذا ظهرت النظرية البنيوية الوظيفية لتنظر الى الظاهرة او الحادثة الاجتماعية على انها وليدة الاجزاء او الكيانات البنيوية التي تظهر في وسطها وان لظهورها وظيفة اجتماعية لها صلة مباشرة او غير مباشرة بوظائف الظواهر الاخرى المشتقة من الاجزاء الاخرى للبناء الاجتماعي[6]. علماً بأن النظرية البنيوية الوظيفية قد ظهرت في القرن التاسع عشر ــ على يد العالم الاجتماعي البريطاني

هربرت سبنسر ثم ذهبت الى امريكا فطورها هناك كل من تالكوت بارسونز وروبرت ميرتن وهانز كيرث وسي. رايت ملز[7].

ان هذه الدراسة تحتوي على اربعة مباحث رئيسية هي ما يلي:

أ-نشوء النظرية البنيوية الوظيفية.

ب-رواد النظرية البنيوية الوظيفية.

جـ-المبادىء الاساسية التي ترتكز عليها البنيوية الوظيفية.

د-التطبيقات العملية للبنيوية الوظيفية.

والآن علينا دراسة هذه المباحث مفصلاً.

## المبحث الاول: نشوء النظرية البنيوية الوظيفية:

يرتبط نشوء النظرية البنيوية الوظيفية بالفكر الوضعي اذ كانت النزعة الوضعية منذ بداية القرن التاسع عشر مؤيدة للعلم ومعارضة للميتافيزيقيا التقليدية، اذ ان تأييدها للعلم والمنطق التجريبي كان يستند على فكرة الوصول الى القوانين التي تخضع لها الوقائع والظواهر الاجتماعية. لذا اكدوا على فكرة العلم الطبيعي خاصة علم الاحياء واهميته في دراسة المجتمع، فعلم الاحياء يدرس تراكيب ووظائف الكائن الحيواني او النباتي الحي. ومثل هذه الدراسة يمكن الاستفادة منها في تحليل المجتمع البشري الذي هو الآخر الذي يتكون من اجزاء تسمى بالانظمة التي لها وظائف يكمل بعضها البعض الآخر[8]. ان البنيويين الوظيفيين يعتقدون بأن بناء أي كائن عضوي عبارة عن ترتيب او تنظيم ثابت نسبياً من العلاقات القائمة بين الخلايا المختلفة للكائن.

اما عن ماهية الدعاوى الاساسية لظهور الاتجاه البنيوي الوظيفي فهي مختلفة بين دعاوي علمية ودعاوي اديولوجية وسياسية. لقد ظهر الاتجاه البنيوي الوظيفي استجابة لحاجة عدد من الباحثين في علمي الاجتماع والانثروبولوجيا نحو تطوير ادوات واساليب نظرية ومنهجية تتوائم ودراسة الصور المختلفة للترابطات

الاجتماعية والتفاعل بين السمات والجماعات والنظم داخل النسق الاجتماعي الكبير الذي يكتنف الانساق الفرعية. اما المنحى الآخر للفكر البنيوي الوظيفي فقد كان استجابة لدعاوي ايدلوجية وسياسية اذ ارادت ان تناهض علم الاجتماع الماركسي وتضرب الطوق والعزلة الفكرية والسياسية على السياق التاريخي المادي الذي نشأ وترعرع فيه[8].

لقد ظهرت النظرية البنيوية الوظيفية في نهاية القرن التاسع عشر وبداية القرن العشرين[10]، وكانت بمثابة رد فعل للمعوقات والانتقادات والمشكلات التي وجهت لكل من النظرية البنيوية والنظرية الوظيفية. ان النظرية البنيوية الوظيفية جاءت لتكمل الاعمال التي بدأت بها كل من البنيوية والوظيفية. ذلك ان النظرية البنيوية الوظيفية تعترف بأن لكل مجتمع او مؤسسة او منظمة بناء والبناء يتحلل الى اجزاء وعناصر تكوينية، ولكل جزء او عنصر وظيفة تساعد على ديمومة المجتمع او المؤسسة او المنظمة[11]. لذا فالفكر البنيوي الوظيفي يعترف ببناء الكيانات او الوحدات الاجتماعية ويعترف في الوقت ذاته بالوظائف التي تؤديها الاجزاء والعناصر الاولية للبناء او المؤسسة ووظائف المؤسسة الواحدة لبقية المؤسسات الاخرى التي يتكون منها المجتمع. علماً بأن النظرية البنيوية الوظيفية تعتمد على النظرية البايولوجية التي جاء بها جارلس دارون في كتابه " اصل الانواع " اذ ان جارلس دارون تناول دراسة الاجزاء التي يتكون منها الكائن العضوي والترابط بينها ودرس وظائفها للكائن العضوي ككل[12].

وقد استفاد علماء الاجتماع البنيويون الوظيفيون من الافكار البايولوجية والعضوية التي جاء بها دارون عند دراسته للكائن الحيواني من حيث البناء والوظيفة والتطور. ذلك ان للمجتمع بناء ووظيفة، وان هناك تكاملاً بين الجانب البنيوي للمجتمع والجانب الوظيفي اذ ان البناء يكمل الوظيفة والوظيفة تكمل البناء[13]. فكيف يمكن التحدث عن البناء دون ذكر وظائفه، وكيف يمكن التحدث عن وظائف الجماعات والكيانات دون تناول بنائها. وهنا يقول تالكوت

بارسونز في كتابه " النسق الاجتماعي " لابناء بدون وظائف اجتماعية ولا وظائف بدون بناء اجتماعي. وهذا يدل على وجود علاقة متفاعلة بين البناء والوظيفة، وان هناك درجة عالية من التكامل بينهما، اذ لا نستطيع الفصل مطلقاً بين البناء والوظيفة. وبناء على هذه المسلمة نستطيع توجيه الانتقاد المر الى النظرية البنيوية والى النظرية الوظيفية. فالبنيوية ترى بأن ما هو موجود هو البناء والاجزاء التركيبية للبناء، بينما ترى الوظيفية بأن ما هو موجود هو الوظائف التي تفيد المجتمع وليس البناء.

ان كلاماً احادياً كهذا دفع بالبنيويين الوظيفيين الى الربط العلمي الغائي بين الوظيفة والبناء اذ لا بناء بدون وظيفة ولا وظيفة بدون بناء. اما علماء الاجتماع الذين درسوا البناء والوظيفة جنباً الى جنب دون التحيز الى ركن دون الركن الآخر فهم العلامة ابن خلدون، وهربرت سبنسر وتالكوت باسونز وروبرت ميرتن وهانز كيرث وسي. رايت ملز وجون ريكس وكينكزلي ديفيز وغيرهم[14].

من المؤكد ان الاتجاه البنيوي الوظيفي قد ظهر في علم البايولوجي وفي علم النفس وفي علم الانثروبولوجي الثقافي قبل ان يظهر في علم الاجتماع. فعلم البايولوجي يعتقد بأن الكائن العضوي الحي يتكون من اجزاء او تراكيب بنيوية، ولهذه الاجزاء او التراكيب وظائفها، والوظائف هذه تساعد على بقاء وديمومة الكائن العضوي الحي. واستعمل الاتجاه البنيوي الوظيفي في علم النفس في بداية القرن العشرين عندما ظهرت ادوات تحليلية مختلفة تحاول ان تصف بدقة الاجزاء او العناصر التي تتكون منها العمليات العقلية كالارادة والانفعال والدافع والاحساس والادراك ... الخ. غير ان الاتجاه البنيوي الوظيفي لم يعين الوحدة الاساسية التي تربط العناصر الفرعية. بيد انه في العشرينات والثلاثينات ظهرت نظرية الجشطالت التي تعتقد بأن أي عنصر من عناصر العملية العقلية يجب ان يدرس في ضوء الكل الذي تتكون منه

الاجزاء او العناصر على الرغم من وجود الاختلافات بين الكل والاجـزاء[15].

واستثمر علم الاجتماع فكرة البناء والوظيفـة في دراسـته للمجتمعـات والجماعـات والمؤسسـات والمنظمات. فالمؤسسة او النسق الفرعي له بناء يتحلل الى عناصر بنيوية يطلـق عليها الادوار، ولكـل دور وظيفة، وهذه الوظائف مكملة بعضها لبعض. ذلك ان التكامل يكون بين البنى وبين الوظائف كما تعتقد النظرية البنيوية الوظيفيـة[16].

## المبحث الثاني: الاضافات التي قدمها ابرز رواد البنيوية الوظيفية:

في هذا المبحث نود التطرق الى الاضافات العلمية التي وهبها ابرز البنيويون الوظيفيون لنمـو وتطور النظرية البنيوية الوظيفية، ومن هؤلاء هربرت سبنسر وتالكوت بارسونز وهـانز كيـرث وسي. رايـت ملز.

### اولا: الاضافات التي قدمها هربرت سبنسر للنظرية البنيوية الوظيفية:

النظرية العضوية التي جاء بها هربرت سبنسر في كتابه مبادىء علم الاجتماع هـي التي تفسر افكاره حول البنيوية الوظيفية. فالنظرية البـايو اجتماعيـة التي ابتـدعها هربرت سبنسر (1820-1903) تقارن الكائن الحيواني الحي بالمجتمع من حيث الاجزاء والوظائف والتكامل بين الاجزاء والوظائف للكائنين الحيواني والاجتماعي[17]. لقد اجرى سبنسر مماثلة بين الكائن الحيواني والمجتمع. فالكائن الحيواني كجسـم الانسان مثلاً يتكون من اجهزة واعضاء كالجهاز العصبي والجهاز الهظمي والجهاز الدموي والجهاز العضلي والجهاز العظمي والجهاز التنفسي... الخ. وبجانب الاجهزة العضوية للكائن الحيواني الحي هنـاك الاعضـاء كالقلب والرئتين والمعدة واليد والرجل والعين واللسان والاذن... الخ. علمـاً بـأن سبنسر قـد حلـل او شرح الجهاز العظمي الى مجموعة خلايا عضوية، ولكل خلية واجباتها وحقوقها[18].

اما الكائن الاجتماعي الـذي شبهه هربـرت سبنسر ـ بالكائن العضوي فيتكون مـن مجموعـة مؤسسات او نظم اجتماعية فرعية كالنظام الاقتصادي والنظام السياسي والنظام الـديني والنظام التربـوي والنظام الاسري والقرابي والنظام العسكري. والنظام الواحد يتحلل الى ادوار كتحليل النظـام الاقتصادي الى ادوار قيادية ووسطية وقاعدية وان لكل دور واجبات وحقوق اجتماعيـة[19].

ولم يكتف سبنسر بدراسة اجزاء الكائن الحيواني ومقارنتها باجزاء المجتمع بل ذهب الى ابعد من ذلك اذ اشار ان لكل جزء من اجزاء المجتمع وظائفة التي تساعد على ديمومة وبقاء الكائن الاجتماعي مثله في ذلـك مثل الوظـائف التـي يقـدمها الجهـاز العضوي لديمومـة وبقـاء الكـائن الحيواني[20]. ذلك ان للجهاز العظمي وظائفه البايولوجية وللجهاز العضلي وظائفه البايولوجية وهكذا.

وتناول سبنسر ايضاً في دراسته البايواجتماعية التكامل بين اجزاء المجتمع والتكامل بـين وظائفهـا اذ اشار بان المؤسسة الاقتصادية تكمل المؤسسة الدينية وان المؤسسة الاخيرة تكمل المؤسسة الاسريـة والقرابيـة وهكـذا. كما اضاف بـأن وظائـف الكـائن الاجتماعـي مكملـة بعضها لبعض اذ ان الوظائـف الاقتصادية للمجتمع تكمل الوظائف العسكرية، والوظائف الاخيرة تكمل الوظائف التربوية[21]. وهنا اكد سبنسر على موضوع التفاضل والتكامل لأجزاء المجتمع او اجزاء الكائن الحيواني الحي. فبالرغم من تفاضل اجزاء المجتمع فانها تكون متكاملة أي ان كل جزء يكمل الجزء الآخـر.

**ثانيا: الاضافات التي قدمها تالكوت بارسونز لنمو البنيوية الوظيفية وتطورها:**

ظهرت الاضافات التي قدمها تالكوت بارسونز (1902-1979) لنمو وتطور النظرية البنيوية الوظيفية في مؤلفيه : النسق الاجتماعي " و " نحو نظرية عامة للحدث ". ذلك ان بارسونز يعد من قادة النظرية البنيوية الوظيفية في القرن العشرين. ان نظرية الحدث التي بلور معالمها بارسونز تدرس الانساق الثلاثة وهي

الثقافة والشخصية والنظام الاجتماعي[22]. علماً بأن التكامل الموضوعي بين الانساق الثلاثة يعني بان الثقافة لا يمكن فهمها الا عن طريق الشخصية والنظام الاجتماعي، وان النظام الاجتماعي لا يمكن فهمه بدون فهم ودراسة واستيعاب الثقافة والشخصية.

بيد ان البنيوية الوظيفية البارسونية تكمن في النسق او النظام الاجتماعي الذي درسه بارسونز دراسة بنيوية وظيفية اذ اكد ذلك عن طريق الخطاب الذي القاه امام الجمعية الامريكية للاجتماعيين عام 1947 عندما كان رئيسها اذ اشار الى ضرورة ايجاد نظرية بنيوية وظيفية تخدم ثلاثة اغراض رئيسية هي:

1- تحديد الضرورات الوظيفية للنظام الاجتماعي.

2- تحديد المتطلبات الوظيفية للنظام.

3- تحليل المجتمع الى عناصره الاولية وفق نظرية تكامل الانساق الثلاثة[23].

فالضرورات الوظيفية للنظام الاجتماعي هي :

1- قابلية النظام على تكييف نفسه للانظمة الاخرى وللبيئة الطبيعية التي يوجد فيها.

2- تحقيق الاهداف الرئيسية للنظام.

3- قابلية النظام على تحقيق الوحدة بين اعضائه.

4- قدرته على المحافظة على الاستقرار والانسجام[24].

اما المتطلبات الوظيفية للنظام الاجتماعي فهي:

1- تحقيق وتهيئة الظروف الاساسية التي تساعد النسق الاجتماعي على البقاء والاستمرار والتطور، ومن هذه الظروف تنشئة الاطفال وتزويدهم بالمهارات والقابليات والقيم التي يعتز بها المجتمع.

2- وجود لغة مشتركة تساعد على التفاهم والاتصال بين الافراد والجماعات.

3- طريقة توزيع الادوار الاجتماعية على ابناء المجتمع او الجماعة.

4- توزيع المكافآت والامتيازات والحقوق على الافراد بطريقة تعتمد على طبيعة الواجبات التي يقومون بها[25].

ان لكافة النظم الاجتماعية كالدولة والاسرة والجامع والكنيسة والاحزاب السياسية والسلطات والجماعات الضاغطة... الخ وظائف اجتماعية مهمة تساعد النظام على تحقيق اهدافه وطموحاته وتنتج في توازن وتكامل اجزائه البنيوية. علماً بأن النظرية البنيوية الوظيفية التي درسها بارسونز وطورها انما هي منهج لتفسير الظواهر الاجتماعية والسياسية من خلال الكشف عن طبيعة وظائفها وقدرتها على تحقيق الاهداف والطموحات.

**ثالثا: الاضافات التي قدمها هانز كيرث وسي. رايت ملزم لنمو وتطور النظرية البنيوية الوظيفية :**

في الكتاب الذي نشره كل من هانز كيرث وسي. رايت ملز والموسوم " الطباع والبناء الاجتماعي " توجد الاضافات التي قدمها العالمان لانماء وتطور البنيوية الوظيفية وذلك من خلال دراسة المجتمع البشري دراسة تحليلية وظيفية. يعتقد العالمان باننا لا نستطيع فهم المؤسسة والدور والبناء دون دراسة الشخصية. علماً بأن الشخصية تتأثر بالنسق الاجتماعي والعوامل الحضارية او الثقافية والعامل البايولوجي[26]. ان هناك خمسة مستويات لتحليل المجتمع تحليلاً بنيوياً وظيفياً. وهذه المستويات الخمسة هي مستوى تحليل الشخصية، ومستوى تحليل الدور، ومستوى تحليل المؤسسة، ومستوى تحليل الواجبات والحقوق واخيراً مستوى تحليل البناء الاجتماعي.

البناء الاجتماعي هو مجموعة الاحكام والقوانين والضوابط التي تحدد علاقات الافراد وممارساتهم في المؤسسات الاجتماعية الست التي يتكون منها البناء. علماً بأن البناء لا يمكن ان يعمل ويستمر ويتطور دون وجود الرموز والشارات ونظام الاتصال، والتكنولوجيا، والتعليم والمنزلة الاجتماعية[27]. والبناء

الاجتماعي يتحلل الى ست مؤسسات هي المؤسسة الاقتصادية والدينية والسياسية والعسكرية والاسرية والتربوية[28]. علماً بأن لكل مؤسسة منظمة. والمؤسسة تتحلل الى الادوار الاجتماعية التي تتفرع الى ادوار قيادية وادوار وسطية وادوار قاعدية. والدور هو المركز او المنصب الذي يحتله الفرد والذي يحدد واجباته وحقوقه. اما الدور الواحد فيتحلل الى الواجبات والحقوق[29]. فالواجبات هي المهام التي يضطلع بها الدور، بينما الحقوق هي الامتيازات او المكافآت التي تمنح لشاغل الدور بعد ادائه لواجباته ومهامه الاساسية. علماً بأنه ينبغي ان تكون هناك موازنة بين الحقوق والواجبات لأن مثل هذه الموازنة تشد الفرد لمؤسسته ومكان عمله.

وشاغل الدور هو الذي يتمتع بشخصية متفردة تميز الفرد على غيره من الافراد. وهنا نقول بأن الشخصية هي المستوى الخامس لتحليل المجتمع الى عناصره الاولية. والشخصية هي ذلك الكل المعقد الذي يتكون من سمات بايولوجية ونفسية واجتماعية يكتسبها الفرد عن طريق الوراثة او عن طريق التعلم[30]. والشخصية المتكاملة هي التي تشغل عدة ادوار وظيفية في آن واحد كما يعتقد كيرث وملز. وهذه الادوار هي التي تحدد مكانة الشخصية الاجتماعية. كما ان الشخصية تكون على انواع مختلفة منها الشخصية الانطوائية او الانعزالية والشخصية الانبساطية، وهناك الشخصية السلطوية والشخصية الديمقراطية والشخصية الحرة، كذلك هناك الشخصية السوية والشخصية غير السوية. ومهما يكن من امر فان الشخصية هي مرحلة من مراحل تحليل المجتمع تحليلاً بنيوياً وظيفياً[31]. كما يعتقد هانز كيرث وسي. ملز.

## المبحث الثالث: المبادىء التي ترتكز عليها النظرية البنيوية الوظيفية :

تعتقد النظرية البنيوية الوظيفية التي كان روادها كل من هربرت سبنسر- وتالكوت بارسونز وروبرت ميرتن وهانز كيرث وسي. رايت ملز بعشرة مبادىء اساسية متكاملة، كل مبدأ يكمل المبدأ الآخر. وهذه المبادىء هي على النحو الآتي:

1- يتكون المجتمع او المجتمع المحلي او المؤسسة او الجماعة مهما يكن غرضها وحجمها من اجزاء او وحدات مختلفة بعضها عن بعض، وعلى الرغم من اختلافها الا انها مترابطة ومتساندة ومتجاوبة واحدتها مع الاخرى.

2- المجتمع او الجماعة او المؤسسة يمكن تحليلها تحليلاً بنيوياً وظيفياً الى اجزاء وعناصر اولية، أي ان المؤسسة تتكون من اجزاء او عناصر لكل منها وظائفها الاساسية.

3- ان الاجزاء التي تحلل اليها المؤسسة او المجتمع او الظاهرة الاجتماعية انما هي اجزاء متكاملة، فكل جزء يكمل الجزء الآخر وان أي تغيير يطرأ على احد الاجزاء لابد ان ينعكس على بقية الاجزاء وبالتالي يحدث ما يسمى بعملية التغير الاجتماعي.من هنا تفسر النظرية البنيوية الوظيفية التغير الاجتماعي بتغير جزئي يطرأ على احد الوحدات او العناصر التركيبية، وهذا التغير سرعان ما يؤثر في بقية الاجزاء اذ يغيرها من طور الى طور آخر.

4- ان كل جزء من اجزاء المؤسسة او النسق له وظائف بنيوية نابعة من طبيعة الجزء. وهذه الوظائف مختلفة نتيجة اختلاف الاجزاء او الوحدات التركيبية، وعلى الرغم من اختلاف الوظائف فان هناك درجة من التكامل بينها. لذا فوظائف البنى المؤسسية مختلفة ولكن على الرغم من الاختلاف فان

هناك تكاملاً واضحاً بينها. فمثلاً وظيفة المدرس او الاستاذ في المؤسسة التربوية تختلف عن وظيفة الطالب. ولكن وظائف كل منهما تكمل بعضها البعض، فالاستاذ لا يستطيع أداء وظائفه التعليمية التربوية دون ان يكون هناك طلبة. كما ان الطالب لا يستطيع تلقي العلم والمعرفة والتربية دون ان يكون هناك مدرس او معلم يزوده بالعلم والمعرفة والتدريب والاخلاق. لذا فالاختلاف والتفاضل في المراكز هو شيء وظيفي للتماسك والتكافل الاجتماعي في المؤسسة التربوية او التعليمية.

-5 الوظائف التي تؤديها الجماعة او المؤسسة او يؤديها المجتمع انما تشبع حاجات الافراد المنتمين او حاجات المؤسسات الاخرى، والحاجات التي تشبعها المؤسسات قد تكون حاجات اساسية او حاجات اجتماعية او حاجات روحية.

-6 الوظائف التي تؤديها المؤسسة او الجماعة قد تكون وظائف ظاهرة او كامنة او وظائف بناءة او وظائف هدامة. فزيادة اجور العمال لها وظائف اقتصادية ظاهرة للعمال، بينما تأسيس نادي او جمعية رياضية للعمال هو فعل او سلوك له وظائف كامنة. اما الوظائف البناءة فتتجسد في تعليم العمال واثره في زيادة الانتاجية، بينما الوظائف الهدامة تتجسد في زيادة دخول العاملين والاثر السيء الذي تتركه زيادة الدخول في ارتفاع الاسعار وحدوث ظاهرة التضخم النقدي.

-7 وجود نظام قيمي او معياري تسير البنى الهيكلية للمجتمع او المؤسسة في مجاله. فالنظام القيمي هو الذي يقسم العمل على الافراد ويحدد واجبات كل فرد وحقوقه، كما يحدد اساليب اتصاله وتفاعله مع الآخرين. اضافة الى تحديده لماهية الافعال التي يكافأ عليها الفرد او يعاقب. علماً بأن النظام القيمي الذي تسير عليه المؤسسة يكون متأتياً من طبيعة البيئة الاجتماعية التي خرج منها النظام، فالنظام ينبع من الوسط الذي

يوجد فيه وذلك لتنظيمه والسيطرة على معالمه وحل مشكلاته وتناقضاته واخفاقاتـه.

8- تعتقد النظريـة البنيويـة الوظيفيـة بنظام اتصـال او علاقات انسـانية تمـرر عـن طريقـه المعلومـات والايعازات من المراكز القيادية الى المراكز القاعدية او من المراكز الاخـيرة الى المراكـز القياديـة. بمعنـى آخراً ان نظام الاتصال يحدد العلاقات في الانساق العمودية للبناء. وهناك نظام اتصال آخر يحـدد مجرى العلاقات في الانساق الافقية للبناء. علماً بأن العلاقات في النسق العمودي هي العلاقات التـي تقع في المراكز الرأسية للنظام، بينما العلاقات في النسق الافقي هي العلاقات التـي تقـع بـين المراكـز المتكافئة للاقسام المتناضرة.

9- تعتقد النظريـة البنيويـة الوظيفيـة بنظامي سلطة ومنزلة. فنظام السلطة في المجتمع او المؤسسـة هـو الـذي يتخذ القرارات ويصدر الايعازات والاوامر الى الادوار الوسطية او القاعدية لكـي توضـع موضـع التنفيذ. فهناك في النظام ادوار تصدر الاوامر وهناك ادوار تطيعها. اما نظام المنزلة فهو النظام الـذي يقضي بمنح الامتيازات والمكافآت للعاملين الجيدين لشدهم والآخرين مـن زملائهـم الى العمـل الـذي يمارسونه. علماً بأن الموازنة بين نظامي السلطة والمنزلة هي شيء ضروري لديمومة وفاعليـة المؤسسـة او النظام او النسق.

مما ذكر اعلاه من معلومات عـن مبـادىء النظريـة البنيويـة نسـتنتج بـأن النظريـة تعتقـد بـأن للمجتمع او الجماعـة او المؤسسة بناء والبناء يتكون مـن اجـزاء ولكـل جـزء وظيفـة، ووظيفـة الجـزء تكون مكملة لوظائف الاجزاء الاخرى. والمثال عـلى ذلك ان المؤسسـة الصناعيـة او المصنع يتكون مـن اقسـام مختلفـة كقسـم المبيعـات وقسـم المشـتريات وقسـم الادارة والذاتيـة وقسـم الدعايـة والاعـلان وقسـم العلاقـات العامـة وقسـم الحسابات وقسـم الدراسـات والبحـوث... الـخ. لكـن كـل

قسم من هذه الاقسام يؤدي وظائف متخصصة تساعد النظام على الديمومة والقدرة والفاعلية في تحقيق الاهداف المخططة والمحسوبة.

## المبحث الرابع : التطبيقات العملية للبنيوية الوظيفية:

يمكن تطبيق البنيوية الوظيفية على ثلاثة ابحاث هي:

أ- جرائم النساء

ب - جنوح الاحداث

جـ - العلاقة الانسانية بين المريض والطبيب

**أ - تطبيق البنيوية الوظيفية على بحث جرائم النساء:**

يمكن دراسة الدوافع الاساسية لجرائم النساء بدوافع بنيوية ووظيفية داخلية وخارجية. فالدوافع الداخلية لجرائم النساء تكمن في الظروف والمعطيات الداخلية للمرأة التي ارتكبت الفعل الاجرامي. فالمرأة قد تعيش في اسرة مضطربة او مفككة تتسم بعدم التوازن بين اجزائها، فالمرأة قد لا تربطها علاقة حميمة مع زوجها وان اولادها يعيشون في حالة ضياع، وانها تعاني من الفقر والحرمان المادي وان علاقتها بأقاربها ضعيفة او مفككة وان قيمها ومباديءها السلوكية متصدعة... الخ. جميع هذه العوامل الداخلية تدفعها الى الجريمة والانحراف. اما الظروف الخارجية التي تعيشها المرأة التي ارتكبت الجريمة فتكون مؤاتية للجريمة والجنوح نتيجة ضعف وسائل الضبط الاجتماعي واضطراب وتداعي البيئة التي تعيشها مع شيوع الجريمة والفساد في ارجاء المجتمع، مع هشاشة او تناقض الظروف الاقتصادية والسياسية والاجتماعية المؤثرة في المجتمع. جميع هذه الاوضاع البنيوية الخارجية تدفع المرأة الى الانحراف والجنوح.

اما وظائف الفعل الاجرامي الذي تقوم به النساء فهي نتائج الفعل وانعكاساته على المجتمع، فالجنوح يعرض المجتمع الى الاضطراب وفقدان الثقة وضياع الامن الاجتماعي وتصدع القيم والمقاييس. بمعنى آخر ان

الوظائف تكون هدامة للبناء الاجتماعي وهدامة للفرد الذي ارتكب السلوك الجانح او الشاذ ايضا، فنتائج السلوك الاجرامي على المرأة نفسها كثيرة منها اضطراب نظامها القيمي والاخلاقي والسلوكي وتوليد عقدة الذنب عندها والتي تؤثر في توازن شخصيتها وتكييفها للمحيط. اضافة الى ظهور الدوافع الاجرامية عندها والتي تدفعها الى ارتكاب المزيد من الجرائم والاعمال المنكرة.

**ب - تطبيق البنيوية الوظيفية على بحث جنوح الاحداث :**

يمكن دراسة مشكلة جنوح الاحداث عن طريق تفسيرات النظرية البنيوية الوظيفية. ودراسة البنيوية الوظيفية لجنوح الاحدث تنطلق من عوامل بنيوية داخلية ومن عوامل بنيوية خارجية محيطة بالاحداث الجانحين. اما وظائف الفعل او السلوك الجانح عند الاحداث فهي وظائف هدامة ومضرة بالاحداث انفسهم وبالمجتمع الكبير الذي يعيش فيه الاحداث الجانحون. فالعوامل البنيوية الداخلية التي تدفع الاحداث الى الجنوح هي اضطراب الحياة الاسرية للاحداث وسوء او تلكؤ تنشئتهم الاجتماعية وتراجع او تخلف قيمهم الاجتماعية مع تصدع شخصياتهم ومعاناتهم من الامراض النفسية والعقلية. هذه العوامل البنيوية الداخلية، تكون سبباً مهماً لارتكابهم الافعال الجانحة والمنحرفة. اما العوامل البنيوية الخارجية لجنوح الاحداث فهي سوء الحالة الاقتصادية للمجتمع وطبيعة الجماعات المرجعية التي يختلطون معها وبخاصة المدرسة ووسائل الاعلام وجماعة اللعب والطبقة الاجتماعية التي ينتمون اليها والاحداث الخارجية المأساوية التي يتعرض لها مجتمعهم كالحصار الاقتصادي الظالم ومخلفات العدوان والحرب. اضافة الى ضعف وسائل الضبط الاجتماعي الداخلية منها والخارجية مع عامل التقليد والمحاكاة الاجتماعية عند الاحداث. والعامل الاخير يدفع بالعديد من الاحداث الى تقليد السلوك المنحرف للاحداث الآخرين. جميع هذه العوامل تفسر السلوك الجانح للاحداث، علماً بأن هذه العوامل سواء كانت عوامل داخلية او خارجية هي

عوامل بنيوية ترجع الى ظروف ومعطيات البناء الاجتماعي التي يعيشها الاحداث في العراق.

ومن جهة ثانية نلاحظ بأن وظائف السلوك الجانح او المنحرف عند الحدث هي النتائج السلبية والهدامة التي يتمخض عنها السلوك. فالافعال المنحرفة للاحداث تسبب انحرافهم وخروجهم عن الخط السوي الذي يرتضيه المجتمع وتنتج في تلكؤ قيمهم وتطبيعهم على ارتكاب الفعل المشين الذي يدينه المجتمع ويسخط عليه. كما انها تؤدي الى فقدان القوى البشرية الجديدة والمنتفعة التي يمتلكها المجتمع والتي تعد بمثابة الخزين الجديد والمضموم الذي يركن اليه المجتمع مستقبلاً. اضافة الى ان جنوح الاحداث يسبب انتشار حالة القلق والتوتر والحيرة الاجتماعية وفقدان الثقة والامل في المجتمع مما يعكر مسيرته الحضارية والتنموية الآنية والمستقبلية. كل هذه المساوىء التي تحملها مشكلة جنوح الاحداث تسيء الى البناء الاجتماعي وتحول العوامل البنيوية الى قوى هدامة لا تساعد على استقرار وطمأنينة الاحداث في المجتمع.

**جـ - تطبيق البنيوية الوظيفية على بحث العلاقة بين المريض والطبيب:**

لو فرضنا بأن العلاقة الاجتماعية بين المريض والطبيب هي علاقة سلبية مبنية على الاحقاد والشكوك والعداوة والبغضاء اذ ان المريض لا يثق بالطبيب وان الاخير لا يرغب بمعالجة المريض وتخليصه من مرضه وآلامه ومشكلاته فكيف نستطيع تفسير مثل هذه العلاقة السلبية تفسيراً بنيوياً وظيفياً ؟ ان التفسير الاجتماعي لمثل هذه العلاقة يعتمد على العوامل البنيوية الداخلية والخارجية المحيطة بكل من المريض والطبيب. فالعوامل البنيوية الداخلية المحيطة بالمريض والتي تجعله غير ميال نحو تكوين العلاقة الطيبة مع الطبيب هي ان المريض يعاني من مشكلة الفقر والحرمان المادي التي تجعله غير قادر على دفع الاموال للطبيب وان المريض يعتقد بأن الطبيب هو رجل مادي بحث يبني علاقته مع المريض على اعتبارات مادية صرفة. اضافة الى الاوضاع الاجتماعية والثقافية الصعبة التي

يعيشـــها المـــريض ممزوجـــة مـــع معاناتـــه وآلامـــه نتيجـــة للمـــرض الـــذي يعـــاني منـــه والذي يسبب له القلق والخوف وشعور عدم ضمان المستقبل. امـا العوامـل الخارجيـة المحيطـة بـالمريض والتي تسيء الى علاقاته بالطبيب فهـي الظـروف الاقتصـادية والاجتماعيـة الصـعبة التـي يمـر بهـا المجتمـع العراقي نتيجة للحصار ومخلفات العدوان وقلة الادوية والاغذية وكثرة مطاليب اسرة المريض.

في حين يعاني الطبيب من عوامل بنيوية داخلية وخارجية تسبب ضعف علاقته بالمريض وقلة اهتمامه به. فمن الظروف البنيوية السلبية الداخلية للطبيب قلة راتبه الشهري وكثرة المرضى المراجعين لعيادته وصعوبة ظروفه الاجتماعية والثقافية وقلة فرص الترقية والترفيع. بينما العوامل البنيوية السلبية الخارجية التي يعيشها الطبيب المعوقات الاجتماعية والاقتصادية للحصار وقلة او انعدام التسهيلات العلمية والثقافية المتاحة للطبيب وسلبية ظروف العمل ومعطياته وشدة المنافسة بين الاطباء... الخ. هذه العوامل البنيوية الداخلية والخارجية التي يعاني منها المرضى والاطباء تسبب ضعف وتلكؤ العلاقة التي تربطهم.

اما التفسير الوظيفي للعلاقة السلبية بين المرضى والاطباء، فهـي النتـائج السـلبية والهدامـة التـي تتمخض عن مثل هذه العلاقة. وهذه النتائج تسيـء الى المـرضى اذ لا تمكـنهم مـن بلـوغ الشـفاء المطلـوب والتحرر من معاناة المرض وآلامه وبالتالي ضعف قدرته في العمل وعجزه عن التكيف للمجتمع. بينما نتائج العلاقة السلبية على الاطباء انها تسيء الى سمعتهم وتعيق حركتهم وفاعليتهم في المجتمع وتجعلهم مصـدر شك وريبة عند الافراد والجماعات مما لا يخدم الاهداف الصحية للمجتمع مطلقاً.

# مصادر الفصل

(1)Golden Weiser, A. Totemism, Journal of Mexicon Folklore, XXIII, 181.

(2)Sumner, W.G. Folkmays, New York, 1960, P.22.

(3)Davie, S.M. Why Structural Functionalism ? London, Macks Publishing Co., 1991, P.31.

(4)Ibid., P.7.

(5)Ibid., P.9.

(6)Ibid., P.10.

(7)Ibid., P.153.

(8)Martindale, Don. Nature and Types of Sociological Theory, Boston Mifflin Co., 1981, P.165.

(9)Cedric, H.O. Structural Functionalism: Nature and Justifications, New York, The Modern Press,

1989, P.11.

(10)Ibid., PP.20-21.

(11)Ibid., P.2-5.

(12)Darwin, Charles. The Descent of Man, New York, Appleton, 1936, P.48.

(13)الحسن، احسان محمد (الدكتور). موسوعة علم الاجتماع، دار الموسوعات العربية، بيروت، 1999،
ص570.

(14)Davie, S.M. Why Structural Functionalism ? P.44.

(15)Munn, Norman L. Psychology. The Fundamentals of Human Adjustment, London, George G.

Harrap, 1991, P.25.

(16)الحسن، احسان محمد (الدكتور). رواد الفكر الاجتماعي، دار الحكمة للطباعة، بغداد، 1991، ص448.

(17)المصدر السابق، ص199.

(18)المصدر السابق، ص200.

(19)المصدر السابق، ص201.

(20)المصدر السابق، ص198.

(21)Spencer, H. The Evolution of Society, Chicago, Chicago Univ. Press, 1967, P.8.

(22)Parsons, T. and E. Shils, Toward A General Theory of Action, Cambridge, Harvard University Press, 1992, P.3.

(23)Ibid., PP.4-7.

(24)T. Parsons, The Social System, New York, the Free Press, P.21.

(25)Ibid., P.29.

(26)Gerth, Itans, and C..W. Mills. Character and Social Structure, New York, 1997, P.28.

(27)Ibid., P.31.

(28)Ibid., P.32.

(29)Ibid., P.24.

(30)Ibid., P.42.

(31)Ibid., P.43.

# الفصل الرابع

# النظرية التفاعلية : تأسيسها ، روادها ، مبادؤها وتطبيقاتها العملية

**مقدمة تمهيدية:**

تعتقد النظرية التفاعلية بأن الحياة الاجتماعية وما يكتنفها من عمليات وظواهر وحوادث ما هي الا شبكة معقدة من نسيج التفاعلات والعلاقات بين الافراد والجماعات التي يتكون منها المجتمع[1]. فالحياة الاجتماعية يمكن فهمها واستيعاب مظاهرها الحقيقية عن طريق النظر الى التفاعلات التي تقع بين الافراد[2]. علما بأن التفاعلات لا يمكن ان تأخذ مكانها في المجتمع بدون الادوار التي يحتلها الافراد، وان لهذه التفاعلات دوافعها الموضوعية والذاتية وآثارها على الافراد والجماعات. ومن اقطاب النظرية التفاعلية جارلس كوولي وجورج زيمل ومورس كينزبيرك[3].

ان هذه الدراسة تعالج اربعة مباحث رئيسية هي ما يلي:

اولا : تأسيس النظرية التفاعلية والعوامل المؤثرة في النشأة والتكوين.

ثانيا: رواد النظرية التفاعلية ومساهماتهم في الاضافة الى النظرية.

ثالثا: المبادىء الاساسية التي ترتكز عليها التفاعلية كنظرية حديثة.

رابعا: التطبيقات العملية للنظرية التفاعلية.

والآن علينا دراسة هذه المباحث بشيء من التفصيل والتحليل.

**اولا: تأسيس النظرية التفاعلية والعوامل المؤثرة في النشأة والتكوين:**

تأسست النظرية التفاعلية في نهاية القرن التاسع عشر- وبداية القرن العشرين. وقد شـارك في التأسيس كل من العـالمين جـورج زيـمـل (1858-1918) وجـارلس كـوولي (1864-1929). في حين شـارك في تطوير النظرية وانمائها البروفسور مورس كينـزبيرك مـن خـلال نظريتـه التفاعليـة التـي تنظـر الى موضوع ماهية العلاقات الاجتماعية وانواعها واسبابها وآثارها وكيفية تحويلهـا مـن علاقات سـلبية او هامشـية الى علاقات ايجابية وفاعلة.

لقد ظهرت التفاعلية وصعد نجمها بعد اضمحلال وهبوط النظريـة البنيويـة والنظريـة البنيويـة الوظيفية. ويرجع ظهور النظرية التفاعلية الى عدة اسباب مهمة هي ما يلي:

1- زيادة الاهتمام بدراسة التفاعلات التي تحدث بين الجماعات الصغيرة لاسيما الجماعـات الموجـودة في القوات المسلحة[4] والمؤسسات الصناعية والانتاجية وجماعات الرفقة واللعب.

2- تعاظم اهمية فهم العلاقة التفاعلية بين الفرد والجماعة التي ينتمي اليها مهما يكن غرضها وحجمها.

3- الرغبة في معرفة اشكال العلاقات التفاعلية التي تقع في المجتمع والتي تأخـذ صيغة ثنائيـات متفاضـلة ومختلفة[5].

4- دراسة الجماعات الصغيرة حرصاً على وحدة كيانها وتماسكها. ذلك ان تماسك الجماعة يفضي الى اقتدارها وقوتها وبالتالي نجاحها في بلوغ اهدافها وطموحاتها.

ومما عجل في تأسـيس النظريـة زيـادة عـدد المؤلفـات والابحـاث العلميـة التـي اهمهـا تلـك التـي نشـرها جـورج زيـمـل مثـل " علـم الاجتماع الشـكلي " و " الصراع ونسـيج انتمـاءات الجماعـة " و " التكامـل الاجتماعـي ". امـا المؤلفـات التـي نشـرها

جارلس كـوولي فهـي " الطبيعـة البشـرية والنظام الاجتماعـي " وكتـاب " التنظيـم الاجتماعـي " وكتـاب "
العملية الاجتماعية " . في حين ان المؤلفات التي نشرها مورس كينزبيرك هي : " علم الاجتماع " " مقـالات
في علم الاجتماع والفلسفة الاجتماعية "، " الحضارة المادية والمؤسسات الاجتماعية للشـعوب البسـيطة ". و
" سيكولوجية المجتمع ".

وقد رافق تأسيس النظرية التفاعلية الرغبة الجامحة في دراسة المجتمع دراسة عضوية بايولوجية
تشبه المجتمع بالكائن الحيواني الحي[6]، وتحلل المجتمع الى جماعات اولية وثانوية يمكن عن طريقها فهـم
المجتمع واستيعاب طبيعة بنائه ووظائفه وتكامل مركباته وعناصره الاساسية. ان التفاعل يقـع في الجماعـة
الاولية مثلما يقع في الجماعة الثانوية والمجتمع.

**ثانياً: رواد النظرية التفاعلية ومساهماتهم في اغناء النظرية :**

رواد النظرية التفاعلية هم جارلس كوولي وجورج زيمل ومورس كينـزبيرك. امـا الاضـافات التـي
قدمها كل واحد منهم لتطوير النظرية التفاعلية وانمائها فهي كما يلي:

**أ - جارلس هورتون كوولي (1864-1929)**

جارلس كوولي هو من اهم علماء الاجتماع الامريكيين، تأثر بالعالم شيفيل ونشر عـدة مؤلفـات،
وكان رائداً من رواد النظرية التفاعلية[7]. عند دراسته للتفاعلية بـدأ بدراسـة فكـرة الـذات (The Self) مـن
حيث نموها وتطورها وتأثرها في الوسط الذي تعيش فيه وبخاصة الجماعة الاولية. والذات الاجتماعية عنـد
الافراد هي حصيلة التفاعل بين عقل الفرد او حياته النفسية الداخلية والمجتمع، أي الظروف والمعطيـات
الخارجية المحيطة بالفرد والتي تتفاعل مع حياته النفسية وتصوراته العقلية. وحصيلة هـذا التفاعـل هـي
الذات الاجتماعية التي تعبر عن مزيج الصورة الذهنية للفرد والمجتمع او الحياة الاجتماعية التـي تتفاعـل
معها هذه الصورة[8].

وهذا يعني بأن نظرة الانسان الى نفسه انما تعتمـد عـلى نظـرة الآخرين اليـه. فالفرد ينظر الى نفسه في المرآة، والمرآة هنا هي الحياة الاجتماعية التي يعيش فيها الفرد ويتفاعل معها[9]. ان الفرد يتفاعـل مع الآخرين عن طريق انه ينظر اليهم وهم ينظرون اليه. من هنا يقيّم الفرد نفسه بعد تقييمـه مـن قبـل الآخرين. كما يقيّم الآخرون انفسهم وفقاً لتقييم المجتمع لهـم. علمـاً بـأن الفرد لا يقيّم نفسه بـل الآخـرون هـم الـذين يقيّمونـه. بيـد ان تقييـم الآخـرين لـه لابـد ان يـنعكس عـلى تقييمه لذاتـه. ومثـل هـذا التقييـم يحـدد طبيعـة التفاعـل الـذي يقـع بـين الفـرد والآخـرين من ابناء المجتمع[10].

ان عمليـة التفاعـل عنـد جـارلس كـوولي تقـوم عـلى اربـع عمليـات اساسـية هي:

1- التفاعل او الاختلاط الذي يقع بين مجموعة افراد لمدة من الزمن قد تتراوح بـين يومين الى اكثر مـن سنة[11].

2- تقييم الفرد من لدن الآخرين بعد وقوع التفاعل بينه وبينهم، أي بين الذات والجماعة او المجتمع[12].

3- تقييم الفرد لذاته وفقاً لتقييم الآخرين له، فاذا قيّمه الآخرون تقييماً ايجابياً فانـه يقيّم ذاتـه وفقـاً لذلك التقييم والعكس بالعكس اذا قيّمه الآخرون تقييماً سلبياً[13].

4- التقييم الذي يحصله الفرد من المجتمع يؤثر تأثيراً واضحاً في طبيعة تفاعلـه مـع الآخرين. ذلك ان التقيـم السلبي للـذات مـن قبـل الآخـرين يدفـع بالـذات الى تقليـص او تجنب التفاعـل بينهـا وبـين الآخرين. بينما التقيم الايجابي للذات من قبل الآخرين يدفع بالذات الى التفاعـل الايجابي والعميق مع الآخرين وهكذا[14].

بيد ان جارلس كوولي يعتقد بأن ردود افعال الذات نحو تقييم الآخرين لها لا تكون عـلى وتيـرة واحدة بل تكون على ثلاثة اشكال هي:

1- قبول الذات لتقييم الجماعة او المجتمع لها والاستسلام له وبخاصة اذا كان التقييم سلبياً مع التعايش مع التقييم.

2- عند استلام الذات للتقييم السلبي فانها تحاول ان تعيد النظر بمسيرتها وواقعها وتعاملها مع المجتمع وان تدخل تعديلات اساسية في بنية الذات ووضعيتها عسى ان يتحسن تقييمها من لدن الجماعة او المجتمع[15].

3- عندما يكون التقييم الموجه للذات سلبياً فان الذات لا تقبل على هذا التقييم السلبي وتعترض عليه وتحاول ان تنتقد الجماعة او المجتمع الذي اصدر التقييم السلبي نحو الذات وتهاجمه هجوماً عنيفاً، وفي الوقت ذاته تحاول ان توضح محاسنها وايجابياتها وتعتبر المجتمع الذي يقيمها تقييما سلبيا عدواً لدوداً لها[16].

## ب - جورج زيمل (1858-1918):

يعدّ العالم جورج زيمل من رواد المدرسة التفاعلية نظراً لما قدمه من معلومات مهمة عن انماط التفاعل الاجتماعي التي تأخذ مكانها في الجماعات والمؤسسات. وقد تناول هذا الموضوع في سياق دراسته لعلم اجتماعه الشكلي، اذ اشار الى ان هناك ستة ثنائيات من التفاعلات الاجتماعية التي تسيطر على الجماعات والنظم والمؤسسات فتعطيها طابعها المحدد الذي يرسم صورة العلاقة او التفاعل بين افرادها او بين قيادتها وافرادها. ومثل هذه الصورة التفاعلية للعلاقات هي التي تحدد نشاط الجماعة وانتاجيتها وقدرتها على تحقيق الاهداف المرسومة[18]. اما ثنائيات التفاعلات الستة التي ذكرها جورج زيمل فهي:

أ-    المركزية او اللامركزية.

ب - الرئاسية او المرؤوسية.

جـ- الذاتية او الموضوعية.

د- الصراعية او التوافقية.

هـ- التنافسية او التعاونية.

و – التحيز او الحياد الادبي[18].

يمكن التحدث في هذا السياق عـن التفاعـل الاجتماعـي الخـاص بثنائيـة المركزيـة او اللامركزيـة وبثنائية الصراعية او التوافقية. عندما تسود المركزية عـلى نظـام التفاعـل الاجتماعـي في جماعـة مـا فان التفاعل بصيغه المختلفة يكون عن طريق الرئيس او القائد، فكـل شيء يمـر مـن خلالـه. وان علاقة القائد بالاعضاء تكون على شكل نجمة، فالقائد يحتل قلب النجمة والاعضاء يحتلون الاطراف. اضافة الى ان عضـو الجماعة لا يستطيع ان يتصرف داخل الجماعة الا بعد استشارته للقائد او حصوله على موافقة القائد. ذلك ان الاخير يتدخل في الصغيرة والكبيرة ولا يثق بالاعضاء ويعتقد بانه افضل منهم في كل شيء. امـا العلاقـات اللامركزية التي تأخذ مكانها في النظم والمؤسسات والجماعات فهي ان القيادة لا تلعب دوراً كبيراً في هـذه العلاقات لأن القائد يخول صلاحياته للأعضاء  ولا يتدخل في شؤون الجماعة وتنظيم علاقاتها وفعالياتها الا في الاشياء التـي تتعلـق بالقائـد. زد عـلى ذلـك ان القائد لا يـرى بانـه افضل مـن المعيـة، لـذا فهـو يثق بالمعية ويحترمها ويعطي صلاحياته لها ويعتبرها طرفاً مهماً في معادلة التفاعل الانساني بينها وبينه.

ان العلاقات المركزية تقوم على دكتاتورية وعنجهية القيادة، بينما العلاقات اللامركزية تقوم عـلى الديمقراطية والحرية والاخاء ولكن وجد مجربو علم النفس بان انتاجيـة الجماعـة المركزيـة هـي اكبر مـن انتاجية الجماعة اللامركزية لاسيما في حالة حضور القيادة. بيد ان سعادة الافراد في الجماعة اللامركزية اوفر حظاً من سعادة الافراد في الجماعة المركزية حيث ان الفرد في الجماعة المركزية  يكون اكثر عرضة للتسـاؤل والمحاسبة والعقاب والمتابعة من الفرد الذي يعمل في الجماعة اللامركزية.

اما ثنائية الصراع والوفاق فتدور حول العلاقات التفاعلية اثناء الصراع والعلاقات التفاعلية اثناء الوفاق. فالعلاقات التفاعلية الصراعية هي العلاقات التي تدور حول رغبة كل طرف من اطراف الصراع بالقضاء على الطرف الآخر واخراجه من حلبة الصراع وفرض ارادة الطرف القوي عليه الى ان يستسلم ويذعن للطرف الاقوى. والعلاقات التفاعلية الصراعية ترجع الى عدة اسباب منها اقتصادية ومنها سياسية ومنها عسكرية ومنها اجتماعية. بيد ان الصراع قد يرجع الى اسباب نفسية تتجسد في وجود غريزة حب الظهور والسيطرة على الآخرين، هذه الغريزة التي تجعل الآخرين يتقاتلون معهم من اجل الدفاع عن مصالحهم.

وهناك العلاقات التفاعلية الوفاقية القائمة على التسوية والتفاهم وحل الخصام حلاً عقلانياً وسطاً يعترف بحقوق ومطاليب الاطراف المتنازعة. والعلاقات هذه تكون قائمة على المرونة والديمقراطية والاخذ والعطاء بين الاطراف المتفاعلة. ذلك ان كل طرف يتداخل ويتفاهم مع الطرف الآخر ويحل الصعوبات والتعقيدات حلاً معقولاً بعيداً عن التعصب والتحيز وغمط حقوق الآخرين. وهنا يحل الانسجام والوئام والتوافق محل التناقض والتقاطع والتعصب والتشرذم مما ينجذب الافراد احدهم للآخر وتكون تفاعلاتهم توافقية.

**جـ - التفاعلية عند مورس كينزبيرك (1889-1970)**

اما البروفسور مورس كينزبيرك فيعد من رواد النظرية التفاعلية طالما انه يحمل نظرية متكاملة في العلاقات الاجتماعية. فهو لا يكتفي بتعريف العلاقات وتوضيح طبيعتها واسبابها وآثارها وكيفية تعميقها فحسب بل يذهب الى ابعد من ذلك اذ يقول بأن العلاقات هي الموضوع الاساس الذي يدور علم الاجتماع حول دراسته وتحليله[19]. فضلاً عن قيامه بتطبيق نظرية العلاقات الاجتماعية التي جاء بها على العديد من الموضوعات كالصناعة والتربية والقانون والقضاء والشرطة والطب...الخ.

العلاقات الاجتماعية كما يعرفها كينزبيرك هي التفاعلات التي تقع بين شخصين او اكثر من اجل تحقيق اغراض الاشخاص الذين يدخلون في مجالاها او فلكها كالعلاقة بين الطالب والاستاذ والعلاقة بين الضابط والجندي والعلاقة بين العامل والمهندس والعلاقة بين البائع والمشتري والعلاقة بين المريض والطبيب[20]. وشروط تكوين العلاقة التفاعلية كما يحددها كينزبيرك هي ما يلي:

1- وجود شخصين فأكثر يكونون العلاقة الانسانية.

2- تنطوي العلاقة على مجموعة رموز سلوكية وكلامية ولغوية يفهمها اقطابها.

3- الاشخاص المتفاعلون في العلاقة الاجتماعية يحتلون ادواراً اجتماعية مختلفة او متساوية[21].

4- تنطوي العلاقة الاجتماعية كما يخبرنا كينزبيرك على فعل ورد فعل بين الاشخاص الذين يكونون موضوعها.

وتصنف العلاقات الاجتماعية بموجب نظرية كينزبيرك الى اربعة انواع هي : العلاقة الاجتماعية العمودية وهي أي اتصال او تفاعل يقع بين شخصين او اكثر يحتلون مراكز اجتماعية مختلفة من ناحية الجاه والسمعة كالعلاقة بين الطبيب والمريض او العلاقة بين المدير والملاحظ. وهناك العلاقة الاجتماعية الافقية التي هي أي اتصال او تفاعل يقع بين شخصين او اكثر يحتلون مراكز اجتماعية متساوية او متكافئة كالعلاقة التفاعلية بين عامل أ وعامل ب او بين مدرس التاريخ ومدرس الفيزياء... الخ. وهناك العلاقة التفاعلية الرسمية وهي الاتصال او التفاعل الذي يقع بين شخصين او اكثر ويكون الاتصال حول العمل والواجب كاتصال الطبيب بالممرضة حول ضرورة تغيير دواء المريض اعتباراً من يوم غد وهناك اخيراً العلاقة الاجتماعية غير الرسمية وهي الاتصال او التفاعل الذي يقع بين شخصيتين او اكثر ويدور الاتصال حول الامور الشخصية للافراد

الذين يدخلون في خضم هذه العلاقة الاجتماعية كاتصال المهندس بالعامل حول الذهاب الى المطعم او النادي بعد الانتهاء من ساعات الدوام في المصنع او ورشة العمل[22].

اما اسباب العلاقات الاجتماعية كما يراها كينزبيرك فهي الدوافع التي تدفع الفرد الى الدخول في علاقات مع الغير[23]. وهذه الاسباب قد تكون اقتصادية كالعلاقة التي تقع بين البائع والمشتري، فالبائع يريد بيع البضاعة للحصول على الربح، في حين يطلب المشتري البضاعة ويدفع ثمنها بالنقود لكي يحصل على درجة من الاقناع منها. اما العلاقة التربوية بين الطالب والاستاذ فهي علاقة اجتماعية يكون غرضها او دافعها تربوياً، فالطالب يدخل في علاقة مع الاستاذ للحصول على المعرفة العلمية، بينما يدخل الاستاذ في علاقة مع الطالب لرغبته الجامحة في تمرير العلم والمعرفة والخبرة والتجربة الى الطالب لكي يستفيد منها. اما العلاقة بين الاب والابن فهي علاقة اجتماعية غرضها او دافعها عائلي، فالاب يريد تربية ابنه والدفاع عنه وحمايته من الاخطار والتهديدات، والابن يروم الدخول في مثل هذه العلاقة لكي يحصل على الرعاية والاهتمام والحماية التي تمكنه من النضج والاكتمال واكتساب التنشئة الصالحة. وهكذا بالنسبة للعلاقات الاجتماعية التي تكون دوافعها سياسية او عسكرية او دينية.

وهناك آثار او نتائج العلاقة الاجتماعية التي تحدث عنها البروفسور مورس كينزبيرك. وهذه الآثار قد تكون ايجابية او سلبية اعتماداً على طبيعة العلاقة الانسانية القائمة بين الافراد في المؤسسة او المنظمة الاجتماعية[24]. فلو كانت العلاقة بين العمال والادارة في المصنع ايجابية، أي قائمة على الحب والاحترام والتضحية المشتركة فان الآثار تكون ايجابية، أي يكون الانتاج عاياً كماً ونوعاً. وهنا تتوفر السلعة في الاسواق وتنخفض اثمانها فيكون الطلب عليها كبيراً. وعندما يكون الطلب بهذه الصيغة فان المستهلك يستفيد عن طريق اقتناء السلعة بأسعار معتدلة ويحصل على درجة عالية من الاقناع منها. اما

المنتج فيحصل على كمية كبيرة من الربح نتيجة انتاجه للسلعة بسبب زيادة الطلب الفعال عليها.

اما اذا كانت العلاقات الاجتماعية في المصنع سلبية فان انتاجية العمل تنخفض فتغيب السلعة من الاسواق وترتفع اثمانها، فلا يكون بمقدور المستهلكين اقتنائها. الامر الذي يؤثر سلباً في الحالة الاقتصادية للمستهلكين. وعندما يقل الطلب على السلعة نتيجة ارتفاع اسعارها فان كمية الارباح التي يحصل عليها ارباب العمل او المنتجين الصناعيين تكون قليلة او محدودة.

**ثالثا: المبادىء الاساسية التي ترتكز عليها النظرية التفاعلية:**

تستند النظرية التفاعلية على سبعة مبادىء اساسية هي على النحو الآتي :

2- يدخل الافراد في علاقات بعضهم مع بعض لمدة قد تكون قصيرة او طويلة.

2- العلاقات هذه تكون في الجماعات الصغيرة او متوسطة الحجم بحيث يتعرف كل فرد على الفرد الآخر.

3- بعد تكوين العلاقة هذه يبدأ كل فرد بتقييم الفرد الآخر، والتقييم قد يكون ايجابياً او سلبياً بناءاً على الصورة الذهنية التي كونها الفرد نحو زميله اثناء عملية الاختلاط والتفاعل.

4- عاجلاً او آجلاً يصل تقييم الجماعة للفرد المعني او المقصود بالتقييم عبر عملية الاتصال والتفاعل.

5- اذا كان تقييم الجماعة للفرد ايجابياً فان الفرد يقيم نفسه او ذاته ايجابياً، بينما اذا كان تقييم الجماعة للفرد سلبياً فان الفرد بدوره يقيم نفسه تقييماً سلبياً[25]. اذاً تقييم الفرد لذاته انما يعتمد على تقييم الجماعة او المجتمع له. وهذا يقودنا الى موضوع النظر الى الذات في المرآة، الموضوع الذي عالجه واهتم به جارلس كوولي اهتماماً كبيرا، اذ ان الذات هو الفرد والمرآة هي المجتمع.

6- المجتمع الانساني هو عبارة عن نسيج معقد من التفاعلات والانطباعات والتقييمات الاجتماعية التي يكونها الافراد بعضهم نحو البعض الآخر.

7- العلاقة او التفاعل الاجتماعي الذي يكونه الفرد مع الآخرين انما يعتمد على طبيعة التقييم الذي حصل منهم. فاذا كان التقييم ايجابياً فان الفرد يكون علاقة ايجابية مع الجماعة التي قيمته، بينما اذا كان التقييم سلبياً الذي جاء من الجماعة الى الفرد، فان الاخير لا يمكن ان يكون مع الجماعة سوى العلاقة السلبية القائمة على التجنب والتشكيك والكراهية والبغضاء بل وقطع العلاقة كلية.

8- الذات كما يراها جارلس كوولي ليست هي الفرد اولاً والمجتمع ثانياً وانما هي حصيلة التفاعل الدايلكتيكي او الجدلي بين الفرد والمجتمع[26]، أي ان كل طرف يعطي ويأخذ من الطرف الآخر، ذلك ان تقييم الفرد لذاته انما يعتمد على تقييم المجتمع له، فالفرد لا يمكن ان يقيم نفسه بل المجتمع هو الذي يقيمه. بيد ان تقييم المجتمع له يؤثر في تقييمه لذاته. فأنا ( I ) كما اقيم نفسي لا معنى له ولا وجود الا اذا اقترن بأنا كما يقيمني المجتمع (You) او يقيمني فلان (He) او يقيمني جماعة من الناس (They) .

هذه هي اهم المبادىء التي تستند عليها النظرية التفاعلية التي جاء بها جارلس كوولي والتي وردت في كتابه الموسوم " الطبيعة البشرية والنظام الاجتماعي " (Human Nature and the Social order).

**رابعا : تطبيق النظرية التفاعلية على الموضوعات الاجتماعية :**

**أ - تطبيق النظرية على العلاقة غير الرسمية بين الطلبة:**

تعتقد النظرية التفاعلية بأن المجتمع المحلي او الكبير يتكون من عدد غير محدود من العلاقات والتفاعلات الاجتماعية التي تأخذ مكانها في التجمعات الصغيرة التي تمارس نشاطاً معيناً كأن يكون الدراسة او التحصيل العلمي او البيع والشراء او المهام الانتاجية... الخ. فالتجمع الصغير قد يأخذ مكانه في صف

دراسي يتكون من عدد من الطلبة، والاختلاط هنا لا يكون بين الطالب وبقية طلبة الصف بل بين طالب ومجموعة من الطلبة التي يتراوح عدها بين 4 الى 7 طلبة. وبعد تفاعل المجموعة الصغيرة من الطلبة تفاعلاً غير رسمي لمدة من الزمن قد تكون شهراً او اكثر او اقل يقوم كل طالب بتقييم زميله الطالب الذي تفاعل واختلط معه اختلاطاً غير رسمي.

نفترض بأن احد طلبة المجموعة قد قيم تقييماً ايجابياً من قبل اعضاء المجموعة كأن قيم صادقاً واميناً وحافظاً للمواعيد فان هذا التقييم سرعان ما يسري بين الجماعات الاخرى في المدرسة، وقد يخرج عن نطاق المدرسة الى الجماعات الاخرى فيصل التقييم بالنهاية الى الفرد على انه انسان جيد تقييماً ايجابياً يشجعه على الاستمرار بالصدق والامانة وحفظ المواعيد، فهو يرى نفسه في مرآة المجتمع الطلابي الذي منحه ذلك التقييم.

اما اذا كان التقييم معكوساً كأن يقيم الطلبة الطالب المذكور في المثال على انه كاذب وغير امين وبعيد عن حفظ المواعيد مع الناس، فان التقييم سرعان ما ينتقل الى اسماع الشخص المعني. وفي هذه الحالة تكون ردود افعاله ازاء التقييم في احدى الحالات الآتية:

1- قبول الفرد المقيّم هذا التقييم كحقيقة ثابتة والاستسلام له دون معارضة او مقاومة.

2- استفادته من هذا التقييم اذ يعمل على اصلاح نفسه وتجاوز اخطائه والسير على وفق ما يريده المجتمع منه من قيم ومبادىء وممارسات املاً في ان يكون مقبولاً من الآخرين مستقبلاً ويحظى بتقييمهم الايجابي.

3- قيام الفرد برفض هذا التقييم السلبي الذي اصدره المجتمع عنه متهماً الآخرين بالتحيز والنفاق والكذب والتزوير مع شن الهجمات على مصدر التقييم السلبي. وهذا لابد ان يسبب له العزلة الاجتماعية مع تصلب المجتمع في مواقفه السلبية نحوه مع ترسيم الصورة الذهنية السلبية التي يحملها المجتمع ازاءه. وهنا

تتحول علاقته مع الجهة التي قيمته سلبياً الى علاقات عدائية قائمة على الشك والبغضاء والعداوة والانتقام.

**ب - تطبيق النظرية التفاعلية على العلاقة بين الطبيب والمريض :**

يمكن تطبيق النظرية التفاعلية على العلاقة الانسانية التي تربط الطبيب بالمريض. فبعد التفاعل الذي يحدث بين الطبيب والمريض والذي يستغرق وقتاً من الزمن قد يتراوح بين شهر الى شهرين يبدأ الطبيب بتقييم المريض، والتقييم قد يكون ايجابياً او سلبياً اعتماداً على طبيعة العلاقة التفاعلية التي كانت           موجودة بين الجانبين. والتقييم الذي يحمله الطبيب نحو المريض سرعان           ما ينتشر الى ابناء المجتمع فيؤثر في تقييمهم للمريض. وعندما يصل التقييم للمريض، والتقييم نفترض بانه ايجابي، فهو يؤثر في تقييم المريض نفسه لان           تقييم الفرد لنفسه يتأثر في تقييم الآخرين له، أي النظر لذاته في المرآة، والمرآة هي المجتمع.

اما اذا كان التقييم سلبياً وان التقييم يصل الى المريض بعد ان ينتشر في المجتمع الذي يعيش فيه كل من الطبيب والمريض فان الاخير يتخذ احد المواقف الثلاثة وهي :

أ - ان يقبل التقييم كما هو أي يقبل تقييم الطبيب له على انه كذاب وبخيل ومشاكس مثلا بعد ان انتشر التقييم في ارجاء المجتمع.

ب -  ان يعيد النظر بمسيرته ويصحح سماته الشخصية والسلوكية وعلاقته مع الآخرين. على انه تقييم مغرض وكاذب ومزور، وان يهاجم الجهة او الطرف الذي نسب التقييم اليه زوراً وبهتاناً ويتهمه بالكذب والدس والنفاق والافتراء والتعصب. وحالة كهذه قد تسبب عزلة المريض عن المجتمع وتأزم علاقته الاجتماعية معه وتحولها الى علاقات قائمة على الريبة والشك والعداوة والبغضاء والانتقام مما ينتج عن ذلك سوء تكييف المريض الى المجتمع وتدهور حالته الصحية وربما وفاته.

مصادر الفصل

(1)Cooley, C.H. Social Process, Southern Illinois University Press, 1966, P.28.

(2)Ibid., P.30.

(3)See the references " Human Nature and the Social Order By C. Cooley, Formal Sociology By Georg
  Simmel, and Sociology by M. Ginsberg.

(4)Stuoffer, W.I. The American Soldier, New York, John Wiley, 1973, PP.20-25.

(5)The Sociology of Georg Simmel ed. And trans. By Kurt H. Wolff, New York, the Free Press, P.10.

(6)Cooley, C.H. Social Process, P.29.

(7)Coser, Lewis A. Masters of Sociological Thought, New York, 1977, P.314.

(8)Cooley, C.H. Human Nature and the Social order, New York, Schocken, 1984, P.36.

(9)Ibid., P.37.

(10)Ibid., PP.37-38.

(11)Ibid., P.39.

(12)Ibid., P.180.

(13)Ibid., P.182.

(14)Ibid., P.185.

(15)Ibid., P.186.

(16)Ibid., P.188.

(17)The Sociology of George Simmel, by Kurt it Wolff, P.10.

(18)Ibid., P.11.

(19)Ginsberg, Morris, Sociology, London, Oxford University Press, 1980, P.7.

(20_Ibid., PP.708.

(21)Ibid., P.8.

(22)Ibid., P.9.

(23)Ibid., P.10.

(24)Ibid., P.11.

(25)Coser, Lewis A. Masters of Sociological Thought, P.306.

(26)Cooley, C.H. Human Nature and the Social Order, P.182.

# الفصل الخامس
## النظرية التفاعلية الرمزية : تأسيسها، روادها مبادؤها وتطبيقاتها العملية

**مقدمة تمهيدية :**

تعتقد النظرية التفاعلية الرمزية على ان الحياة الاجتماعية التي نعيشها ما هي الا حصيلة التفاعلات التي تقوم بين البشر والمؤسسات والنظم وبقية الكائنات الحية والميتة. وهذه التفاعلات تكون ناجمة عن الرموز التي كوّنها الافراد نحو الآخرين بعد التفاعل معهم[1]. فعند عملية التفاعل بين شخصين او اكثر يكوّن كل فرد صورة ذهنية تكون بشكل رمز عن الفرد او الافراد او الجماعة التي تفاعل معها. وهذا الرمز قد يكون ايجابياً او محبباً او يكون سلبياً ومكروها[2]. وطبيعة الرمز الذي نكوّنه عن الاشخاص او الفئات او الاشياء هو الذي يحدد علاقتنا به او بهم[3]. والعلاقة قد تكون ايجابية او سلبية اعتماداً على طبيعة الرمز او الصورة الذهنية التي كوّناها نحوه او نحوهم[4].

ان هذه الدراسة تتكون من اربعة محاور رئيسية هي ما يلي:

اولاً : تأسيس وظهور النظرية التفاعلية الرمزية.

ثانياً : رواد التفاعلية الرمزية ومساهماتهم في إغناء النظرية وتطورها.

ثالثاً : المبادىء التي تستند عليها التفاعلية الرمزية.

رابعاً: التطبيقات العملية للتفاعلية الرمزية.

والآن علينا دراسة هذه المباحث بشيء من التحليل والتفصيل.

**اولا: تأسيس وظهور التفاعلية الرمزية :**

ظهرت التفاعلية الرمزية في بداية الثلاثينات من القرن العشرين على يد العالم جورج هربرت ميد (G.H.Mead) وبخاصة بعد تأليفه ونشره لكتاب " العقل والذات والمجتمع " (Mind, Self and Society) الذي يحمل اهم الافكار والمبادىء التي جاء بها جورج هربرت ميد عن التفاعلية الرمزية[5]. وقبل قيام جورج هربرت ميد بتأسيس التفاعلية الرمزية كان عضواً في النظرية او المدرسة التفاعلية التي يتزعمها جارلس كوولي، غير انه انشق على النظرية التفاعلية وانتقدها ووضح نقاط الضعف والقصور التي كانت تعاني منها. ذلك ان جارلس كوولي كان يرى بأن عملية التفاعل الاجتماعي بين الافراد تنتهي بقيام كل فرد بتقييم الافراد الآخرين الذين تفاعل معهم، والتقييم قد يكون ايجابياً او سلبياً. وعندما يصل التقييم الى الفرد فان الاخير يقيم نفسه بموجب تقييم المجتمع او تقييم الآخرين له[6].

اما جورج هربرت ميد فيعتقد بأن الفرد عند انتهائه من عملية التفاعل مع الآخرين يكون صورة ذهنية او رمز عن كل فرد تفاعل معه، وهذا الرمز قد يكون محبباً او غير محبب. وطبيعة الرمز الذي اعطاه الفرد للآخرين هو الذي يحدد طبيعة وعمق علاقته معهم[7]. كما ان التفاعلية الرمزية تختلف عن التفاعلية في شيء آخر هو ان التفاعلية الرمزية تربط بين العالم او الحياة الداخلية او النفسية للفرد وبين طبيعة المجتمع الذي يعيش فيه وما يحتويه من لغة وحضارة ورموز[8]. بينما لا تتعدى النظرية التفاعلية عملية التفاعل الاجتماعي التي تقع في المجتمع والتي من خلالها يستطيع الفرد تكوين تقييماته نحو الافراد الآخرين في الجماعة او المجتمع.

وقد تأثر جورج هربرت ميد عند تأسيسه للتفاعلية الرمزية بافكار وليم وينت (William Wunt) العالم الالماني المتخصص في علم النفس الفردي وعلم النفس الفيزيولوجي، كما تأثر ميد بافكار عالم النفس والمربي الامريكي وليم جيمس (William James) . ان التفاعلية الرمزية هي مدرسة اجتماعية امريكية تحاول

الربط بين الحياة الداخلية للفرد (الذات والعقل) وبين المجتمع وما ينطوي عليه من نظام قيمي واحكام قيمية واخلاقية يمكن اصدارها على الفرد الذي يكون مصدر عملية التفاعل مع الآخرين[9]. ان اهتمامات التفاعلية الرمزية تنصب على حقيقة ان الفرد يقيم ويقيم من الآخرين بعد تفاعله معهم. فعند الانتهاء من عملية التفاعل يكون التقييم بشكل رمز يمنح لكل فرد تم معه التفاعل، والرمز سواء كان ايجابياً او سلبياً هو الذي يحدد طبيعة التفاعل المستقبلي مع ذلك الشخص او الشيء.

**ثالثا: رواد التفاعلية الرمزية:**

هناك ثلاثة رواد للتفاعلية الرمزية اذ ان كل رائد من هؤلاء الرواد قد اضاف شيئا متميزاً نجم عنه تنمية التفاعلية الرمزية في مجال معين. اما رواد التفاعلية الرمزية فهم جورج هيربرت ميد (1863-1931) وهيربرت بلومر واخيرا فيكتور تيرنر[10]. ويمكننا هنا دراسة الافكار التي جاء بها هؤلاء الرواد واهم الكتب والابحاث العلمية التي نشروها والتي تفسر آراءهم ازاء التفاعلية الرمزية. وينبغي دراسة هؤلاء الرواد كل على انفراد.

**أ - جورج هيربرت ميد:**

هو من اشهر علماء الاجتماع الامريكان تأثر بالعالم وليم جيمس وزامل جون ديوي واثر في افكار كل من هيربرت بلومر وفيكتور تيرز. من اهم الكتب التي الفها كتاب العقل والذات والمجتمع (Mind, self & Society). اضافة الى كتابة ابحاث علمية في مادتي علم النفس الاجتماعي والفلسفة. ساهم جورج هيربرت ميد في ارساء المبادىء والافكار الاساسية للنظرية التفاعلية الرمزية من خلال دراسته للذات في المجتمع، ودراسته للاصول الاجتماعية للذات كما يقيمها الفرد ودراسته للذات كما يقيمها الاخرون[11]. بمعنى آخر أنا كما اقيم ذاتي وأنا كما يقيمني الآخرون (I and me) .

يعتقد جورج هيربرت ميد بأن الذات في المجتمع او الذات الاجتماعية هي حصيلة تفاعل عاملين اساسيين هما العامل النفسي الداخلي الذي يعبر عن خصوصية الفرد وسماته الشخصية المتفردة والعامل الاجتماعي الذي يجسد مؤثرات البناء الاجتماعي المحيطة بالفرد[12]، وان تظافر هذين العاملين بعضهما مع بعض كما يعتقد ميد هو الذي يكوّن الذات الاجتماعية عند الفرد[13]. اما الاصول الاجتماعية للذات فهي النمو التدريجي لقدرات الفرد منذ الطفولة على اشغال الادوار الوظيفية وتقييم هذه الادوار عن طريق تقييمها من قبل الآخرين، اي تقييم الفرد لذاته من خلال تقييم الآخرين لها. وهنا تصبح اللغة التي هي وسيلة الاتصال بين الافراد رمزاً لأنها تؤثر في الفرد الواحد كما تؤثر في الآخرين[14]. بيد ان الطفل منذ الوهلة الاولى يبدأ بتقليد ادوار الآخرين فهو يقلد دور ابيه ودور معلمه ودور البائع ودور الطبيب ودور المريض... الخ. وعندما ينمو الطفل يتولد عنده الاحساس نحو الآخرين، اي تكون لديه صورة عن ادوار الآخرين. وهذه الصورة هي التي تجعلهم رمزاً له وتجعله رمزاً لهم. وهذا الرمز له قيمة معينة في المجتمع، وهذه القيمة تحدد طبيعة التفاعل التي يكونها الافراد والجماعات معه[15].

ويعالج ميد في نظريته للتفاعلية الرمزية موضوع " انا " كما اقيّم نفسي- "وانا " كما يقيّمني الآخرون. فعند تفاعل الفرد مع الآخرين لفترة من الزمن فان الآخرين يقيمونه بعد ان يعتبرونه رمزاً ذات معاني ومواصفات معينة. وعند وصول التقييم اي تقييم الآخرين للفرد المعني بالتقييم فانه يقيّم نفسه كما يقيّمه الآخرون لأن تقييم الفرد لذاته ناجم عن تقييم الآخرين له. وهكذا يفسّر ميد ظاهرة أنا كما اقيم نفسي (I) وانا كما يقيمني الآخرون (me)[16].

**ب - هيربرت بلومر:**

اما هيربرت بلومر (1900-1981) فهو تلميذ جورج هيربرت ميد اذ تأثر بافكاره عن التفاعلية الرمزية لاسيما ما يتعلق بالذات الاجتماعية واصل الذات

وتفسير انا كما افهم نفسي وكما يفهمني الآخرون. الا ان هيربرت بلومر على الرغم من سيره على خطوات واسلوب ميد في الدراسة التفاعلية للجماعة والمجتمع الا انه يختلف عنه في امور كثيرة نظراً للاضافات التي قدمها للتفاعلية الرمزية، هذه الاضافات التي طورتها في مجالات شتى. ذلك ان بلومر يعد اول مـن اطلـق تعبير التفاعلية الرمزية على النظرية التي اوجدها وفسرها وحلل اركانها جورج هيربرت ميد[17]. كـما انه اغنى المنهجية العلمية التي تعتمدها التفاعلية الرمزية في جمع المعلومات وتصنيفها وتحليلها وتنظيرها، وطبيعة النظرية على فهم وتحليل الظواهر الاجتماعية المعقدة كالثقافة والطبقة والبناء والمؤسسات اذ اختزل هذه الظواهر الاجتماعية الى عمليات اولية تقع بين الافراد ويمكن تفسيرها بالتفاعليـة الرمزيـة[18]، اي ان عملية التفاعل بين الافراد تمنحهم القدرة على اعتبار كل واحد منهم رمـزاً ذا قيمة محددة، ولهذا الرمز قيمة محددة. وعندما يصل تقييم الجماعة للفرد وبشكل رمـز فان الفـرد يبـدأ بتقييم نفسـه وفقـاً لتقييم الآخرين له.

اما الاضافة الاخرى التي قدمها بلومر للتفاعلية الرمزية فهي ان بلومر لم يحـدد عمليـة التفاعـل ويحصرها بالافراد بل ذهب الى ابعد من ذلك اذ قال بان التفاعل لا يكون بين الافراد فقط بـل بـين الافـراد والمؤسسات والمنظمات والمجتمعات المحلية والطبقات والظواهر الجمعية الاخرى[19]. فالفرد نتيجـة لخبره وتجاربه السابقة يقيم هذه الظواهر الجمعية ويعتبرها رموزاً ذات قيمة معينة له، وان التقييمات الرمزيـة هذه تصل اليها عاجلاً ام آجلاً. بعد ذلك تقيم نفسها بموجب تلك التقييمات. وعلـى هـذا الاسـاس يكون التفاعـل بـين الفـرد وبقية الجماعـات والمؤسسات بعـد ان تكـون رمـوزاً ذات معنـى محـدد بالنسبة لـه وللمجتمع على حد سواء[20].

وقد وردت الاضافات التي قدمها هيربرت بلومر للتفاعلية الرمزية في كتابه الموسوم " التفاعليـة الرمزية : المنظار والطريقة ".

**جـ - فكتور تيرنر**

يعد فكتور تيرنر من رواد التفاعلية الرمزية بعد جورج هيربرت ميد وهيربرت بلومر. من مؤلفاته المهمة التي انطوت عليها افكاره ودراساته عن التفاعلية الرمزية كتاب غابة الرموز (Forest of Symbols) . في هذا الكتاب يعتقد تيرنر بان الانسان محاط بغابة من الرموز التي اختبر وجرب الانسان معانيها ورموزها ودلالاتها خلال فترة حياته التي قد تمتد لخمسين سنة او اكثر[21]. فالاشياء المادية المحيطة بالانسان كالغرف والابنية والعمارات والآثاث والاجهزة والمكائن والمعدات والمواد الغذائية والملابس ووسائط النقل والمواصلات، والاشياء غير المادية كالصحة والمرض والحيوية والخبرات والتجارب العلمية والتكنولوجية والقيم والمقاييس والاخلاق والمثل والاديان والفلسفات والفنون الجميلة... الخ مع الاصدقاء والأعداء والاشخاص انما يجربهم ويختبرهم الانسان الواحد، واثناء عملية الاختبار يكون الفرد صورة ذهنية عن كل شيء مادي او اعتباري يجربه، وهذه الصورة سرعان ما تتحول الى رمز له قيمة معينة عند الفرد الذي يجربه[22]. وبالنهاية يرى الانسان نفسه بانه محاط بعدد غير محدود من الرموز التي لها تقييمات معينة عند الافراد وهذه التقييمات هي التي تحدد الصلة التي تظهر بين الرمز والانسان. فاذا كان الرمز في البيئة مقيماً فان صلة الانسان به اي بالرمز تكون قوية ومتينة. بينما اذا كانت قيمة الرمز في البيئة هابطة او واطئة فان علاقة الانسان بذلك الرمز تكون ضعيفة وهامشية[23].

وهكذا يعتقد تيرنر بأن علاقتنا بالاشياء المحيطة بنا تعتمد على تقييمنا لها عن طريق تحويلها الى رموز. وهذه الرموز قد تكون ايجابية او سلبية بالنسبة لنا اعتماداً على خبرتنا وتجربتنا معها، فاذا كانت الرموز ايجابية فاننا نكوّن التفاعل القوي والحي معها بحيث ننجذب لها وهي تنجذب لنا. اما اذا كانت الرموز سلبية فاننا ننفر منها وبالتالي تكون صلتنا التفاعلية معها ضعيفة وهامشية على

احسن الاحوال. اذاً التفاعل مع الاشياء في العالم الخارجي انما يعتمد على صلتنا بها، وصلتنا بها تعتمد على الصورة الذهنية التي نحملها ازاءها اي نحمل ازاء الرمز. وهكذا تقوم نظرية فيكتور تيرنر في التفاعلية الرمزية على المسلمات الآتية:

1- اننا محاطون بمئات الاشياء المادية والاعتبارية.

2- عن طريق اللغة والذات نجرب هذه الاشياء ونختبرها.

3- بعد الاختبار تتحول الاشياء الى رموز.

4- الرموز تقيّم بالنسبة لنا على انها رموز ايجابية او محايدة او سلبية.

5- تفاعلنا بالرموز الايجابية يكون قوياً، بينما تفاعلنا بالرموز السلبية يكون ضعيفاً.

6- الرمز الذي نعطيه لأي شيء هو الذي يحدد صورة التفاعل بيننا وبين الرمز.

**نشوء التفاعلية الرمزية ومبادؤها :**

ان للنظرية التفاعلية الرمزية اصولاً امريكية تجسدت في كتابات جارلس كولي و ديوي و بالدوين و دبليو . توماس وغيرهم[24]. كما ان لها جذوراً مستقلة في المانيا تمثلت بكتابات جورج زيمل وماكس فيبر التي تخضع لنظرية الفعل الاجتماعي. لقد انطلقت مدرسة التفاعل الرمزي من الفلسفة البراغماتيكية التي نشأت في امريكا خلال الثلث الاخير من القرن التاسع عشر والتي اكدت اهمية الفعل والعمل بدلاً من التأكيد على اهمية التفكير والمنطق والعقل.

تعد الفاعلية الرمزية واحدة من المدارس التي تؤكد على اهمية العوامل البيولوجية وضرورة اخذها في الحسبان عند تفسير السلوك البشري. كما ان التفاعلية الرمزية تركز على اهمية اللغة في التفاعل الاجتماعي وفي التفكير، وتؤكد على فهم الانسان للحالة الاجتماعية التي يجد نفسه فيها مع تفسيرها. اضافة الى

دور المعاني والدلالات في تفسير السلوك. فضلاً عن تجسيدها لكيفية قيام العمليات الرمزية المستندة على دراسة الدور وتقويم الذات بواسطة افراد يحاولون التكيف مع بعضهم البعض. علماً بأن النظرية تؤكد على قدرة الانسان على خلق واستخدام الرموز.

لقد استقطبت هذه النظرية عدة اشخاص ومفكرين واتباع لاسيما بعد الحرب العالمية الثانية. وقد انبثقت من التفاعلية الرمزية بعد ذلك عدة مدارس اهمها مدرسة التمثيل المسرحي التي اسسها ارفنك كوفمان ومدرسة التبادل الاجتماعي التي اسسها كل من كيلي وثيبوت وجورج هومنز وبيتر بلاو.

**ثالثاً: مبادىء التفاعلية الرمزية:**

ان النظرية التفاعلية الرمزية يمكن ان تفهم نموذج الانسان هذا عبر الدور الذي يحتله والسلوك الذي يقوم به نحو الفرد الآخر الذي كوّن علاقة معه خلال مدة زمنية محددة. لذا تفترض التفاعلية الرمزية وجود شخصين متفاعلين عبر الادوار الوظيفية التي يحتلونها، فكل منهما يحاول ان يتعرف على سمات

الفرد الآخر وخواصه عبر العلاقة التفاعلية التي تنشأ بينهما. وبعد فترة من الزمن على نشوء مثل هذه العلاقة التفاعلية بين الشخصين الشاغلين لدورين اجتماعيين متساويين او مختلفين يقوم كل فرد بتقويم الفرد الآخر، الا ان التقويم يعتمد على اللغة والاتصال الذي يحدث بينهما، فاللغة تعبّر عن الالفاظ الرمزية التي يستعملها هذان الشخصان، والتفاعل لا يمكن ان يتم دون الادوار التي يحتلها هذان الشخصان.

وعبر عملية التفاعل والتقويم المتبادل بينهما يكوّن كل فرد منهما التصورات الرمزية، نحو الفرد الآخر، اي ان كل فرد يكون رمزاً في تصور الفرد الآخر وخياله وادراكه. وهنا يكوّن الشخصان المتفاعلان الرموز المتبادلة ازاء احدهما الآخر، بمعنى ان كل فرد يقوّم الفرد الآخر عبر الرموز التصورية التي يعطيها له بناء على التقويم الذهني الذي كوّنه عنه من خلال عملية الاتصال

والتفاعل بينهما. علماً بان الفرد الواحد لا يكون هذه الصورة الرمزية ازاء الفرد الآخر فقط بل يكون صورة رمزية ازاء جميع الافراد الذين يتفاعل معهم او لا يتفاعل بمجرد ان يشاهدهم او يقرأ عنهم او يسمع قصصاً واخباراً من الآخرين عنهم.

كذلك يحمل الفرد صوراً رمزية عن الكائنات غير الحية كالانهار والجبال والاشجار والنباتات والبيوت والشوارع... الخ. وهذه الصورة تبقى عالقة في ذهنه، فهي تظهر متى ما شاهد الفرد الشيء او الشخص او الجماعة. فالمشاهدة تثير الرمز الصوري او الادراكي او الذهني عند الفرد وتثير جميع المعلومات والخبر والتجارب التي يعرفها الشخص المعني عن الآخرين. والصور الذهنية التي تظهر الى السطح بمجرد مشاهدة الفرد او الاتصال به او السماع عنه تكون ذا طبيعة محددة، فهي اما تكون ايجابية او تكون سلبية او قد تكون هامشية متأرجحة بين الحالة الايجابية والحالة السلبية.

وهكذا يمكن تحليل وتفسير نموذج الانسان في ضوء النظرية التفاعلية الرمزية. اننا لا نستطيع ان نفهم نموذج الانسان ما لم يكن شاغلاً لدور معين او مجموعة ادوار. وهذه الادوار تمكنه من القيام بسلوك معين نحو الشخص او الجماعة التي يكوّن علاقة معها . وعبر هذه العلاقة نتعرف على الاشخاص او الجماعات او الاشياء فتكوّن هذه لديه رموزاً ذا قيمة ايجابية او سلبية اعتماداً على طبيعة الانطباع الذي يكوّنه معه او معها اذا كانت جماعة. وهذا الانطباع يسبب ظهور التقويم الايجابي او السلبي المربوط برمز والمتأتي من عملية التفاعل بين شخص وشخص آخر او بين شخص وشيء آخر. ولكن قبل ظهور الرمز او قبل ربط الرمز بالشخص بعد التفاعل معه يكون هناك الموقف اي الاستعداد على اتخاذ طابع تقييمي محدد ازاء الشخص او الشيء الذي نتفاعل معه.

فاذا كان الموقف ايجابياً بسبب طبيعة المعلومات والخبر والتجارب التي نحملها عنه فان الرمز يكون ايجابياً، اذ اننا بمجرد سماعنا اسم الشخص فان الصورة الذهنية او الرمز الذهني عنه يظهر، وهذا يدفعنا الى تقويمه وتحديد طبيعة العلاقة معه، اي كونها ايجابية او سلبية، وايجابية او سلبية العلاقة تعتمد على الموقف والصورة الذهنية التي كوّناها عن الانسان. وهنا يتحدد موضوع استمرارية العلاقة مع الانسان المقوّم تقويماً تفاعلياً رمزياً او عدم استمراريتها. فاذا كان الرمز ايجابياً فان العلاقة تستمر بين الشخصين المتفاعلين بينما اذا كان الرمز سلبيا فان العلاقة يصيبها الجفاء او تنقطع كليةً. وبين العلاقة والرمز هناك الموقف الذي يوفق بين طبيعة العلاقة او التفاعل المتكون بين الشخصين او الشيئين وبين الرمز المستحدث نتيجة الخبر والتجارب التي حصل عليها كل فرد نحو الفرد الآخر خلال عملية التفاعل.

من هنا نستنتج بأن نموذج الانسان في التفاعل الرمزي انما يعتمد على الدور الذي يحتله والسلوك الذي يتحلى به والعلاقة التفاعلية التي تنشأ بينه وبينهم، هذه العلاقة التي يتمخض عنها ظهور رموز لها اهميتها في تقويم الافراد الذين تنسب لهم الرموز. علماً بأن طبيعة الرموز المكونة هي التي تحدد استمرارية العلاقة او انقطاعها بين الافراد والجماعات.

اما المبادىء الاساسية للتفاعلية الرمزية كما وضعها مؤسسها العالم جورج هيربرت ميد فيمكن درجها بالنقاط الآتية:

1- يحدث التفاعل الاجتماعي بين الافراد الشاغلين لادوار اجتماعية معينة ويأخذ زمناً يتراوح بين اسبوع الى سنة.

2- بعد الانتهاء من التفاعل يكوّن الافراد المتفاعلون صوراً رمزية ذهنية على الاشخاص الذين يتفاعلون معهم، وهذه الصور لا تعكس جوهر الشخص وحقيقته الفعلية وانما تعكس الحالة الانطباعية السطحية التي

كوّنها الشخص تجاه الشخص الآخر الذي تفاعل معه خلال مدة زمنية معينة[25].

3- عند تكوين الصورة الانطباعية عن الفرد تلتصق هذه الصورة عن الفرد بمجرد مشاهدته او السماع عنه او التحدث اليه من دون التأكد من صحة المعلومة او اخبر او الحادث لان الشخص او الفرد اعتبر الفرد الآخر رمزاً، والرمز هو الذي يحدد طبيعة التفاعل، مع ان الصورة الرمزية التي يكوّنها الفرد عن الآخر قد تكون ايجابية او سلبية اعتماداً على الانطباع او الصورة الذهنية التي كوّنها عنه[26].

4- حينما تتكون الصورة الرمزية عن شخص معين، فان هذه الصورة سرعان ما ينشرها الشخص الذي كوّنها عن الشخص الآخر المتفاعل معه، وتنتشر هذه الصورة بين الآخرين، فيكوّنون صوراً ايجابية او رمزية اعتماداً على نوع الانطباع وليس عن حقيقة ذلك الشخص ودوافعه[27].

5- عندما يعطي الشخص المقيم انطباعاً صورياً او رمزياً معيناً يكون هذه الانطباع ذا نمط متصلب ليس من السهولة بمكان تغييره او ادخال صورة ذهنية مخالفة للصورة الذهنية التي تكونت عنه، وهذه الصورة الذهنية او الانطباعية سرعان ما يعلم بها الفرد المقيم فيقيم نفسه بموجبها. وهنا يكون تقويم الفرد لذاته بموجب الصورة الرمزية التي تكونت عنه او الصورة الرمزية التي كوّنها الآخرون تجاهه[28].

6- تفاعل الشخص مع الآخرين او انقطاع التفاعل انما يعتمد على الصورة الرمزية التي كونها الآخرون تجاهه فاذا كانت الصورة الرمزية ايجابية فان التفاعل يستمر، بينما اذا كانت الصورة الرمزية المكونة عنه سلبية فان تفاعله مع الشخص الذي كوّن الصورة الرمزية حياله لابد ان ينقطع او يتوقف[29].

**رابعاً: التطبيقات العملية للتفاعلية الرمزية:**

يمكن تطبيق التفاعلية الرمزية على العديد من الموضوعات الاجتماعية التي تصلح ان تكون مشاريعاً للابحاث الاجتماعية كالعلاقة بين الزوج والزوجة والعلاقة بين القاضي والمتهم. يمكننا تطبيق مبادىء التفاعلية الرمزية على هذين الموضوعين.

**أ-تطبيق مبادىء التفاعلية الرمزية على واقع العلاقة بين الزوج والزوجة:**

تفسر التفاعلية الرمزية العلاقة بين الزوج والزوجة وفقاً للخطوات التي تمر خلالها هذه النظرية عند تطبيقها. وهذه الخطوات هي:

1- يتم التفاعل والاتصال بين الزوج والزوجة لفترة تتراوح بين اسبوع وسنة بحيث يتعرف تماماً كل طرف على الطرف الآخر.

2- بعد الانتهاء من التفاعل الذي يستغرق فترة من الزمن يبدأ كل طرف من اطراف العلاقة بتكوين صورة انطباعية او صورة ذهنية او رمزية عن الطرف الآخر، وهذه الصورة الرمزية لم تتكون الا بعد تجريب كل طرف للطرف الآخر والتعرف على كل ما يحمله ذلك الطرف من سمات وخواص.

3- يكون التفاعل عبر اللغة والاتصال ومن خلال ذوات الاشخاص المتفاعلين.

4- الصورة الرمزية التي يكونها كل طرف ازاء الطرف الآخر تحول الطرف الى رمز، وهذا الرمز قد يكون مرغوباً به او غير مرغوب.

5- عندما يصل تقييم احد الافراد الى الفرد الآخر والتقييم هو رمزي كأن يُقيم الفرد على انه الثرثار او الاخرس او الاطرش او الكذاب فان الفرد المعني يقيّم نفسه بالتقييم الذي قيّمه به الآخرون، اي ان تقييم الفرد لذاته هو من تقييم الآخرين له.

6- اذا كان التقييم الرمزي ايجابياً فان التفاعل بين الافراد يستمر، اما اذا كان التقييم سلبياً فان التفاعل يتعثر او ينقطع كليةً.

7- التقييم الرمزي هو عملية ذات وجهين، فالزوج قد يعطي رمزاً ايجابياً لزوجته اذ يعتبرها وردة، وعند وصول التقييم لها فانها تقيّم نفسها بموجب تقييم زوجها لها. كما انها تقيّم زوجها برمز ايجابي كأن تسميه الشجاع او الصادق. ومثل هذا التقييم يؤثر في الاعتبار الذي يعطيه الزوج لذاته. مما يعمق العلاقة بين الزوجين ويؤدي الى استمراريتها.

**ب - تطبيق مبادىء التفاعلية الرمزية على العلاقة بين القاضي والمتهم:**

يمكن تفسير العلاقة بين القاضي والمتهم عن طريق التفاعلية الرمزية بقصد فهمها واستيعاب جوانبها ومعرفة اسباب استمراريتها وتعميقها. وهذه العلاقة تمر بالمراحل الآتية:

1- يتفاعل القاضي مع المتهم عن طريق طرح الاسئلة والاستفسارات والاستجوابات والفعل ورد الفعل بينهما لفترة تتراوح بين اسبوع الى سنة.

2- بعد الانتهاء من عملية التفاعل بين الاثنين يبادر كل طرف من اطراف التفاعل الى تكوين انطباع او صورة رمزية عن الطرف الآخر، وهذه الصورة الرمزية تكون انطباعية اكثر مما تكون حقيقية، اي انها اقرب ما تكون الى الخيال مما تكون الى الحقيقة.

3- الصورة الانطباعية او الرمز الذي ينعته كل طرف نحو الطرف الآخر قد يكون ايجابياً او سلبياً.

4- يذهب التقييم الانطباعي او ارمزي الى الشخص المقيم عن طريق اللغة والاتصال، فاذا كان ايجابياً كأن يكون القدوة او ابطل فان التقييم هذا يؤثر في تقييم الفرد لذاته اذ يقيّم ذاته تقييما ايجابيا. بينما اذا كان التقييم سلبياً كأن يكون حيواناً او غبياً او كسولاً فان التقييم الرمزي يصل الى الفرد فيقيّم الاخير نفسه تقييماً سلبياً.

5- ان الرمز الايجابي الذي يصل الفرد يسبب استمرارية وتعميق التفاعل معه، بينما الرمز السلبي الذي يصل الفرد يسبب قطع التفاعل او جفائه. وهكذا

نلاحظ بأن الانطباع الرمزي الايجابي الذي يتولد عند الفرد انما ينتج في استمرارية وتعميق التفاعل الرمزي، بينما الانطباع الرمزي السلبي يسبب قطع التفاعل بين الفرد المقيّم والفرد الذي قيّمه. فاذا كان القاضي يمنح رمز العادل او المحق فانه يقيّم نفسه عادلاً ومحقاً وبالتالي تقوى وتعزز العلاقة او التفاعل بين المقيّم (القاضي) والشخص الذي قيّمه المتهم. والعكس هو الصحيح اذا كان الرمز سلبياً كأن يقيّم القاضي فاسداً وباغياً، فالتقييم يصل اليه لذا فانه يقيّم ذاته تقييما سلبياً. وهنا يقل او ينعدم التفاعل بين المقيّم والمُقيّم.

# هوامش ومصادر الفصل

(1)Coser, Lewis A. Masters of Sociological Thought New York, Harcourt Brace, 1977, P.574.

(2)Ibid., P.575.

(3)Ibid., PP.574-575.

(4)Ibid., P.575.

(5)Mead, G.H. Mind, Self and Society, Chicago, University of Chicago Press, 1984, PP.406.

(6)Cooley, C.H. Human Nature and the Social Order, New York, Schocken, 1984, P.182.

(7)Ibid., P.73.

(8)Ibid., P.74.

(9)Coser Lewis A. Masters of Sociological Thought, P.333.

(10)Wells, M.S. The Pioneers of Symbolic Interactions, London, the Strand Press, 1991, P.19.

(11)Mead, G.H. Mind, Self and Society, P.140.

(12)Ibid., P.149.

(13)Ibid., P.155.

(14)Ibid., P.153.

(15)Ibid., P.202.

(16)Ibid., P.205.

(17)Martin dale, Don. The Nature and Types of Sociological Theory, Boston, Houghton Mifflin Co.,
   1981, P.353.

(18)Blumer, Herbert. Symbolic Interactionism: Perspective and and Method Englewood, Prentice-Hall,
   1989, P.14.

(19)Ibid., P.18.

(20)Ibid., P.24.

(21)Turner, Victor. The Forest of Symbols, Cornell University Press, Ithaca, 1984, P.16.

(22)Ibid., P.18.

(23)Ibid., P.20.

(24)Rose, A.M. Human Behaviour and Social Process, Boston, Houghton Mifflin, 1992, P.4.

(25)Skidmore W.L. Sociology's Models of Man, New York, the Strand Press, 1984, P.157.

(26)Ibid., P.160.

(27)Ibid., P.163.

(28)Ibid., P.171.

(29)Ibid., P.173.

# الفصل السادس
## (النظرية البايولوجية)

ان كل نظرية اجتماعية تشبه الكائن الاجتماعي (المجتمع) بالكائن الحيواني من حيث البناء والوظائف والتكامل والتحول هي نظرية بايولوجية[1]. كما ان النظرية الاجتماعية التي تربط بين العرق او الجـنس البشـري والـذكاء والانجـاز والقـدرة عـلى الحركـة والفاعليـة هـي نظريـة بايولوجيـة[2]. واخيراً هناك النظرية الاجتماعية التي تفسر تحول المجتمع من نمط الى نمط آخر بعامل التكاثر السكاني هي النظرية التي يطلق عليها بالنظرية العضوية او البايولوجية[3].

ان النظرية البايولوجية في علم الاجتماع تقسم الى ثلاثة انواع رئيسية هي ما يلي:

المبحث الاول : النظرية البايولوجية البنيوية.

المبحث الثاني: النظرية البايولوجية العنصرية او العرقية.

المبحث الثالث: النظرية البايولوجية السكانية.

والآن علينا دراسة هذه النظريات البايولوجية الثلاث بشيء من التفصيل والتحليل.

## المبحث الاول: النظرية البايولوجية البنيوية:

النظرية البايولوجية البنيوية هي النظرية التي تحاول مقارنة المجتمع بالكائن الحيواني الحي من ناحية الاجزاء والوظائف وتكامل الاجزاء بعضها مع البعض الآخر[4].

وهذه النظرية البايولوجية البنيوية هي نظرية قديمة العهد اذ ترجع الى الفلاسفة الاغريق وعلى رأسهم افلاطون الذي اشار الى ان المجتمع يمكن تشبيهه بالكائن الحيواني الحي من حيث المكونات والوظائف والتكامل، اي التكامل بين اجزاء الكائن الاجتماعي واجزاء الكائن البايولوجي او الحيواني الحي[5]

.

بيد ان النظرية البايولوجية التي ظهرت في الحضارة الاغريقية كانت ضعيفة وتعاني من الكثير من التناقضات ونقاط الضعف والعيوب. وخلال القرون الثلاثة السابع عشرـ والثامن عشرـ والتاسع عشرـ تطورت النظرية البايولوجية لتفسر المجتمع على ايدي علماء اوربيين اشهرهم العالم الفرنسيـ كوندوست الذي اصر على اهمية دراسة الارتقاء الاجتماعي للمجتمع الانساني اذ قال بان الارتقاء والنمو الاجتماعي شبيه بالارتقاء والنمو عند الكائن الحيواني. ومن اهم ما قاله عن الارتقاء والتطور الاجتماعي ان المجتمع البشري اول ما يكون بسيطاً ثم يتحول الى مجتمع اكثر تعقداً وذلك بسبب تعقد وتشعب وانشطار الاجزاء التي يتكون منها المجتمع[6].

وهناك مفكرون آخرون وفلاسفة طرحوا الافكار البايولوجية عند دراستهم للمجتمعات امثال سانت سيمون الفرنسي وفون هردر الالماني والبرت شافيل البريطاني. وجميع هؤلاء يعتقدون بأن المجتمع يمكن تشبيهه بالكائن الحيواني الحي من حيث الاجزاء التي يتكون منها والوظائف التي تقوم بها الاجزاء والترابط بين الاجزاء التي يتكون منها الكائن الاجتماعي او الكائن الحيواني. والترابط هذا يمكن ان نطلق عليه بالتكامل.

وقبل هؤلاء بمئات السنين جاء ابن خلدون بنظريته البايولوجية التي تشبه المجتمع بالكائن الحيواني الحي اذ اشار ابن خلدون في كتابه المقدمة بان المجتمع يتكون نظم العمران البشري كالنظام الديني والنظام الاقتصادي والنظام السياسي والنظام الاسري والقرابي والنظام التربوي، ويقابل هذه النظم في الكائن الحيواني الحي الاجهزة البايولوجية كالجهاز العضلي والجهاز العصبي والجهاز التنفسي والجهاز الدموي والجهاز العظمي وهكذا[7].

اما هربرت سبنسر الانكليزي فيعد من اشهر علماء الاجتماع الذين طرحوا الافكار البايولوجية لتفسير المجتمع. علماً بأن سبنسر في نظريته البايولوجية كان متأثراً بأفكار جارلس داروين التي جاء بها في كتابه " اصل الانواع " . وطرح هربرت سبنسر نظريته العضوية او البايولوجية في كتابه علم الاجتماع، وهذه النظرية التي تدرس اجزاء المجتمع وتقارنها بأجزاء الكائن الحيواني الحي. كما ان النظرية تؤكد على فكرة الوظيفة الاجتماعية التي تقوم بها اجزاء الكائن الاجتماعي، هذه الاجزاء التي تترابط مع بعضها البعض وتكون ما يسمى بالتعايش الاجتماعي (Social Coexistence) [8]. ذلك ان سبنسر اشار الى ان هناك تعايشاً او علاقة قوية بين سيطرة النظام العسكري على المجتمع وضعف مركز المرأة، وهناك تعايشاً او علاقة بين حرية الفكر السياسي والاقتصادي وظهور المخترعات والمبتكرات العلمية.

ان الدراسة العضوية للمجتمع التي اعتمدها سبنسر تأخذ بعين الاعتبار اجزاء المجتمع ومكوناتها ووظائفها وتكاملها وطرق واتجاهات تحولها وتطورها من شكل لآخر. ان فضل سبنسر في تطوير العلوم الاجتماعية شبيه بفضل داروين في تطور العلوم الطبيعية. ففي بداية المطاف استعان سبنسر بمجموعة مصطلحات فنية اشتقها من علم البايولوجي او الاحياء كمصطلح تركيب ووظائف وجهاز ونشوء وارتقاء ... الخ واستعملها في دراسة وتفسير المجتمع من خلال الاعتماد عليها في صياغة الفروض والنظريات الاجتماعية التي تفسر المجتمع تفسيراً

عضوياً وارتقائياً. لقد استطاع سبنسر ــ عن طريق مفاهيمه ومصطلحاته البايولوجية بناء نظريته البايواجتماعية بعد تطبيقها على دراسة المجتمع البشري بغية فهمه وادراك مشكلاته الذاتية والموضوعية ومعرفة اسباب تحوله من طور الى طور آخر[9].

ان نظرية سبنسر البايواجتماعية او العضوية تحاول تشبيه المجتمع بالكائن الحيواني الحي. فكما يتكون الكائن الحيواني الحي من اجهزة واعضاء فان المجتمع يتكون من اجهزة اجتماعية تسمى بالنظم او المؤسسات، ومن كيانات اجتماعية تسمى بالمنظمات. فمؤسسات او نظم المجتمع تختلف الواحدة عن الاخرى في الهدف كالمؤسسات الاقتصادية والدينية والتربوية... الخ. والمنظمات تكون على انواع مختلفة كالعائلة والنادي والمجتمع المحلي والمزرعة والمصنع... الخ. وبالرغم من اختلاف المؤسسات والمنظمات فانها تتشابه في كياناتها وانشطتها وقوانينها وديمومتها ودرجة تكاملها الواحدة مع الاخرى.

وتشبيه المجتمع بالكائن الحيواني الحي لا يقف عند حد الاجزاء التي تتكون منها الكائنات بل يتجاوز هذا الى الوظائف والتكامل والتغيير. ان لاجزاء المجتمع او مؤسساته وظائف جوهرية تساعد على ديمومة المجتمع وتقدمه. فالمؤسسات الاقتصادية تؤدي عدة وظائف للمجتمع اهمها الانتاج والتوزيع والاستهلاك. والمؤسسات السياسية تؤدي وظائفها المهمة التي تتجلى بقيادة المجتمع والهيمنة على شؤونه من اجل العدالة والصالح العام. والمؤسسات العائلية مسؤولة عن وظيفة الانجاب والتربية الاجتماعية والخلقية وتنظيم العلاقات الجنسية. وهذه الوظائف شبيهة بالوظائف الفيزيولوجية التي تؤديها الاجهزة والاعضاء للكائن الحيواني الحي[10]. ومن الجدير بالاشارة الى ان مؤسسات المجتمع مكملة الواحدة للاخرى، فالمؤسسات الاقتصادية مكملة للمؤسسات السياسية والاخيرة مكملة للمؤسسات التربوية. وهذا التكامل في المؤسسات البنيوية شبيه بالتكامل العضوي بين الاجهزة

الفيزيولوجية للكائن الحيواني الحي. ويمكننا برهان التكامل المؤسسي بين بنى وتراكيب المجتمع بالذهاب الى مبادىء التطور والتغير، فعند تغير المؤسسة الاقتصادية او السياسية فان هذا التغير لابد ان ينعكس على بقية المؤسسات البنيوية وبالتالي يحدث التغير الاجتماعي.

لقد بلور سبنسر مبدأ المماثلة بين المجتمع والكائن الحي على النحو التالي: ينتظم المجتمع على نفس نسق الفرد او على غراره تماماً، حتى اننا نستطيع ان ندرك ما هو ابعد من المماثلة بينهما حيث ينطبق نفس التعريف للحياة على كليهما. وحينما ندرك ان المجتمع يمر خلال مراحل النمو والنضج والهرم، وان ذلك يسير على نفس المبادىء التي تحدد التحولات التي تمر بها كل من النظم غير العضوية والعضوية ندرك مفهوم علم الاجتماع بوصفه علماً. وقد لاحظ سبنسر الكثير من اوجه الشبه بين الكائنات الاجتماعية والكائنات الحيوانية او العضوية، واوجه التشابه هذه هي على النحو الآتي:

1- يتميز كل من المجتمع والكائنات العضوية عن المادة غير العضوية بالنمو الواضح خلال الشطر الاكبر من وجودهما. فالرضيع ينمو حتى يصبح رجلاً، والمجتمع الصغير ينمو حتى يصبح مجتمعاً متروبولوتياً والدولة تنمو وتصبح امبراطورية[11].

2- تنمو كل من المجتمعات والكائنات العضوية وتتطور في الحجم، كما انها تنمو في درجة تعقدها البنائي. فهناك كما يعتقد سبنسر كائنات بدائية بسيطة وكائنات عليا معقدة، وهناك مجتمعات بسيطة ومجتمعات مركبة ومعقدة.

3- يصاحب التفاضل او التمايز التقدمي في البناء سواء في المجتمعات او في الكائنات العضوية تمايز تقدمي في الوظائف. فكل عضو يؤدي وظيفة محددة لمركب الكائن العضوي، كما ان كل نظام اجتماعي فرعي يؤدي وظيفة حيوية لهيكل البناء الاجتماعي.

4- يؤدي التطور سواء في المجتمعات او الكائنات العضوية الى تباينات في البناء والوظيفة وكل منهما يجعل الآخر ممكنا[12].

5- اذا كنا ننظر الى الكائن الحي بوصفه مجموعة من وحدات تعيش بصورة متكاملة، فان مجموعة الكائنات البشرية او المجتمع الانساني يمكن النظر اليه بوصفه كائناً. وقد سار سبنسر على هذا الخط الفريد من التبرير المنطقي الى مماثلة ابعد مدى، حيث قال بأن خلايا الكائن الحيواني تتعرض للموت والفناء كما يتعرض الافراد للموت والفناء، غير ان الكائن الحيواني بشكله الاعتباري يبقى على وجه الخليقة كما يبقى المجتمع الانساني.

## المبحث الثاني: النظرية البايولوجية العنصرية او العرقية:

وهي النظرية التي تعتبر العنصر او العرق او الجنس الذي هو عامل وراثي بمثابة المحرك الاساس للانجاز والذكاء عند القوم او الشعب او الملة. وتعتقد هذه النظرية بأن العنصر الذكي هو الذي يتغلب على العنصر الاقل ذكاءً او يحكمه ويقرر مصيره؟ علماً بأن النظريات البايولوجية العنصرية يمكن تقسيمها الى اربع نظريات رئيسية هي على النحو الآتي:

**أ- نظرية سيادة الطبقة الارستقراطية على بقية الطبقات الاخري:**

مؤسس هذه النظرية العالم الفرنسي آرثر دي كوبينو (1816-1882). ظهرت هذه النظرية في كتابه الموسوم " عدم المساواة بين الاجناس البشرية ". يعتقد كوبينو في كتابه هذا بأن الطبقة الارستقراطية تتمتع بدرجة عالية من الذكاء، لذا فهي مؤهلة لتبوء الحكم وقادرة على تحقيق الانجازات المتميزة للمجتمع[13]. اما اذا لم تحكم هذه الطبقة المجتمع فان المجتمع يتخلف وبالتالي ينهار ويكون غير قادر على احراز اي درجة من التقدم والنهوض. وهناك

نظم سياسية وكيانات كالصهيونية تعطي الحكم للطبقة الارستقراطية لاحراز المكاسب والمنجزات، بنما تنكر حق الحكم للطبقات الاخرى وبخاصة العمالية والفلاحية.

## ب - النظرية العنصرية التيتونية :

مؤسس هذه النظرية العنصرية العالم البريطاني ستيوارت جيمبرلن. وقد وردت هذه النظرية في كتابه الموسوم " اسس القرن التاسع عشر : الذي نشره عام 1911. تعتقد النظرية العنصرية التيتونية التي جاء بها ستيوارت جيمبرلن بان الحضارة التيتونية هي حضارة متأصلة في العنصر اليهودي الممزوج بالعنصر ـ الاغريقي والعنصر الروماني[14]. لذا فالعنصر التيتوني الذي هو عنصر مزيج من ثلاثة عناصر هي اليهودية والاغريقية والرومانية هو عنصر ذكي قادر على خلق المستحيل او خلق المعجزات عندما يحكم. لذا يعتقد التيتونيون بانهم اذكياء وقادرون على خلق المعجزات ومؤهلون على حكم العالم لان الذكاء يسري في عروقهم ودمائهم كالالمان عندما حكموا المانيا في عهد هتلر (العهد النازي)[15]. بينما غيرهم ليسوا اذكياء لذا ينبغي الخضوع للالمان التيتونيين والرضوخ لاوامرهم وحكمهم. فالذكاء هو في دم الالمان لانهم ينحدرون من العنصر التيتوني الذي هو مزيج من العناصر اليهودية والاغريقية والرومانية.

## جـ - نظرية السمات البايولوجية البارزة:

يعتقد بهذه النظرية عالم الانثروبولوجيا الفرنسي ـ جورج لابوش. وقد وردت نظريته الموسومة " السمات البايولوجية البارزة " في كتابه الموسوم : الاختيار الاجتماعي "[16]. يعتقد لابوش بان كل عنصر ـ سكاني يتسم ببعض السمات البايولوجية البارزة الخاصة بعرض جمجمة الراس وحجم الجمجمة ولون البشرة ولون الشعر والعيون. فالعنصر ـ الآري يكون ابيض اللون وطويل القامة وذو شعر اصفر اللون، وقياس جمجمته 85، ونتيجة هذه السمات يكون فرداً انعزالياً ومبادراً

وسريع الحركة. اما العنصر القوقازي الاسمر فتكون جمجمته صغيرة، لذا يكون خاملاً وقليل الحركة وذو طبيعة ومزاج حاد. اما العنصر السيكسوني فيكون ابيض اللون ومعتدل القامة وذو شعر اسود وقياس جمجمته 92، ونتيجة هذه السمات يكون فرداً مبادراً وسريع الحركة وذو ذكاء رفيع المستوى. ان الالمان ينتمون الى العنصر السيكسوني، لذا يكونون مبادرين وسريعي الحركة وذا ذكاء عالي[17]. وهنا يعتقد لابوش بان الذكاء العالي للألمان يمنحهم الحق بحكم غيرهم من الشعوب والاقوام.

**د - النظرية العنصرية الذكائية:**

جاء بهذه النظرية العالم البايولوجي والنفسي البريطاني البروفسور فرانسيس كالتون (1822-1911). وقد وردت نظريته في كتابه الموسوم " العبقري الوراثي " والتي تعتقد بأن الذكاء غير موزع بالتساوي على ابناء المجتمع[18]. فمتوسطو الذكاء هم الاكثرية، في حين ان الاذكياء قليلو العدد وكذلك واطيء الذكاء. وقد استفادت بعض الدول والكيانات الاستعمارية كألمانيا والكيان الصهيوني من هذه النظرية التي تعتقد بأن الذكاء هو عملية وراثية اكثر مما هو عملية مكتسبة او متعلمة من المجتمع، استفادت منها بعد تطبيقها على ذكاء شعوب العالم[19]. ذلك ان النظرية تعتقد بأن الذكاء غير موزع بالتساوي على الافراد وانه ايضاً غير موزع بالتساوي على الدول. فهناك دول كبيرة السكان يكون ذكاء افرادها قليلاً، بينما هناك شعوب يكون عدد سكانها قليلاً ولكن مستوى ذكائها عالي جداً. فالألمان وفقاً للنظرية العنصرية يدعون بأهم اذكى من غيرهم نتيجة وجود العوامل الوراثية لان دمهم كما يدعون انقى من دم بقية ابناء الشعوب. ولما كان الألمان اذكى من بقية العناصر الأخرى فان ذكاءهم ادى الى الاستئثار بحقوقهم وبالتالي سيطرتهم على الآخرين ابان الحرب العالمية الثانية[20].

## المبحث الثالث: النظرية البايولوجية السكانية:

وهي النظرية التي ترى بأن حجم السكان هو الذي يحدد طبيعة المجتمع ويحدد صنوف او أقسام المجتمعات ويحدد الطريقة التي يتحول فيها المجتمع من نمط الى نمط آخر. وعلماء الاجتماع الذين يعتقدون بهذه النظرية هم كل من هربرت سبنسر وكارل ماركس واميل دوركهايم. وهنا يجب دراسة النظريات البايولوجية السكانية عند هؤلاء المنظرين.

**أ - النظرية البايولوجية السكانية عند هربرت سبنسر:**

يعتقد هربرت سبنسر بأن المجتمعات تصنف الى اربعة انواع هي المجتمع البسيط، والمجتمع المركب والمجتمع المركب تركيباً ثنائياً واخيراً المجتمع المركب تركيباً ثلاثياً. وتقسيم سبنسر للمجتمعات الى هذه الانواع يعتمد على عامل التحديد الاحصائي للسكان اذ ان عدد سكان المجتمع البسيط لا يزيد على الالف نسمة، وعدد سكان المجتمع المركب لا يزيد على العشرة آلاف نسمة، وعدد سكان المجتمع المركب تركيباً ثنائياً يتراوح بين 50 الف نسمة الى المليون، وعدد سكان المجتمع المركب تركيباً ثلاثياً يتراوح بين مليون فأكثر الى حد 50 مليون نسمة[21]. اذاً التكاثر السكاني هو الذي يحدد طبيعة المجتمع ويحدد حالة انتقاله وتحوله من نمط الى نمط آخر يتسم بالرقي والتطور[22].

المجتمع عند بدايته يكون مجتمعا بسيطاً. ذلك ان المجتمع البسيط هو من اول انماط المجتمعات الانسانية. ولهذا المجتمع بناء وظيفي يتكون من اجزاء متناسقة ومتكاملة. وقد يكون للمجتمع جهاز مركزي قادر على تحقيق اهدافه العامة. والمجتمعات البسيطة يمكن تقسيمها الى اقسام مختلفة تبعاً لنوعية اجهزتها المركزية والادارية. فهناك مجتمعات بسيطة ليس فيها رئيس بل فيها مجلس اداري. وهناك مجتمعات بسيطة فيها رئيس مؤقت، وهناك مجتمعات بسيطة تتوفر فيها رئاسة مستقرة. كما يمكن تقسيم المجتمعات البسيطة حسب درجة استقرارها

الجغرافي، فهناك المجتمعات البسيطة المتنقلة كالمجتمعات البدوية والمجتمعات الرعوية. وهناك المجتمعات البسيطة المستقرة كالمجتمعات الزراعية وهكذا. وهذه المجتمعات لا تعتمد اعتماداً كبيراً على نظام تقسيم العمل وتجهل القوانين المدونة، ويكون مستواها المعاشي واطئاً ودرجة تطورها الحضاري محدودة[23].

ويتحول المجتمع البسيط الى المجتمع المركب بعد زيادة عدد السكان واعتماد اساليب تقسيم العمل. والمجتمع المركب هو المجتمع المتكون من جماعات مختلفة لكل جماعة منها قائد يخضع الى قائد عام. والمجتمع المركب ينقسم الى نمطين المجتمع المركب تركيباً مضاعفاً، وهو المجتمع الذي تقوده الحكومة ويؤمن بدين معين له اهميته في تنظيم علاقات وسلوك الافراد وتحديد اخلاقية الجماعة[24]. ويكون نفوذ العادات والتقاليد في هذا المجتمع قوياً، وقد تتحول هذه العادات والتقاليد الى قوانين شرعية معقدة تعتمدها الحكومة في نشر العدل والاستقرار والطمأنينة في ربوع المجتمع. وهذه المجتمعات تكون متقدمة في مهن الزراعة والصناعة والتجارة ولها نظام اقتصادي جيد. كما تبرز هذه المجتمعات في الفنون الجميلة والفلسفة والعلوم. ونتيجة لهذه الفعاليات نمت المدن الكبيرة وتطورت فيها وتأسست طرق المواصلات التي تربط بينها. كما وضعت الحدود التي تفصل بين المدن واقاليمها.

والنمط الثاني من المجتمع المركب المجتمعات المركبة تركيباً ثلاثياً، هذه المجتمعات المعقدة والراقية التي نشأت فيها حضارات عريقة مثل حضارة وادي الرافدين وحضارة وادي النيل والحضارة الاغريقية والحضارة الرومانية والامبراطوريات الموجودة في اوربا أبان القرن التاسع عشر كالامبراطورية البريطانية والألمانية والفرنسية والروسية، وتكون لهذه المجتمعات او الامبراطوريات حكومات مختلفة تخضع لحكومة مركزية واحدة[25]. وتتميز المجتمعات المعقدة بارتفاع انماط المعيشة وارتقاء ونضوج النظم السياسية والاجتماعية فيها وتطور اساليبها الانتاجية المعتمدة على مبدأ تقسيم

العمل وتقدمها في المجالات العلمية والفلسفية والتكنولوجية وكبر وعظمة جيوشها العسكرية التي تضمن هيبتها وتعزز سلطانها في الاصقاع التي تسيطر عليها.

**ب-النظرية البايولوجية السكانية عند كارل ماركس :**

يتكلم كارل ماركس عن نظريته البايولوجية السكانية المعتمدة على العامل المادي او الاقتصادي في كتابه : رأس المال " الجزء الثالث. فالمجتمع البشري يظهر بعد الزيادة السكانية الناجمة عـن ارتفـاع معدلات الولادات نتيجة الزواج. وهنا يقول ماركس بأن تكوين المجتمع البشري يعتمد عـلى عامـل زيادة السكان وتكاثره وظهور الحاجة الملحة لإدخال نظام تقسيم العمل الـذي يضمن سد حاجات السكان المتزايد للمواد الغذائية والمواد الاخرى التي يحتاجها في حياته اليومية[26].

وخلال فترة زيادة وتكاثر السكان والاعتماد عـلى مـنهج تقسيم العمل والتخصص فيه تظهر الطبقات الاجتماعية ويظهر الصراع بينها[26]. وعند ظهور النظام الطبقي يظهر المجتمع البشري الذي يـنظم حقوق الطبقات الاجتماعية وواجباتها. وتلعب الطبقة العليا التي تسيطر على وسائل الانتاج الـدور الكبير في تحديد قوانين مسيرة المجتمع ورسم علاقات الانتاج وتعيين طبيعة العلاقات التي تربط طبقات المجتمع واحدتها بالاخرى. وعندما ينشب الصراع بين الطبقات تظهر الدولة لتحمل مسؤولية تخفيف حـدة الصراع وعدم مجابهة الطبقة الاجتماعية للطبقة الاخرى[27].

**جـ-النظرية البايولوجية السكانية عند اميل دوركهايم :**

تعتقد النظرية البايولوجية السكانية عند اميل دوركهايم بأن عامل الزيادة السكانية او التكـاثر السكاني هو العامل الاساس في تحول المجتمع من مجتمـع ميكانيكي بسيط لا يعتمـد عـلى نظام تقسيم العمل الى مجتمع عضوي معقـد يعتمـد عـلى نظام دقيق لتقسيم العمل والتخصص فيه. وقد وردت النظريـة البايولوجيـة السكانية في كتـاب دوركهـايم الموسـوم : تقسـيم العمـل في المجتمـع : ان نظريـة

دوركهايم عن التغير الاجتماعي وتقسيم المجتمعات هي نظرية تأخذ بعين الاعتبار العامل الاساسي الذي يكمن خلف حركة التغير والمراحل الحضارية التاريخية التي تمر بها المجتمعات البشرية. فالمجتمعات حسب تعاليم دوركهايم تتحول من مجتمعات ميكانيكية الى مجتمعات عضوية[28]. علماً بأن المجتمعات الميكانيكية تتميز بصفات اجتماعية وحضارية تختلف عن تلك التي تتميز بها المجتمعات العضوية. ويعتمد دوركهايم على مبدأ تقسيم العمل والتخصص فيه عند قيامه بتصنيف المجتمعات. فالمجتمع الميكانيكي هو المجتمع البسيط الذي لا يعتمد على نظام التخصص في العمل، بينما المجتمع العضوي هو المجتمع المعقد الذي يعتمد على نظام التعاقد وتقسيم العمل[29].

وهنا يدخل دوركهايم الى دراسة العامل المسؤول عن عملية التغير الاجتماعي. ان التغير من المجتمع الميكانيكي او البسيط الى المجتمع العضوي او المعقد او المركب انما يعتمد على عامل زيادة معدلات السكان بالنسبة لمساحة الارض وكميات الموارد الطبيعية المتاحة. ان الزيادة السكانية التي لا تقابلها زيادة مماثلة في كمية الموارد والخيرات الطبيعية تؤدي الى زيادة حجم الطلب على السلع والخدمات... وزيادة حجم الطلب على المواد تفرض على السكان اعتماد نظام تقسيم العمل والتخصص فيه، هذا النظام الذي تتمخض عنه زيادة في الانتاج وبالتالي ارتفاع المستوى المعاشي والاجتماعي للسكان[30]. لكنه عندما يتحول المجتمع من مجتمع غير متخصص الى مجتمع متخصص في العمل فان التماسك الاجتماعي فيه يتحول من نمط التماسك الميكانيكي الى نمط التماسك العضوي.

# مصادر الفصل

(1)  Radcliffe, Brown, A.R. Structure and Function in Primitive Society, Glencoe, the free Press, 1982, P.178.

(2)  Martin dale, Don. Nature and Types of Sociological Theory, Boston, Houghton Mifflin Co., 1983, P.169.

(3)  Marx, K. Selected Writings in Sociology and Social Philosophy, A pelican, Middle sex, England, 1997, P.119.

(4)  Spencer, H. The Study of Sociology, New York, Appleton, 1992, P.402.

(5)  Plato, The Republic, Translated by H. Lee, A Pelican Book, Middle sex, England, 1991, P.151.

(6)  Barnes, H. An Introduction to the History of Sociology, New York, 1988, P.139.

(7) ابن خلدون، المقدمة، بيروت، دار القلم، 1978، ص43.

(8) الحسن، احسان محمد (الدكتور). رواد الفكر الاجتماعي، دار الحكمة للطباعة، بغداد، 1991، ص199.

(9) المصدر السابق، ص200.

(10) المصدر السابق، ص201.

(11) المصدر السابق، ص202.

(12) المصدر السابق، ص203.

(13)De Gobineau, The Inequality of Human Races, New York, Putnam, 1988, P.11.

(14)Chamberlain, H.S. Foundations of the Nineteenth Century, London, John Lane, 1971, P.16.

(15)Ibid., P.21.

(16)Lapouge, George. Social Selection, Paris, 1951, P.56.

(17)Ibid., P.62.

(18)Galton, Francis, Hereditary Genius, Cambridge, The University Press, 1995, P.73.

(19)Ibid., P.74.

(20)Ibid., P.76.

(21) الحسن، احسان محمد (الدكتور). رواد الفكر الاجتماعي، ص208.

(22) المصدر السابق، ص209.

(23) المصدر السابق، ص210.

(24) المصدر السابق، ص211.

(25) المصدر السابق، ص210.

(26)Marx, Karl. Capital, Vol.111, Moscow, Progress Publishers, 1975, P.197. (27)Ibid., P.298.

(28)Durkheim, Emile. Division of Labour  in Society, New York, The Free Press, 1986, P.130.

(29)Ibid., P.132.

(30)Ibid., P.133.

# الفصل السابع

# (النظرية التطورية)

تتعرض جميع المجتمعات للتغير والتبدل وذلك عن طريق مرورها بمراحل تطورية تتميز بالبساطة او التعقد[1]. فهناك علاقة تشابهية بين تطور الكائن الحيواني وتطور الكائن الاجتماعي. ذلك ان تطور الكائن الاجتماعي يكون نتيجة لزيادة التخصص في العمل التي تحدث في المجتمع وتسبب تعقداً له في تركيبه ووظائفه.

وفي الفترة الاخيرة توسع نطاق استعمال اصطلاح التطور الاجتماعي اذ اصبح يعني عملية التغير التدريجي التي تأخذ محلها في المجتمعات وذلك عن طريق تغير وظائف المؤسسات وتبدل ادوارها الاجتماعية الاساسية[2]، بيد ان اصطلاح التطور لا يعني بأن جميع المجتمعات تمر في المراحل الحضارية والاجتماعية نفسها. لهذا يستعمل اصطلاح التطور في وصف عمليات التغير التدريجي التي تحدث في المجتمع.

ان لموضوع التطور الاجتماعي تاريخاً قديماً، فقد استعمله الفيلسوف الاغريقي افلاطون لأول مرة عندما ذكر بأن التشريع هو من الاسباب الرئيسة التي تؤدي الى التغير الاجتماعي. اما ارسطو فقد شاهد عمليات التغيير الاجتماعي ودوّن ذبذبات التقدم والتخلف التي تحدث في البنية الاجتماعية للمجتمع. غير ان الدراسة العلمية لموضوع التطور لم تظهر الا في القرنين السادس عشر- والسابع عشر- الميلادي. فقد وضّح كل من توماس هوبز وجون لوك في كتاباتهما الشبه الكبير بين تطور النظم الاجتماعية للمجتمعات المتوحشة وتطور النظم الاجتماعية للمجتمعات المتمدنة[3].

ولسانت سيمون الفرنسي نظرية في تطور المجتمعات تقول بأن المجتمعات تمر في ثلاث مراحل هي المرحلة التخمينية والمرحلة شبه التخمينية واخيراً المرحلة الوضعية[4]. وقد تأثر العالم اوكست كونت الفرنسي بسانت سيمون عندما اعتقد بأن المجتمعات البشرية لابد ان تمر في ثلاث مراحل تطورية هي المرحلة الدينية اللاهوتية والمرحلة الفلسفية المثالية واخيراً المرحلة العلمية الواقعية[5].

وفي انكلترا ظهر هربرت سبنسر الذي طرح نظريته التطورية التي كانت متأثرة بنظرية التطور عند جارلس دارون التي ذكرها وحللها في كتابه الموسوم " اصل الانواع "[6]. لقد اعتقد هربرت سبنسر بأن المجتمع يمكن تشبيهه بالكائن الحيواني من حيث التطور فكما يتطور الكائن الحيواني من شكل الى شكل آخر فان المجتمع يتطور ويتحول من بسيط الى مركب ومن مركب الى مركب تركيباً ثنائياً ثم يتطور الى مجتمع مركب تركيباً ثلاثياً[7]. وهكذا يرى سبنسر بأن نظريته الاجتماعية التطورية تنص على ان المجتمع يتحول من بسيط الى مركب ومن مركب الى معقد.

في سياق النظرية التطورية علينا دراسة النظريات التطورية عند كل من:

المبحث الاول : اوكست كونت

المبحث الثاني : هربرت سبنسر

المبحث الثالث : اميل دوركهايم

المبحث الرابع : فيردناند تونيز

المبحث الخامس: ليونارد هوبهوس

والآن علينا دراسة هذه النظريات التطورية مفصلاً:

## المبحث الاول: النظرية التطورية عند اوكست كونت:

النظرية التطورية عند كونت تهتم بدراسة قوانين الحركة الاجتماعية والسير الآلي للمجتمعات الانسانية والكشف عـن مـدى التقـدم الـذي تخطـوه الانسانية في نموهـا وتطورهـا. ونظريـة كونت عـن الداينميكية الاجتماعية تعتمد على فكرتين اساسيتين هما فكرة او قانون الاطوار الثلاثة، وفكرة او قانون تقـــدم الانســـانية(8). والآن نـــــود شرح هـــاتين الفكـــرتين بالتفصيـل. ان قـــانون الاطـــوار الثلاثة الذي ابتدعه كونت وفسر من خلاله الحركة التاريخية للمجتمعـات يعتمـد عـلى منهجـه التاريخي الذي اقتفاه في دراساته الاجتماعية للنظم والعلوم والآداب والمجتمعات.

ان المجتمع البشري والعلوم التي اهتدى اليها الانسان وكل ما في المجتمع من اشياء ماديـة وغير مادية تمر بثلاث مراحل اساسية هي:

1-المرحلة اللاهوتية الدينية  (Theological Stage) :

تتميز هذه المرحلة بأهميـة واثر الـدين الواضح في الحيـاة الاجتماعيـة، وسيطرة الـدين عـلى تفسيرات العلوم الطبيعية والاجتماعية والروحية. وخلال هـذه المرحلـة التي يعيشـها المجتمع الانسـاني تتغلب على افكار الناس العواطف والانفعالات التي تجعلهم خائفين من قوة سماوية هائلة. كما ان هـذه المرحلة وما يجول فيها من قيم وافكار ومثل تجعل الانسان يحس بضعفه وصغره وعدم قدرته على التـأثير والتبديل(9). ولكن بعد فترة من الزمن تحولت هذه المرحلة الى مرحلة ارقى من المرحلة السابقة تلك هـي المرحلة الفلسفية المثالية او مرحلة ما وراء الطبيعة او المرحلة الميتافيزيقية  (Metal Physical Stage) .

## 2-المرحلة الفلسفية المثالية او المتيافيزيقية :

تتميز هذه المرحلة بالتفكير الموزون والامثال الحية والحكم والبلاغة الفكرية والمآثر والبطولات والمقالات الرنانة الخالية من المعاني والدلالات. وانشغل المفكرون خلال هذه المرحلة بدراسة الكون والاجرام السماوية ومواهب الانسان وقدراته الخلاقة والمبدعة وافكاره القيمية والمثالية[10].

## 3-المرحلة العلمية الواقعية:

وهي المرحلة الثالثة والاخيرة التي مرت بها المجتمعات، وتتميز هذه المرحلة بالتفسيرات العلمية التي تبحث عن اسباب الظواهر وآثارها والربط بين السبب والنتيجة او العلة والمعلول[11]. فالمطر كظاهرة طبيعية لا تفسر بالدين ولا بالمثل والقيم والبطولات والخوارق بل تفسر علمياً اذ ان الحرارة تسبب التبخر والتصاعد والاخير يؤدي الى التكاثف وتكوين الغيوم، والتكاثف غالباً ما يسبب التساقط.

ان قانون المراحل الثلاث يعني ان كل ميدان من ميادين المعرفة قد مرّ في تطوره بثلاث مراحل: المرحلة اللاهوتية والمرحلة الفلسفية والمرحلة العلمية. بيد ان العلوم لم تنتقل معاً من مرحلة الى مرحلة اخرى. فكلما كان العلم يشغل مكاناً عالياً في سلّم العلوم، كلما تأخر تحوله وانتقاله من مرحلة لأخرى، فالعلوم البسيطة تتطور وتنمو اولاً، اما العلوم المركبة فان تطورها يأتي متأخراً. هذا وقد اعتقد كونت ان كل ميادين المعرفة قد وصلت الى المرحلة الوضعية.

ويعد قانون المراحل الثلاث في اي كونت اكثر من مجرد مبدأ يحكم تقدم المعرفة، فالفرد في تطوره وتربيته وتعليمه يمر بهذه المراحل الثلاث شأنه شأن المجتمع الانساني نفسه، ويعتمد كل من التطور الاجتماعي الوضعي والتنظيم على المعرفة العلمية بالظواهر الاجتماعية. لقد عرض كونت نظريته السسيولوجية الخاصة بعوامل التقدم بقوله ان التقدم هو ظاهرة ملحوظة في

جميع جوانب المجتمع. والتقدم يكون هنا تقدماً مادياً واخلاقياً وعقلياً وسياسياً. علماً بأن الجانب العقلي للتقدم هو جانب اساسي وظاهر. فالتاريخ يحكمه نمو الافكار وتشعبها، وان النمو العقلي كما يعتقد كونت غالباً ما يؤدي الى النمو المادي ويثيره.

## المبحث الثاني: النظرية التطورية عند هربرت سبنسر:

تركزالنظرية التطورية عند سبنسر على موضوع التطور والارتقاء الاجتماعي، علماً بأن هذا الموضوع مستعار من علم الاحياء وسبق ان استعمله دارون في مؤلفه " اصل الانواع " عندما تكلم عن التطور الفيزيولوجي للكائنات الحيوانية عبر العصور، اذ اشار الى ان الكائنات الحية بضمنها الانسان تتحور وتتطور على مر العصور من شكل بسيط الى شكل معقد ومن وضعية متخلفة الى وضعية متقدمة وراقية. لكنه بالارتقاء الاجتماعي يعني سبنسر تقدم الحياة على الارض خلال عملية واحدة تسمى بالارتقاء او التطور. وهذه العملية يمكن التعبير عنها بنقطتين اساسيتين هما:

1- توجد في مظاهر التقدم المتعلقة بالحياة العضوية والحياة الاجتماعية عملية تنوع تنبعث منها مظاهر مختلفة وكثيرة تميز الحياة العضوية والحياة الاجتماعية[12].

2- هناك اتجاه عام للتقدم بواسطته تنبعث مظاهر تركيبية اكثر تعقيداً من المظاهر التي كانت تميز الحياة العضوية والاجتماعية.

لقد كان سبنسر اول من فسّر النظرية التطورية تفسيراً علمياً وطبقها على علم الاجتماع رغبة منه في تحويله الى علم متطور شبيه بالعلوم الطبيعية التي كانت معروفة في عصره. وقد نشرت مبادؤه الاولى عن النظرية التطورية عام 1860، وكانت بمثابة الاطار الخارجي للمعرفة الكونية. كما نشرت مقالته " فرضية التقدم " عام 1852 والتي طرح فيها نظرية التطور العضوي بعد ان

ادرك بأن فكرة التطور تكمن في الصراع من اجل "البقاء". وفي عام 1878 استطاع سبنسر التوصل الى قانونه الكوني المتعلق بالتقدم الطبيعي والعضوي والاجتماعي، ذلك التقدم الذي تتحول فيه الاشياء المتجانسة الى اشياء مختلفة ومتشعبة كل منها يختص بأداء عملية معينة تختلف عن العمليات الاخرى، ثم لا تلبث هذه العمليات ان تتجمع في وحدة متكاملة تساعد على ديمومة الحياة الطبيعية والاجتماعية. ان فكرة التطور الاجتماعي المستمر عبر الزمن قد سيطرت على العمل السسيولوجي لهربرت سبنسر فأعطته طابعه الاصيل وصفاته الشاخصة[13].

يصنّف سبنسر المجتمعات الانسانية الى انواع مختلفة حسب تقدمها وارتقائها الحضاري، وعمله هذا يشبه عمل البايولوجي عندما يصنف الحيوانات والنباتات الى انواع وفصائل مختلفة. يعتمد تقسيم سبنسر للمجتمعات البشرية على نظريته الارتقائية. هذه النظرية التي تنص على ان المجتمعات في حالة حركة مستمرة وسائرة نحو هدف معين، وهذه الحركة تمر من صيغة بسيطة وواطئة الى صيغة معقدة ومتشعبة. يقسم سبنسر المجتمعات الانسانية الى اربعة انواع رئيسية حسب درجة تطو رها ورقيها الحضاري والاجتماعي، وهذه هي المجتمع ابسيط والمجتمع المركب والمجتمع المركب تركيباً مضاعفاً والمجتمع المركب تركيباً ثلاثياً. كما قام سبنسر بتقسيم هذه الانماط الاربعة من المجتمعات الى انواع فرعية ومتشعبة يصعب علينا ذكرها في هذا المقام. ويجب ان نشير هنا الى ان سبنسر قد ارجع سبب تطور المجتمع ونشوؤه الى عامل التكاثر السكاني الذي هو عامل بايولوجي[14]. علماً بأن عامل التكاثر السكاني يستلزم اعتماد قوانين التخصص وتقسيم العمل ثم ظهور الفروع المتشعبة للحياة الاجتماعية التي تنظمها الاعراف والقوانين الاجتماعية[15].

## المبحث الثالث: النظرية التطورية عند أميل دوركهايم:

تستند النظرية التطورية التي طرحها دوركهايم على فكرة البساطة والتعقد، فالمجتمع البسيط الذي اطلق عليه دوركهايم بالمجتمع الميكانيكي هو المجتمع الذي لا يعتمد على نظام التخصص وتقسيم العمل[16]، بينما المجتمع المعقد او المجتمع العضوي هو المجتمع الذي يعتمد على نظام دقيق من التخصص وتقسيم العمل[17]. وأميل دوركهايم يرى بأن المجتمع يتحول من التماسك الميكانيكي الى مجتمع التماسك العضوي. وقد ورد هذا التحليل في مؤلف دوركهايم الموسوم "تقسيم العمل" بموجب طبيعة تقسيم التماسك الاجتماعي المسيطر على المجتمع (التماسك الميكانيكي او التماسك العضوي) يصنّف دوركهايم المجتمعات الى مجتمعات ضيقة النطاق ومجتمعات واسعة النطاق. علماً بأن المجتمعات ضيقة النطاق هي المجتمعات التي تخلو من التراكيب الاجتماعية المتداخلة، كما تخلو من تقسيم العمل والتخصص فيه، اي ان الافراد في هذه المجتمعات لا يتخصصون في اعمال معينة بل يؤدي كل واحد منهم عدة اعمال في آن واحد. نتيجة لهذه الحالة نلاحظ بأن المجتمع برمته يتحرك ككتلة واحدة من خلال ادائه لانشطته.

ويذهب دوركهايم الى القول بأن اول شكل اجتماعي يمكن تصوره او افتراضه لنشأة الحياة الاجتماعية هو الرابطة (Horde) ثم العشيرة (Clan) ثم الاتحاد (Fraternity) او الاخوة، واخيراً القبيلة (Tribe)[18]. وتعد جميع هذه التنظيمات الاجتماعية بدائية لانها لا تعتمد على مبدأ تقسيم العمل والتخصص

فيه[19].

اما المجتمعات واسعة النطاق فهي المجتمعات التي تتميز بالتراكيب المعقدة وبالخضوع لقاعـدة تقسيم العمل. ومن امثلة هذا النمط من المجتمعات المدن اليونانية والرومانيـة والامبراطوريـات القديمـة. وتغلب على هذه المجتمعات سيادة الاعراف والتقاليد والخضوع لسلطان العادات الاجتماعية[20].

ويخبرنا دوركهايم بأن المجتمعات ضيقة النطاق ذات التماسك الميكانيكي تتحول تاريخياً الى مجتمعات واسعة النطاق، هذه المجتمعات التي تتسم بالتماسك العضوي المبني على مبادىء التعاقد والقانون والنزعـــة الفرديـــة. فالتماسـك الميكـانيكي يقـوم عـلى اسـاس التماثـل. ذلـك ان الافـراد في المجتمعـات التي يسود فيها التماسك الميكانيكي يتماثلون تماثلاً كبيراً لانهم يشـعرون بـنفس المشـاعر ويعتـزون بـنفس القيم ويتمسكون بالعقائد المقدسة والطقوس الاجتماعية المتوازنة[21]. لذا فوحـدة هـذه المجتمعـات تنبـع من عدم تباين افرادها ، اما التماسك العضوي فيعتمد على اجماع واتحاد يعبّران عـن وجودهمـا في حالـة من الاختلاف، اذ لا يكون الافراد في هـذا الصنف من المجتمعـات متماثلـين بـل يتبـاينون، وانهـم نتيجـة اختلافهم هذا يتحقق للمجتمع اجماع تضامني عام[22].

ان نظرية دوركهايم عن التطور الاجتماعي او التغير وتقسيم المجتمعات انما تأخذ بعـين الاعتبـار العامل الاساسي الذي يكمن خلف حركة التغير والمراحـل الحضاريـة التاريخيـة التـي تمـر بهـا المجتمعـات البشرية. فالمجتمعات حسب تعاليم دوركهايم تتحول من مجتمعات ميكانيكية الى مجتمعـات عضويـة[23]. علماً بأن المجتمعات الميكانيكية تتميز بصفات اجتماعية وحضارية تختلـف عـن تلـك التـي تتميـز بهـا المجتمعات العضوية. ويعتمد دوركهايم على مبدأ تقسيم العمل والتخصص فيه عند قيامه بتصنيف المجتمعات. فالمجتمع الميكانيكي هـو المجتمع البسيط الـذي لا يعتمـد عـلى نظام التخصـص في العمـل، بينما المجتمع العضوي هو المجتمع المعقد الذي يعتمد على نظام التعاقد وتقسيم العمل.

وهنا يدخل دوركهايم الى دراسة العامل المسؤول عن عمليـة التغـير الاجتماعـي. ان التغـير مـن المجتمـع الميكـانيكي او البسـيط الى المجتمـع العضوي او المركـب يعتمـد عـلى عامـل زيـادة معـدلات السـكان بالنسـبة لمسـاحة الارض وكميـات

الطبيعة المتاحة. ان الزيادة السكانية التي لا تقابلها زيادة مماثلة في كمية الموارد والخيرات الطبيعية تؤدي الى زيادة حجم الطلب على السلع والخدمات. وزيادة حجم الطلب على المواد تفرض على السكان اعتماد نظام تقسيم العمل والتخصص فيه[24]، هذا النظام الذي تتمخض عنه زيادة في الانتاج وبالتالي ارتفاع المستوى المعاشي والاجتماعي للسكان. لكنه عندما يتحول المجتمع من مجتمع غير متخصص الى مجتمع متخصص في العمل فان التماسك الاجتماعي فيه يتحول من نمط التماسك الميكانيكي الى نمط التماسك العضوي.

## المبحث الرابع: نظرية التطور الاجتماعي عند فيردناند تونيز:

يرى فيردناند تونيز العالم الاجتماعي الالماني (1855-1936) بأن المجتمعات البشرية تقسم الى قسمين رئيسيين هما مجتمعات الكيمنشافت (المجتمعات المحلية) ومجتمعات الكيزليشافت (المجتمعات التعاقدية)[25]. علماً بأن المجتمعات تتطور او تتحول من مجتمعات (الكيمنشافت الى مجتمعات الكيزليشافت)، اي من مجتمعات محلية الى مجتمعات حضرية تعاقدية. والارادة (Will) التي تسيطر على المجتمعات المحلية هي الارادة الطبيعية (Natural Will)، بينما الارادة التي تسيطر على المجتمعات التعاقدية هي الارادة العقلانية (Rational Will)[26].

ان العامل الذي يعتمد عليه تونيز في تصنيف المجتمعات هو عامل الارادة، اي دافعية السلوك والحركة والحدث عند الانسان والجماعة والمجتمع[27]. فالارادة قد تكون طبيعية او عاطفية او غريزية او تكون عقلانية ومنطقية وادراكية. فالارادة الطبيعية او العاطفية هي التي تسيطر على الاطفال والنساء والمراهقين كما يرى تونيز، بينما الارادة العقلانية هي التي تكون مسيطرة على الكبار والحكماء

والمربين والقادة والمسؤولين[28]. ويتغير المجتمع من مجتمع محلي الى مجتمع تعاقدي نظراً للاسباب الآتية:

1- انتقال السكان من الناحية الجغرافية من القرى والارياف الى المدن والاقاليم الحضرية.

2- زيادة الكثافة السكانية بعد نمو السكان عن طريق الزيادة الطبيعية للسكان او الهجرات السكانية الى المدن والامصار والحواضر.

3- اعتماد نظام التخصص وتقسيم العمل الاجتماعي في اداء الاعمال مهما يكن نوعها.

4- التقدم في ميادين الصناعة والتجارة والزراعة العلمية والعلم والتكنولوجيا والنقل والمواصلات.

5- انحسار القيم الجماعية وضعف مفعولها في المجتمع وشيوع القيم الفردية واستفحالها وطغيانها على القيم الجماعية.

6- ارتفاع المستوى المعاشي للافراد والجماعات.

7- ارتفاع المستوى التعليمي وتقليص معدلات الامية.

8- استئثار العلاقات العمومية على العلاقات الخصوصية بعد ظهور حكم القانون واعتماده في تحديد الواجبات والحقوق الاجتماعية.

9- تحول المنزلة الاجتماعية من منزلة وراثية الى منزلة منجزة.

10- تحول العلاقات والقيم الاجتماعية من علاقات وقيم مبنية على الشفقة والرحمة والحنية والتعاطف والتحابب الى علاقات وقيم مبنية على المنفعة والمصلحة والكسب والربح ونيل الشهرة والمكانة الرفيعة باسرع وقت ممكن[29].

يحدد تونيز السمات التي يتميز بها مجتمع الكيمنشافت ويحدد المكان الذي يوجد فيه، فهو يوجد في المناطق الريفية والقروية والصحراوية. اما سماته فهي ما يلي:

1- انخفاض معدل الكثافة السكانية.

2- انخفاض مستوى التعليم.

3- انخفاض المستوى المعاشي والصحي والاجتماعي والحضاري.

4- طغيان العاطفة والانفعال والغريزة على سلوك الفرد وعلاقاته.

5- عدم اعتماد نظام تقسيم العمل والتخصص فيه.

6- لا دور للعلم والتكنولوجيا في ادارة المجتمع والسيطرة على شؤونه.

7- بساطة المجتمع وقلة المشكلات الاجتماعية التي يعاني منها[30].

اما السمات التي يتميز بها مجتمع الكيزلشافت او المجتمع التعاقدي فهي ما يلي:

1- طغيان الارادة العقلانية على الارادة الطبيعية.

2- ارتفاع معدل الكثافة السكانية في المجتمع لان حجم السكان هو اكبر من مساحة الارض.

3- ارتفاع مستوى التعليم.

4- ارتفاع المستوى المعاشي والصحي والاجتماعي والحضاري.

5- اعتماد المجتمع على نظام دقيق من تقسيم العمل والتخصص فيه.

6- يلعب العلم والتكنولوجيا دوراً كبيراً في ادارة وتنظيم هذا المجتمع.

7- تعقد المجتمع وتفاقم المشكلات الانسانية التي يعاني منها[31].

وتحول المجتمع من مجتمع الارادة الطبيعية الى مجتمع الارادة العقلانية يرجع الى التكاثر السكاني واعتماد المجتمع على نظام تقسيم العمل والتخصص فيه مع تغيير طرق التفكير والسلوك والتفاعل مع الآخرين. علماً بأن التحول من مجتمع الكيمنشافت الى مجتمع الكيزلشافت هو المسؤول عن الكثير من المشكلات الحضارية التي نعاني منها كما يخبرنا فيردناند تونيز. يقول تونيز في كتابه " كيمنشافت وكيزليشافت "تمر مدنيتنا الصناعية من سيطرة وجبروت المجتمع المحلي الذي يتميز بالارادة الطبيعية الى سيطرة

وجبروت المنظمة (المجتمع الحضري) الذي يتميز بالارادة العقلانية، وجميع مشكلاتنا الحضارية التي نلمسها في الوقت الحاضر ترجع الى هذا التحول التاريخـــي[32].

## المبحث الخامس : نظرية التطور الاجتماعي عند ليونارد هوبهوس :

هوبهوس (Hobhouse) هو فيلسوف وعالم اجتماعي بريطاني (1864-1929) له نظرية متكاملة في دراسة المجتمع لاسيما تنمية المجتمع (Social Development) . اشتهر في رفضه لنظريات التطور الاجتماعي المتطرفة وفي ادخاله آراء جديدة تتعلق بتنمية المجتمع والحياة الاخلاقية. لقد طرح نظريته عن التطور الاجتماعي في كتابه الموسوم " التنمية الاجتماعية " اذ عالج دراسة التنمية والتطور الاجتماعي من زاويتين رئيسيتين هما اولاً زاوية الروابط الاجتماعية (Social Ties) وثانياً زاوية درجة التطور المهني والتكنولوجي[33].

فدراسة التطور الاجتماعي من زاوية الروابط الاجتماعية تعتقد بأن المجتمعات تتطور من مجتمعات تحتكم بالروابط القرابية (Kindred Ties) الى مجتمعات تحتكم بروابط السلطة (Authority Ties) ، ثم الى مجتمعات تحتكم بروابط المواطنة (Citizenship Ties)[34]. بمعنى آخر ان المجتمعات تتطور من مجتمعات قرابية الى مجتمعات السلطة ومن مجتمعات السلطة الى مجتمعات المواطنة. المجتمع القرابي هو المجتمع الذي يرتبط بالنسب القرابي، وهذا المجتمع يتسم بالتضامن والتماسك والقوة والفاعلية المستمدة من روابط القرابة التي تربط بين ابناء الحمولة الواحدة او العائلة الممتدة الواحدة[35]. ويتحول المجتمع القرابي الى مجتمع السلطة بعد اتفاق او اتحاد عائلتين ممتدتين بعضهما مع بعض وتكوين مجلس اداري يترأسه قائد او شيخ او رئيس. وهنا تتكون العشيرة التي تكون سلطتها على الافراد المتحدين بحكم انتماءهم الى حمولة او عائلة ممتدة. ومجتمع روابط السلطة او ما يسمى بالمجتمع المحلي يكون اكبر حجماً من مجتمع

القرابة[36]. علماً بأن لمجتمع روابط السلطة او المجتمع المحلي مجلس اداري يصدر القوانين والاحكام ويفض المنازعات وان حكمه يحظى بالطاعة والاحترام لانه يخدم مصالح الافراد العامة والخاصة. ومجتمع روابط السلطة يخدم غرضين رئيسيين هما:

1-اصدار القوانين التي تنظم الحياة الاجتماعية للافراد.

2-حماية الافراد من الاخطار الخارجية التي قد يتعرضون لها[37].

ويتحول المجتمع من مجتمع قائم على روابط السلطة الى مجتمع قائم روابط المواطنة (Citizenship Ties). وهذا المجتمع هو المجتمع الحضري المبني على التعاقد والتضامن والمنفعة والمصلحة. والعلاقات الاجتماعية في هذا المجتمع تكون على انواع مختلفة، فهي علاقات معقدة ومتفرعة كالعلاقات العائلية والعلاقات الاقتصادية والعلاقات السياسية والعلاقات الصناعية والعلاقات التربوية. والفرد في هذا المجتمع لا ينتمي الى جماعة واحدة بل ينتمي الى عدة جماعات في آن واحد. وتطور المجتمع من زراعي اقطاعي الى مجتمع حضري صناعي هو الذي يفرض على المجتمع ان يكون ذا علاقات او روابط تسمى بروابط المواطنة[38]. علماً بأن روابط المواطنة تعتمد على عدة مقاييس هي تحديد حقوق الفرد وواجباته وان حكم القانون يكون من اجل تحقيق الصالح العام.

ويدرس هوبهوس تطور المجتمع البشري من زاوية اخرى تلك هي درجة تقدمها التكنولوجي والفكري. ذلك ان التطور التكنولوجي والمادي والمهني للمجتمع هو الذي يسبب تطوره الفكري[39]، اذ ان المجتمع يتحول من مجتمع الجمع والصيد والزراعة والرعي ثم يتحول الى المجتمع الصناعي التقليدي والحديث.

ان المجتمعات عند تطورها تمر بالمراحل الآتية:

1- الصيادون البدائيون (Lower Hunters) وهم يعتمدون على جمع الطعام والصيد في معيشتهم، وبيوتهم هي الكهوف وليس لديهم حيوانات اليفة.

2- الصيادون المتقدمون (Higher Hunters) ، وهؤلاء يعيشون على الصيد البري والبحري وعندهم حيوانات اليفة وليس لديهم زراعة، ويعيشون في الخنادق والاكواخ والخيام.

3- الزراعيون البدائيون. يتميزون بالصيد وجمع الطعام وتوجد عندهم حراثة وليس عندهم حيوانات اليفة.

4- الزراعيون الاوسطون. تعد الزراعة موردهم الاساسي ، وقد وجدت لديهم بيوت وبعض الصناعات اليدوية.

5- الزراعيون المتقدمون. تكون لديهم قطعان من الماشية ويعرفون الحراثة والارواء والحصاد، وتكون لديهم تجارة وصناعة للمعادن والخشب[40].

6- الرعويون البدائيون. الماشية تكون موردهم الرئيسي، وهؤلاء ليس لديهم زراعة منتظمة.

7- الرعويون المتقدمون. تكون الماشية والزراعة موردهم الرئيسي- وقد عرفوا صهر المعادن وتمرسوا بالصناعات اليدوية.

ب-المجتمعات الصناعية الحديثة. يصنفها هوبهوس الى ثلاثة صنوف هي المجتمعات الصناعية التقليدية التي لا تعرف الآلة البخارية او الغازية او التربونية والانتاج منها يكون غير متخصص، لذا فهو يستهلك محلياً. وهناك المجتمعات الصناعية الانتقالية التي اخذت تتحول من الصناعة التقليدية الى الصناعة الحديثة. واخيراً هناك المجتمع الصناعي الحديث الذي يعتمد على المكننة الصناعية الحديثة والانتاج الواسع والقدرة على صناعة انواع المنتجات الصناعية الحديثة التي يحتاجها الانسان المعاصر[41].

اما الاساس الذي يعتبره هوبهوس المسؤول عن عملية تطور المجتمعات فهو التخصـص في المهـن والاعمال والعامل التكنولوجي الذي يؤدي الى تغير النظم والمؤسسات الاجتماعية والاخلاقية والروحيـة مـن طور الى طور آخــر.

ويعتمد هوبهوس على اربعة مقاييس في معرفة درجة التطور او التنمية التي استطاع المجتمع احرازها، وهذه هي ما يلي:

1- الحجم (Size)

2- الكفاءة (Efficiency)

3- الحرية (Freedom)

4- المشاركة (Mutuality)(42)

فالحجم يعني حجم السكان من حيث كثرته او قلته، فكلما كان السـكان ومساحة الارض التـي يعيش عليها واسعة كلما كان المجتمع يتسم بدرجة عالية من التنمية. علماً بأن الحجم لا يمكـن ان يكـون فاعلاً في التنمية اذا لم يكن مشفوعاً بالكفاءة : وهي قدرة السكان على التنظيم واستثمار المـوارد وتحويلهـا الى اشياء نافعة قادرة على تحقيق غرض المجتمع العام. وبالكفاءة لا نعنـي تنظيم المجتمع عـلى مسـتوى الدولة فقط بل على مستوى الافراد والجماعات والمؤسسات ايضاً. علماً بأن الكفاءة لا تكـون مجديـة اذا لم تكن مربوطة بالحرية اي منح الافراد والمؤسسات حرية التفكير والتأمل والابداع والتطوير وازالة المعوقـات والمنغصات التي تقتل التنمية والتطوير. كما ان الحرية لا تكون هادفة اذا لم تكن متزامنة مع المشاركة، اي مشاركة الجميع في الاعمال الانتاجية والخدمية التي تنمي المجتمع وتطوره. اذاً تعابير التنمية الاربعة التـي حددها هوبهوس في كتابه " التنمية " تكون مترابطة ومطردة في آن واحد، ولا تكون مسـتقلة بعضهـا عـن بعض مطلقاً لان استقلالها يسبب جمود عملية التنمية وتوقفها وانحسارها في زوايا ضيقة.

# مصادر الفصل

(1)الحسن، احسان محمد (الدكتور). علم الاجتماع: دراسة نظامية، مطبعة الجامعة، بغداد، 1976، ص278.

(2)المصدر السابق، ص279.

(3)Hobbes, Thomas, Levithan, London, Fonota Press, 1983, P.25.

(4)Coser, Lewis A. Masters of Sociological Thought Harcourt Brace, New York, 1977, P.27.

(5)Ibid., P.7.

(6) دارون، جارلس. اصل الانواع، ترجمة اسماعيل مظهر، منشورات مكتبة النهضة، بغداد، 1984، ص62.

(7)الحسن، احسان محمد (الدكتور). رواد الفكر الاجتماعي، مطبعة دار الحكمة، بغداد، 1991، ص209.

(8)المصدر السابق، ص133.

(9)المصدر السابق، ص132، 133.

(10)المصدر السابق، ص134.

(11)المصدر السابق، ص135.

(12)Spencer, H. First Principles of A New System of Philosophy, New York, Dewitt, 1988, P.396.

(13)Ibid., P.401.

(14)Martindale, Don. The Nature and Types of Sociological Theory, Boston, Houghton Mifflin Co., 1981, P.84.

(15)Ibid., P.85.

(16)Durkheim, E. Division of Labour in Society, New York, the Free Press, 1986, P.130.

(17)Ibid., P.132.

(18)Ibid., P.133.

(19)Ibid., P.134.

(20)Ibid., P.136.

(21)Ibid., P.141.

(22)Ibid., P.143.

(23)Ibid., P.144.

(24)Ibid., PP.143-144.

(25)تيماشيف، نيقولا. نظرية علم الاجتماع، القاهرة، دار المعارف، 1983، ص154.

(26)المصدر السابق، ص155.

(27)المصدر السابق، ص156.

(28)المصدر السابق، ص157.

(29)Tonnies, F. Community and Association, Translated by Charles P.Loomis, London, Routledge and
   Kegan Paul, 1984, P.131.

(30)Ibid., P.133.

(31)Ibid., P.135.

(32)Ibid., P.2-3.

(33)Hobhouse, L.T. Social Development: Its Nature and Conditions, London, George Allen and
   Unwin, 1980, P.40.

(34)Ibid., P.41.

(35)Ibid., P.43.

(36)Ibid., P.44.

(37)Ibid., P.45.

(38)Ibid., P.47.

(39)Hobhouse, L.T., G. Wheeler and M. Ginsberge.Material Culture and Social Institutions of Simpler
   People, London, Routledge and Kegan Paul, 1991, P.29.

(40)Hobhouse, L.T. Social Development, P.51.

(41)Ibid., P.54.

(42)Ibid., PP.75-76.

# الفصل الثامن

# النظرية الصراعية

(Conflict Theory)

تعد النظرية الصراعية من اهم النظريات المعروفة في علم الاجتماع نظراً لكون الصراع يخيم على علاقات البشر ويخيم على علاقات الجماعات والمجتمعات. ونظرية الصراع تكون شائعة بين علماء الاجتماع لأنه لا توجد نظرية صراعية واحدة بل توجد عدة نظريات صراعية على جانب كبير من الاهمية والفاعلية. ذلك ان لكل عالم اجتماع نظريته الصراعية عدا علماء الاجتماع البنيويين الوظيفيين الذين لا يعتقدون بالطروحات الصراعية[1]. واختلاف النظريات الصراعية لا تكون بطبيعة الطرح النظري فحسب بل تكون ايضا بأطراف او جهات الصراع والعامل الاساس المسؤول عن الصراع بين الاطراف او الجهات المتصارعة. اضافة الى صيرورة الصراع وما يتمخض عنه من تغييرات اجتماعية وحضارية[2].

ان هناك العديد من علماء الاجتماع الصراعيين وفي مقدمتهم ابن خلدون وكارل ماركس وباريتو وكارل منهايم ورالف داهرندوف وسي. رايت ملز وغيرهم. علينا دراسة اهم الافكار الصراعية التي جاء بها هؤلاء المنظرون كل على انفراد. ولكن قبل دراسة اضافاتهم الصراعية علينا القول بأن جميع علماء اجتماع الصراعيين يتفقون على جملة مبادىء وافكار صراعية مشتركة هي ان الحياة الاجتماعية التي نعيشها هي حياة يتفاعل خلالها الافراد والجماعات والمجتمعات، واثناء التفاعل يحدث الصراع بين الاطراف المتفاعلة[3]. علماً بأن الصراع هذا يحدث حول التنافس الشديد بينهم في التمتع بالقوة والنفوذ[4] او

السيطرة على الملكية المنقولة وغير المنقولة[3] او اشغال المناصب والمواقع الادارية والتنفيذية[6] او امتلاك الجاه والشرف والسمعة والشهرة والمنزلة العالية[7]. علماً بأن جميع الاشياء التي يتنافس الاشخاص عليها تكون قليلة ونادرة ومحدودة وليس من السهولة بمكان السيطرة عليها والتحكم بها[8]. لهذا يوجد دائماً تنافس وصراع واقتتال بين الناس للاستحواذ على الثروة والنقود والمواقع الاجتماعية والسياسية القليلة والمحدودة والنادرة.

ان هناك العديد من النظريات الاجتماعية الصراعية التي اهمها ما يلي:

## المبحث الاول : النظرية الصراعية عند ابن خلدون :

يعد ابن خلدون (1332-1406م من اوائل المفكرين الاجتماعيين الصراعيين اذ تناول الصراع بين البداوة والحضارة تناولاً تاريخياً علمياً في كتابه الموسوم " العبر وديوان المبتدأ والخبر وتاريخ العرب والعجم والبربر ومن عاصرهم من ذوي السلطان الاكبر "، والذي يقع في اثنا عشر مجلداً اولها كتاب " المقدمة "[9] واخيرها كتاب السيرة اي تاريخ حياة ابن خلدون الذي فضل ابن خلدون كتابته بنفسه لكي لا يزور او يفترى عليه.

ان نظرية ابن خلدون الصراعية انما تكمن في نظريته الدائرية. لقد اشار ابن خلدون الى ان الحياة التي نعيشها ما هي الا صراع مزمن بين البداوة والحضارة، اي بين سكان البدو وسكان الحضر[10]. فالصراع هذا غالباً ما يقود الى سقوط الملك او الخلافة او المجتمع اذ يسيطر البدو على الملك بعد ان يستقروا في المنطقة الحضرية. كما يحاول الحضر السيطرة على الريف والتوغل في البادية واخضاع البدو لسلطانهم[11]. الا ان البدو غالباً ما يتوطنوا في المناطق الحضرية ويستقروا هناك اذ يفقدوا عصبيتهم القبلية ويتعودوا على حياة المدنية المترفة والوديعة الى ان يضعفوا فيقدم عليهم سكان البادية ويسقط حكمهم[12]. وهكذا يعيد

التاريخ نفسه ويصبح الملك مصدراً للغزو البدوي الذي يتكرر ويعيد نفسه بين وهلة واخرى.

ان الصراع بين الفئتين الاجتماعيتين البدو والحضر يرجع الى رغبة سكان البدو بالسيطرة على الحضر. كما يرجع الى قوة العصبية القبلية عند البدو وضعفها عند الحضر وبسبب قوة العصبية القبلية عند البدو وضعفها عند الحضر فان البدو ينتصرون على الحضر في اكتساب الاراضي البدوية والاستحواذ عليها. اما سبب الصراع بين البداوة والحضارة فيرجع الى رغبة سكان البدو بالاستئثار بالقوة والحكم، وعدم رغبة سكان الحضر بذلك. مما يساعد على سيطرة البدو على الحكم في الحضر لاسيما وان البدو يتسمون بشظافة العيش وصعوبة ظروف الحياة، بينما سكان الحضر يتميزون بالرقة والوداعة والنعومة. لذا ينتصر البدو على الحضر ويقيمون خلافة او دولة على انقاضها[13].

والصراع المحتدم بين الحضارة والبداوة يؤدي الى سقوط الحضارة وبروز البداوة كقوة مسيطرة. وعند انتهاء الصراع بسقوط الحضارة وشموخ البداوة كقوة حاكمة يتغير المجتمع من بدوي الى حضري بعد هجرة السكان من البادية الى الحضر بأعداد كبيرة جداً[14]. علماً بأن السمات الحضارية للحضارة تختلف عن السمات الحضارية للبداوة.

## المبحث الثاني : النظرية الصراعية عند كارل ماركس

كارل ماركس (1818-1883) عالم اجتماع الماني اشتهر في نظريته الصراعية التي ظهرت في جميع كتبه ومؤلفاته التي اهمها :

أ-نقد في الاقتصاد السياسي

ب-راس المال الذي يقع في ثلاثة اجزاء

جـ-الاديولوجية الالمانية

د-بيان الحزب الشيوعي

هـ-الثورة الاشتراكية

و-العائلة المقدسة

ز-الدولة والملكية والعائلة

تستند نظرية ماركس الصراعية على الصراع بين الطبقات الاجتماعية اذ يقول في كتابه " راس المال " بأن تاريخ البشرية هو تاريخ الصراع الطبقي الاجتماعي، والصراع الطبقي هو الصراع بين طبقتين اجتماعيتين متخاصمتين هما الطبقة الحاكمة والطبقة المحكومة او الطبقة المستغِلة والطبقة المستَغَلة او الطبقة القاهرة والطبقة المقهورة او الطبقة الظالمة والطبقة المظلومة[15]. علماً بأن مثل هذا الصراع الطبقي يوجد في المجتمع العبودي والمجتمع الاقطاعي والمجتمع الراسمالي. وتاريخ البشرية كما يخبرنا ماركس لا يشهد الصراع الطبقي الاجتماعي فحسب بل يشهد ايضاً المآسي الصراعية والاقتصادية والاستغلالية والاحتكارية التي ترافق هذا الصراع[16]. علماً بأن اساس الصراع الطبقي في هذه المجتمعات الثلاثة العبودية والاقطاعية والرأسمالية هو العامل المادي. فهناك طبقة تمتلك وسائل الانتاج وطبقة لا تمتلك وسائل الانتاج بل لديها الجهود البشرية التي تبيعها باجور زهيدة الى طبقة ارباب العمل[17]. وهذه الحالة كانت ماثلة ليس في المجتمع الرأسمالي فحسب بل ماثلة ايضاً في المجتمع العبودي والاقطاعي. علماً بأن ماركس يعتقد بأن ملكية وسائل الانتاج من قبل طبقة معينة تمنح افراد الطبقة المعنوية العالية والنفوذ الاجتماعي والاحترام والتقدير. بينما عدم امتلاك الملكية من الطبقة الاخرى يجعلها مكسورة معنوياً ونفسياً وغير محترمة اجتماعياً ولا تمتلك القوة والنفوذ الاجتماعي والسياسي.

ان حالة كهذه تولّد ظاهرة الوعي الطبقي عند الطبقة المحكومة، اي الشعور والاحساس باوضاعها الاقتصادية والاجتماعية والنفسية والسياسية الصعبة. وان هذا

الوعي يولد الوحدة الطبقية ثم التنظيم الثوري بين ابناء هذه الطبقة، الامر الذي يدفع افرادها الى الثورة ضد الطبقة الحاكمة او المستغلة، هذه الثورة التي تقود الى سقوط المجتمع وتحوله الى نمط آخر يتسم بالتقدم والتنمية على النمط السابق من المجتمع[18].

فالمجتمعات كما يرى ماركس تتحول من مجتمعات عبودية الى مجتمعات اقطاعية ومن مجتمعات اقطاعية الى مجتمعات راسمالية ومن رأسمالية الى اشتراكية. وهكذا تقود الظاهرة الطبقية الى الظاهرة الصراعية، وتقود الظاهرة الاخيرة الى التغير او التحول الاجتماعي[19]. علماً بأن تحول المجتمعات يكون تحولاً تاريخياً مادياً جدلياً او دايلكتيكياً. فالتغير هو تاريخي لانه يرافق جميع المجتمعات عبر تاريخها القديم والوسيط والحديث، وهو تحول مادي لأن اساس الثورة الاجتماعية التي تقوم بها الطبقة المحكومة يرجع الى عامل مادي لأن هذه الطبقة لا تمتلك اي شيء في الوقت الذي تمتلك فيه الطبقة الحاكمة كل شيء، اي وسائل الانتاج والقوة النفسية والاجتماعية والسياسية[20]. وهو اخيراً تغير جدلي او دايلكتيكي لانه يتم وفقاً للصراع بين الفكرة (الطبقة الاقطاعية مثلاً) والفكرة المضادة (طبقة الفلاحين)، وعن الصراع بين هاتين الطبقتين تتمخض الفكرة الثالثة وهي الطبقة الراسمالية او طبقة ارباب العمل.


## المبحث الثالث : النظرية الصراعية عند بارتيو

يعد فريفريدو بارتيو (1848-1923) من ابرز علماء الاجتماع الصراعيين في ايطاليا والعالم. ظهرت نظريته الصراعية في كتابه الموسوم " العقل والمجتمع " الذي يقع في جزئين وكتاب " علم الاجتماع السياسي ". يعتقد بارتيو في نظريته الصراعية بأن الصراع يكون بين النخبة والعوام[21]. ذلك انه يعتقد بان المجتمع يقسم الى طبقتين اجتماعيتين متخاصمتين هما طبقة النخبة وطبقة

العوام. وقد صنف بارتيو النخبة الى صنفين هما النخبة الحاكمة والنخبة غـير الحاكمـة (-Ruling and Non ruling Elite)[22]. فالنخبة الحاكمة هي التي تتكون من افراد يحتلون مواقـع الحكم والمسـؤولية كـالوزراء والمدراء العامين وقادة الجيش ورؤساء الجامعات والمؤسسات الكبيرة والمصانع والمزارع والمصارف. وهـؤلاء الافراد يؤثرون بطريقة او اخرى على عملية سير الحكم ومسيرة الدولة من خلال مواقعهم السياسية ومـن خلال القرارات الادارية ذات المضمون السياسي التي يتخـذونها في دوائرهم[23]. امـا النخبة غـير الحاكمـة فتتكـون مـن افـراد لا يحتلـون مواقـع الحكـم والمسؤولية السياسية بـل يحتلـون مواقـع واعمـال حساسة وبارزة ومهمة لا يستطيع المجتمع الاستغناء عن خدمات اعضائها مهما تكن الظروف. ومن امثلة النخبة غير الحاكمة الطبيب الكبير والاستاذ الكبير والفنان الكبير والمهندس الكبير والمحامي الكبير والممثل او المغني او العازف الكبير[24].

اما طبقة العوام فتتكون من عامة الناس الذين لا يحتلون مواقع اتخاذ القرار والمسؤولية، اي ان اعمالهم لا تؤثر في اعمال ومصير ومستقبل الآخرين كأعمال النخبة الحاكمة وغير الحاكمة. ان افراد طبقـة العوام يشغلون الاعمال الكتابية والروتينية واليدوية والاعمال الحرة التي لا تحتـاج الى خـبرة او موهبـة او دراسة طويلة.

يخبرنا باريتو بأن الصراع يكون بين النخبة والعوام ويرجع الصراع الى رغبـة النخبـة بـاحتلال مواقعهـا القيادية والحفاظ عليها لأطول فترة زمنية ممكنة وعدم اتاحتها المجال للعـوام بمشـاركتها في القـوة والمسؤولية. بـينما تريـد طبقـة العـوام الوثـوب الى مراكـز النخبة واحتلالهـا للسـيطرة عـلى زمـام القـوة والحكم في المجتمع[25]. اذاً المنافسة الشديدة بين النخبة والعوام ترجع الى رغبـة كـلا الطبقـتين بـاحتلال مراكـز القوة والمسؤولية، فالنخبة تريد الاستمرار بالمحافظة على مراكزها القيادية، بينما العوام تريد انتزاع مراكز القوة

والمسؤولية من النخبة. وهنا نستطيع القول بأن سبب الصراع بين النخبة والعوام يرجع الى الرغبة في الاستئثار بالحكم واحتلال المواقع الحساسة في المجتمع.

لذا فالنخبة تدخل في صراع مع العوام لانها تريد الحفاظ على مراكزها القيادية والحساسة، بينما العوام يدخلون في صراع مع النخبة لأن الاخيرة تمنع العوام من الوصول الى مواقع النخبة، وان العوام معرضون الى احتكار واستغلال النخبة لهم ومنعهم من تحسين اوضاعهم العامة والخاصة. غير ان عملية الصراع بين النخبة والعوام تتمخض عن نجاح بعض العوام من الوصول الى مواقع النخبة وسقوط بعض النخب الى طبقة العوام. وهذه الظاهرة يطلق عليها بارتيو بظاهرة دورة النخبة التي يعبر عنها بنظريته المعروفة بنظرية دورة النخبة، وهي النظرية التي توضح سقوط النخب الى طبقة العوام وارتفاع بعض العوام الى طبقة النخبة[26].

يعتقد باريتو بأن النخبة لا تستطيع الحفاظ على مراكزها بصورة دائمية بل تتعرض للسقوط والنزول الى العوام وذلك للأسباب الآتية:

1- تعرض النخبة للكبر والهرم والعجز وعدم القدرة على الاستمرار باحتلال مراكز القوة والتأثير[27].

2- عدم كفاءة النخبة بأداء المهام المطلوبة منها بسبب عوامل الكسل والحذر والترهل. فعندما تتعود النخبة على احتلال المراكز القيادية لمدة طويلة تتعرض الى امراض السأم والرتابة والروتين والملل. وهذه الامراض تشل حركتها وتعطل نشاطها.

3- احالة النخبة الى التقاعد بسبب المنافسة الشديدة بين افرادها.

4- تعرض النخبة الى حالات فضائح مالية او سياسية او اخلاقية مما ينتج عن ذلك سقوطها واختفائها.

5- تعرض النخبة الى التآمر من قبل العوام اذ ان بارتيو يسمي النخبة بطبقة الاسود ويسمي العوام بطبقة الثعالب فالثعالب يحفرون من تحت ارجل الاسود للايقاع بهم واحتلال اماكنهم[28].

وهنا يقول بارتيو بأن الارستقراطية هي مقبرة التاريخ، اي ان التاريخ يشهد سقوط وفناء الارستقراطية ، والدليل على ذلك هو الذهاب الى المقابر التي فيها نشاهد رموز النخبة والارستقراطية من ملوك وامراء وضباط كبار ورؤساء ووزراء...الخ.

مما ذكر اعلاه نخلص بأن سبب الصراع بين النخبة والعوام يكمن في الرغبة في الحصول على مراكز القوة والحكم، وان اطراف الصراع هي النخبة والعوام، وان الصراع يقود الى تحول المجتمع من مجتمع اقل ديمقراطية وانسانية وحرية الى مجتمع اكثر ديمقراطية وانسانية وحرية.


## المبحث الرابع : نظرية الصراع الاجتماعي عند كارل منهايم

كارل منهايم هو عالم اجتماع هنكاري ولد في بودابست عام 1893 وتوفي في لندن عام 1947[29]. وان اهميته لعلم الاجتماع كأهمية ماكس فيبر لعلم الاجتماع اذ كان والده هنكارياً وامه المانية. وقد تلقى دراساته في هنكاريا والمانيا. اما نظريته في الصراع الاجتماعي فتظهر في مؤلفاته " الاديولوجية والطوبائية " و " مشكلة الاجيال " و " علم الاجتماع النظري " و " الانسان والمجتمع في عصر اعادة البناء ". لكن نظرية كارل منهايم في الصراع الاجتماعي تكمن في نظريته حول التغير الاجتماعي. فالتغير الاجتماعي هو تحول يطرأ على البناء الاجتماعي نتيجة للصراع او التطاحن الذي يقع بين الطبقات والاجيال او الفئات الاجتماعية والسياسية والدينية المتصارعة فيما بينها للوصول الى دفة الحكم[30]. اما القاعدة او الاساس الذي تستند عليه عملية التغير الاجتماعي فهي الفكر او العقيدة والمنطق الذي يتناقض كل التناقض مع القاعدة او الاساس المادي[31]. ان الصراع بين

الاديولوجية والطوبائية من جهة، وبين جيل الشباب والكبار من جهة اخرى، اضافة الى الصراعات بين الفئات والحركات السياسية والاجتماعية والدينية في المجتمع انما هي ظواهر فكرية وحركية متناقضة يمكن الركون اليها عند تفسير ظاهرة التغير الاجتماعي، فلا تغير كما يعتقد كارل منهايم بدون صراع ولا صراع بدون تصادم فكري ومبدئي بين الفئات والجماعات والقوى المتناقضة[32]. فكل فئة تريد ان تملي ارادتها على الفئة الاخرى وتسيرها على وفق مراميها ومصالحها واغراضها. واصطدام الارادات لابد ان يغير المجتمع مادياً وفكرياً وروحياً. وتغير المجتمع هذا لابد ان يغير الافراد في مواقفهم ومصالحهم واغراضهم وقيمهم ونماذجهم السلوكية والتفاعلية التي تعبر عن ذاتها في المجالين المادي والمثالي.

وعندما يكون الاساس القاعدي للتغير الاجتماعي فكرياً او مثالياً فانه يكون بمثابة العملية التدريجية التي تعبر عن نفسها بطريقة معتدلة بعيدة عن التطرف والتحيز بعكس التغير الذي يكون اساسه القاعدي مادياً واقتصادياً، فهذا التغير يكون سريعاً ومتطرفاً ومن الصعوبة بمكان تخمين او قياس اثاره التي لا تنحصر بالمعطيات المادية بل تتجاوزها الى المعطيات القيمية والمبدئية والفكرية كما يعتقد منهايم[33]. والتغير الاجتماعي الذي يتحدث عنه منهايم لا يمر بمراحل معلومة ومحددة كالمرحلة المشاعية والمرحلة العبودية والمرحلة الاقطاعية والمرحلة الراسمالية والمرحلة الاشتراكية التي وضع سماتها ماركس في نظريته الطبقية، بل يحدث بطريقة لا يمكن الاحساس او الشعور بها لانه يكون بطيئاً ومعتدلاً في حركته وداينيميكيته[34]. وهنا لم يحدد منهايم المراحل التطورية التي تمر بها المجتمعات كما فعل كونت وسبنسر ـ واميل دوركهايم وفيردناند تونيز وهوبهوس، ولم يستطع ايضاً ان يصنف المجتمعات بناءً على مقياس معين كما فعل علماء الاجتماع الذين سبقوه خشية ان يقع في اخطاء وتناقضات اراد ان يتجنبها.

اذاً التغير الاجتماعي عند منهايم يكمن في الصراع، ونظرية منهايم في الصراع تصنف الى ثلاثة اقسام هي ما يلي:

**أ - نظرية منهايم حول الصراع بين الاديولوجية والطوبائية :**

الاديولوجيـة هـي مجموعـة الافكـار والمعتقـدات والمبـادىء والقيم التـي تتمسك بهـا الطبقـة الحاكمة التي تسيطر على دفة الحكم وتحدد مسيرة المجتمع نحو النهج الذي تراه هـذه الطبقـة صالحاً للمجتمع[35]. بينما الطوبائية هي الافكار والقيم والمبادىء والمعتقدات التي تتمسك بها الطبقة المحكومـة والتي من خلالها تستطيع الدفاع عن حقوقها ومصالحها وتمكنها من تحقيق اهدافها القريبة والبعيدة[36].

علماً بأن هناك جملة اختلافات بين افكار ومبادىء الطبقة الحاكمة وافكار ومبادىء الطبقة المحكومة.

فالطبقة الحاكمة تعتقد بأنها احق مـن غيرهـا بحكـم المجتمـع والتمتـع بالحقوق والامتيازات المخصصة لها، وانها اخلص من غيرها في الدفاع عن مصالح الوطن والامة، اضافة الى اعتقادها الجازم بانها طبقة نبيلة ومؤهلة على قيادة المجتمع وان ثقافتها ومؤهلاتها افضل من تلك التي تتمتع بهـا ايـة فئـة او طبقـة اخرى. ناهيك عن تمتعها بالشعبية والسمعة العالية والمكانة المرموقة التي تمكنها من قيادة المجتمع قيادة ناجحة وموفقة.

بينمـا تعتقـد الطبقـة المحكومـة التـي تحمـل الافكـار الطوبائيـة بـان سـعة حجمهـا وجسامة التضحيات التي تقدمها للمجتمع تجعلها مؤهلـة ان تقـود المجتمـع وتحدد مصيره وتنجز اهدافه العليا[37]. كذلك تعتقـد هـذه الطبقـة بـأن التاريخ يشـهد مظاهـر الظلـم والتعسف والاضطهاد التي تعرضت لها الطبقة على ايدي الطبقة الحاكمة. لـذا فقـد آن الاوان ان تحكـم هـذه الطبقـة، وان حكمهـا يحررهـا مـن مظاهـر الاضطهاد والظلم التـي تعـاني منهـا. اضافة الى ايمان هذه الطبقة بـأن المستقبل لها وليس لغيرها لانها المسؤولة عـن عمليـات الانتاج علـى اختـلاف انواعـه، وهـي المسؤولة عـن أداء الخـدمات التـي يحتاجهـا الافـراد والجماعـات. واخيراً تعتقـد هـذه الطبقـة بانهـا صاحبة

المصلحة الحقيقية في تنمية المجتمع وتقدمه لانها هي المسؤولة عن عمليات التنمية والتقدم.

ان مثل هذا التناقض والتقاطع بين افكار ومبادىء ومعتقدات الطبقة الحاكمة (الاديولوجية) والطبقة المحكومة (الطوبائية) هو الذي يؤجج نار الصراع بين الطبقتين، والصراع غالباً ما ينتهي بالثورة الاجتماعية التي تقوم بها الطبقة المحكومة ضد الطبقة الحاكمة. والثورة سواء كانت سياسية او عسكرية او اجتماعية او اقتصادية او فكرية او مؤسسية لابد ان تقود الى تغير المجتمع من شكل الى شكل آخر (38). علماً بأن التغير قد يكون سريعاً وفجائياً او يكون بطيئاً وتدريجياً. ومن الجدير بالذكر ان التغير الناجم عن الصراع بين الاديولوجية والطوبائية هو تغير يستند على اساس فكري او مثالي كما يعتقد منهايم.

**ب-نظرية منهايم حول الصراع بين الاجيال**

يعتقد كارل منهايم بأن الصراع بين الاجيال وبخاصة الصراع بين جيل الشباب وجيل متوسطي العمر والصراع بين الجيل الاخير وجيل الكبار والمسنين يرجع الى الفوارق والاختلافات في الافكار والمصالح والقيم والميول والاتجاهات بين هذه الاجيال لاسباب تتعلق بالفوارق العمرية (39). ذلك ان جيل الشباب يؤمن بالحركة الدؤوبة والسرعة في اداء العمل والتغير والتجديد ومواكبة روح العصر- بينما يكون الكبار بطيئي الحركة وقليلي السرعة، وانهم لا يؤمنون بالتجديد ومواكبة روح العصر بل يؤمنون بالمحافظة على الوضع السابق والتمسك بالماضي والتشبث بتفصيلاته وحيثياته وروحيته. زد على ذلك ان افكار ومبادىء الشباب الخاصة بالتعاون والنقد والنقد الذاتي والصبر والنفس الطويل والحماسة والبذل والعطاء والايثار تختلف عن تلك التي يتمسك بها المسنون ومتوسطو العمر.

ناهيك عن الفوارق الحادة والصارخة بين الشباب والكبار في الدراسة والتحصيل العلمي وصرف الاموال والتوفير وطرائق قضاء اوقات

الفراغ والزواج والانجاب والسكن والاستقرار البيتي والاعمال والمهن التي يمارسونها. ومن الجدير بالذكر ان الفوارق الذهنية والاجتماعية الواضحة بين الشباب والكبار تسبب احتدام مظاهر الصراع بينهما. والصراع غالباً ما يقود الى تغير المجتمع في طريقة يريدها الشباب ويتمنوها او طريقة يفضلها الكبار ويعملوا على الاخذ بها والاهتداء بتعاليمها والتقيد بنصوصها[15].

ومهما يكن من امر فان الصراع بين الاجيال كجيل الاباء وجيل الابناء والصراع بين المهنيين الكبار والصغار كالصراع بين الاطباء الكبار والاطباء الصغار او الصراع بين الاساتذة الكبار والاساتذة الصغار او الصراع بين المهندسين الكبار والمهندسين الصغار يجعل كل فئة نافذة ومعارضة للفئة الاخرى. وهذا يسبب الصراع بين الفئتين، الصراع الذي غالباً ما ينتهي باستئثار فئة بقوتها ونفوذها على الفئة الاخرى. وهذا الاستئثار يمكّن الفئة القوية من الهيمنة على المجتمع وحكمه وفقاً لمشيئتها[41]. ولمثل هذا الحكم دوره الفاعل في تغيير المجتمع تغيراً ملموساً وواضحاً.

**جـ - نظرية منهايم حول الصراع بين الفئات الاجتماعية والسياسية والدينية**

في المجتمعات الراقية والمتحضرة هناك جماعات اجتماعية متصارعة كالطبقات والعناصر السكانية المختلفة بانحداراتها وسلالاتها العرقية والاثنية، وهناك جماعات دينية متقاتلة ومنقسمة على نفسها كالسيخ والمسلمين والبروتستانت والكاثوليك والهندوس والبوذيين... الخ. اضافة الى وجود جماعات سياسية متصارعة كالصراع بين القوميين والشيوعيين والصراع بين الاخوان المسلمين وحزب الدعوة والصراع بين الجمهوريين والديمقراطيين والصراع بين المحافظين والعمال. يرى منهايم بأن اساس الصراع بين الجماعات الدينية والجماعات

الاجتماعية يرجع الى عوامل فكرية ومذهبية وعقلية(42). ذلك ان الصراع بين المسلمين والسيخ يرجع الى المبادىء الدينية المتصارعة، وان الصراع بين الطبقات كالطبقة الوسطى والطبقة العاملة قد يرجع الى عوامل ذهنية او فكرية. اضافة الى الافكار المتناقضة والقيم المختلفة التي يعتقد بها الاقليات العرقية والتي تقود الى اقتتالها وتناحرها وصراعها كالتطاحن بين البيض والزنوج وبين الساميين والآريين(43).

ومهما يكن من امر فان تنوع الفئات الاجتماعية والسياسية والدينية وسعيها للوصول الى دفة الحكم والمساهمة في تحديد سياسة النظام الاجتماعي غالباً ما تقود الى اندلاع الصراع بينها. فقد تسيطر فئة على فئة اخرى، وسيطرتها تجعلها تعتمد على سياسة معينة من شأنها ان تغير المجتمع من شكل الى شكل آخر(44). وعليه فان التغير الاجتماعي يفسره كارل منهايم بظاهرة الصراع بين الفئات السياسية والاجتماعية والدينية المتناحرة. وعند سيطرة فئة اجتماعية او سياسية او دينية على الفئات الاخرى فان الفئة المسيطرة تبدل مسيرة المجتمع في مجال يخدم اغراضها ومصالحها واهدافها وتوجهاتها.


## المبحث الخامس : نظرية الصراع الاجتماعي عند رالف داهرندوف

رالف داهرندوف هو فيلسوف وعالم اجتماعي الماني، ولد في المانيا عام 1929 وحصل على شهادة الدكتوراه في علم الاجتماع من جامعة هامبورغ الالمانية وشهادة دكتوراه ثانية من جامعة لندن عام 1957. نشر عدة مؤلفات اهمها كتاب " الطبقة والصراع الطبقي في المجتمع الصناعي " والذي توجد فيه نظريته الصراعية. علماً بأن هذا الكتاب قد ظهر لأول مرة عام 1959(45).

لقد تأثر رالف داهرندوف بالافكار الاجتماعية والاقتصادية التي جاء بها كارل ماركس لاسيما الافكار التي تقول بأن هناك صراعاً طبقياً في المؤسسات

الصناعية، الا انه لا يعتقد بأن الصراع هذا هو بين الطبقة العمالية وطبقة ارباب العمل كما اعتقد ماركس، ولا يعتقد كذلك بأن سبب الصراع بين العمال وارباب العمل يرجع الى عوامل مادية. ان رالف داهرندوف يعتقد بأن الصراع في المؤسسات الصناعية يكون بين العمال والطبقة التكنوقراطية[46]. ومثل هذا الصراع كما يعتقد داهرندوف لا يتحدد بالمؤسسات الصناعية بل يكون في المؤسسات الادارية ذات الطابع الحكومي وفي المؤسسات الصحية وفي المؤسسات العسكرية[47]. ان الصراع في المؤسسات الادارية الحكومية كما يرى داهرندوف يكون بين ابناء الطبقة التكنوقراطية الذين هم خريجي الجامعات والكوادر العملية التي تحتل المراكز القيادية في المؤسسات الادارية الحكومية وبين الكتبة والموظفين الصغار[48]. كما ان الصراع في المؤسسات العسكرية يكون بين الطبقة التكنوقراطية ونواب الضباط او المراتب في القوات المسلحة[49].

اما سبب الصراع فلا يرجع الى العوامل المادية التي اكد عليها كارل ماركس بل يرجع الى عوامل سيطرة الطبقة التكنوقراطية على القوة والنفوذ في الدوائر التي يعملون فيها وعدم سيطرة الكتبة والموظفين الصغار على القوة والنفوذ الاجتماعي[50]. لذا سيطرة طبقة على القوة والنفوذ هو الذي يؤجج نار الصراع الاجتماعي بين الطبقتين الاجتماعيتين.

وما يتعلق بالصناعة يعتقد رالف داهرندوف بأن الصراع لا يكون بين العمال ومالكي وسائل الانتاج كما اعتقد كارل ماركس بل ان الصراع يكون بين العمال والطبقة التكنوقراطية[51]. علماً بأن الطبقة التكنوقراطية لا تمتلك المشروع الصناعي بل تديره فقط لقاء رواتب معينة. وان هناك فصلاً في المؤسسات الصناعية الحديثة بين ادارة المشاريع وتمويلها، فادارة المشاريع الصناعية هي بيد التكنوقراطيين الذين لا يمتلكون المشاريع التي يعملون فيها بل يديرونها لقاء رواتب شهرية او سنوية معينة. اما ملكية المشاريع الصناعية فهي بيد المساهمين، اي اصحاب الاسهم الذين يمولون المشاريع عن طريق عدد اسهمهم. لذا لا يواجه

العمال مالكي المشروع الصناعي من المساهمين لأن هؤلاء يمولون المشروع ويحصلون على الارباح السنوية. في حين يواجه العمال الاداريين من خريجي الجامعات (الطبقة التكنوقراطية)، وان الصراع يحدث بين هذه الطبقة والعمال وليس بين العمال ومالكي المشروع الصناعي كما يعتقد البروفسور رالف داهرندوف.

كما ان سبب الصراع بين العمال والتكنوقراطيين كما يراه داهرندوف ليس هو مادياً بل يرجع الى احتكار التكنوقراطيين لأسباب القوة والنفوذ في المشروع الصناعي وعدم تمتع العمال بأية قوة او نفوذ في المصنع[52]. وهذا هو سبب الصراع بين العمال والطبقة التكنوقراطية على حد قول داهرندوف.

## المبحث السادس: نظرية الصراع الاجتماعي عند سي. رايت ملز :

سي. رايت ملز (1916-1962) عالم اجتماعي وسياسي امريكي، استطاع نشر العديد من المؤلفات التي اشهرها كتاب " عمال الياقات البيضاء " وكتاب" نخبة القوة " وكتاب " التطور الاجتماعي" الذي الفه مع زميله هانز كيرث. يعد سي. رايت ملز من اهم علماء اجتماع الصراعيين في العالم، وان نظريته الصراعية توجد في كتابه " نخبة القوة " (Power Elite) .

بدأ سي. رايت ملزم دراساته بنظرية المعرفة اذ انه تأثر بأفكار كارل منهايم ودرس في عدة جامعات امريكية منها جامعة وسكنسن وجامعة ماريلند التي فيها تعرف على شخصية المانية مهاجرة الى امريكا هو هانز كيرث اذ الف معه كتاب " الطباع والبناء الاجتماعي ". كان سي. رايت ملزم في بداية حياته العلمية القصيرة من انصار نظرية الدور[53]. وقد توضح ذلك من خلال مؤلفه الموسوم " الطباع والبناء الاجتماعي " . لكنه بعد حين شاهد وتلمس الكثير من المآسي والمساوىء الانسانية في المجتمع الامريكي. لذا فقد غير ولاءاته الاجتماعية والسياسية والفكرية اذ تبنى الفكر الماركسي- الذي تأثر به كثيراً

كما تأثر بأفكار كل من ثورشتاين فيبلن وباريتو خصوصاً ما يتعلق بنظريته الصراعية.

ونتيجة لانشقاق سي. رايت ملزم وخروجه عن نظرية الدور وانتقاده لها بعد ان اعتبرها من النظريات البرجوازية الامريكية احتضن نظرية ماركس وتبنى افكار فيبلن وباريتو استطاع تأليف كتاب " نخبة القوة ". وفي هذا الكتاب طرح افكاره الصراعية التي مفادها بأن الصراع يحدث بين الفئة التي تمتلك الملكية وتشغل مراكز القوة والنفوذ والتأثير وبين جماهير الشعب التي لا تمتلك الملكية ولا تحتل مراكز القوة والنفوذ والتأثير في المجتمع(54).

اشار سي. رايت ملز في كتابه الموسوم " نخبة القوة " بأن 5% من ابناء المجتمع الامريكي يسيطرون على 90% من الملكية المنقولة وغير المنقولة. وشاهد بأن هناك اثرياء وقادة عسكريين يترأسون مجالس الادارة في 80% من كبريات الشركات الامريكية، وان هؤلاء ينتمون الى نفس النوادي واماكن الترويح، وانهم قد تخرجوا من نفس المدارس والكليات والجامعات وتربطهم روابط زواج ومصاهرة. وقد اطلق ملز على هؤلاء بالنخبة او الصفوة التي تمتلك القوة وتسيطر عليها في المجتمع الامريكي(55).

ومن الجدير بالذكر ان الكثير من هؤلاء هم يهود، فهم يترأسون مجالس الادارة لمئات الشركات الصناعية والتجارية ويمتلكون المزارع الكبيرة ويكونون اعضاءً في مجالس ادارة المصارف وشركات التأمين والكليات والجامعات والنوادي الكبيرة. فضلاً عن انهم يستحوذون على السلطة والقوة في المجتمع الامريكي ويمنعون غيرهم من الوصول الى هذه المواقع. كما انهم يساهمون مساهمة كبيرة في اختيار رئيس الجمهورية الامريكي واعضاء الكونغرس الامريكي بسبب الاموال الكبيرة التي يمتلكونها وسيطرتهم على مراكز القوة والتأثير في امريكا(56).

وحقيقة كهذه تجعل القلة في صراع دائم مع الكثرة التي لا تمتلك وسائل الانتاج ولا القوة السياسية والنفوذ الاداري. الا ان الصراع بين الفئتين النخبة والكثرة غالباً ما ينتهي لصالح النخبة التي تكلم عنها ملز وضد الكثرة العددية من الجماهير(57).

ان افكار حرة وجريئة كهذه كان يحملها ويطرحها ملز جعلت الحكومة الامريكية تنسب له تهمة الشيوعية، كما انها منعته من التدريس في الجامعات، بل وحتى طردته من امريكا وسحبت عنه الجنسية الامريكية مما حدا به الى السفر الى المانيا الديمقراطية التي توفى فيها عام 1962عن عمر 46 سنة.

ان افكاره الثورية تشير الى عدم عدالة المجتمع الامريكي وتشير في الوقت ذاته الى مصداقية وصحة افكار كل من ماركس وبارتيو وفيبلن وكارل منهايم. ان كتابات سي. رايت ملز كانت في اواخر حياته تبتعد عن علم الاجتماع الجزئي وتقترب من علم الاجتماع الكلي.

# مصادر الفصل

(1)Martindale, Don. Nature and Types of Sociological Theory, Boston, Houghton Mifflin Co., 1981, P.174.

(2)Ibid., PP.174-175.

(3)الحسن، احسان محمد (الدكتور). موسوعة علم الاجتماع، بيروت، دار الموسوعات العربية، 1999، ص580.

(4)الحسن، احسان محمد (الدكتور). علم الاجتماع السياسي، مطبعة التعليم العالي، الموصل، 1984، ص44.

(5)المصدر السابق، ص40.

(6)المصدر السابق، ص42.

(7)المصدر السابق، ص43.

(8)Aczel, G. Conflict, Society and Revolution, Budapest, Academy Press, 1995, P.2.

(9)ابن خلدون، المقدمة، بيروت، دار القلم، 1978.

(10)الحسن، احسان محمد (الدكتور). رواد الفكر الاجتماعي، بغداد، دار الحكمة للطباعة، 1991، ص93.

(11)المصدر السابق، ص94.

(12)المصدر السابق، ص95.

(13)بوتول، جوستون. ابن خلدون: فلسفته الاجتماعية، ترجمة غنيم عبدون، القاهرة، المؤسسة العامة للتأليف، 1994، ص80.

(14)المصدر السابق، ص82-83.

(15)Marx, K. Selected Writings in Sociology and Social Philosophy. A Pelican Book, Middle sex, 1997, P.203.

(16)Ibid., P.211.

(17)Ibid., P.218.

(18)Ibid., P.231.

(19)Marx, K. and F. Engels. The Socialist Revolution, Moscow, Progress Publishers, 1998, P.11.

(20)Ibid., P.14.

(21)Pareto, V. Mind and Society, Vol.11, New York, Harcourt Brace, 1985, P.2031.

(22)Ibid., P.2033.

(23)Ibid., P.2037.

(24)Ibid., P.2040.

(25)Ibid., P.2041.

(26)الحسن، احسان محمد (الدكتور). علم الاجتماع السياسي، ص45.

(27)المصدر السابق، ص46.

(28)المصدر السابق، ص45-46.

(29)Coser, Lewis A. Masters of Sociological Thought, New York, Harcourt, Brace, 1977, P.441.

(30)الحسن، احسان محمد (الدكتور). نظرية التغير الاجتماعي عند كارل منهايم، مجلة العلوم الاجتماعية،

العدد 17-18 لعام 2000، ص3.

(31)المصدر السابق، ص4.

(32)Mannheim, K. The Problem of Generations, Essays on the Sociology of Knowledge, New York Oxford University Press, 1981, P.291.

(33)Mannhein, K. Essays On the Sociology of Knowledge, New York, 1982, P.84.

(34)Ibid., P.86.

(35)Mannheim, K. Ideology and Utopia, New York. Hercourt Brace, 1986, P.3.

(36)Ibid., P.59.

(37)Ibid., P.60.

(38)Ibid., P.64.

(39)Mannheim, K. The Problem of Generations, P.294.

(40)Ibid., P.295.

(41)Ibid., P.297.

(42)Peter, Gay. Wiemar Culture, New York, Harper and Row, 1996, P.43.

(43)Ibid., P.45.

(44)Ibid., P.51.

(45)Dahrendorf, R. Class and Class Conflict in Industrial Society, Stanford, Stanford Univ. Press, 2001, P.XI.

(46)Ibid., P.72.

(47)Ibid., P.75.

(48)Ibid., P.77.

(49)Ibid., P.237.

(50)Martindale, Don. The Nature and Types of Sociological Theory, P.199.

(51)Ibid., PP.199-200.

(52)Ibid., P.200.

(53)Gerth, Hans, and C.W. Mills. Character and Social Structure, New York, 1987.

(54)Mills, C. Wright. Power Elite, A Pelican Book Middle sex, England, 3rd ed., 1976, PP.41-44.

(55)Ibid., P.62.

(56)Ibid., P.71.

(57)Ibid., P.83.

# الفصل التاسع
## (النظرية المادية التاريخية الدايلكتيكية)

طرح هذه النظرية المفكر الاجتماعي والسياسي الالماني كارل ماركس (1818-1883) في العديد من مؤلفاته التي على رأسها كتابه : رأس المال "(1)" الذي يقع في ثلاثة اجزاء، وكتاب " الاديولوجية الالمانية "(2) وكتاب " بؤس الفلسفة "(3) وكتاب " العائلة والدولة والملكية "(4) وكتاب " الثورة الاشتراكية "(5) وكتاب " العائلة المقدسة "(6) وكتاب " بيان الحزب الشيوعي "(7) وغيرها من المؤلفات. ان النظرية المادية التاريخية الدايلكتيكية تعد من اهم النظريات الاساسية للفكر الماركسي ـ اذ انها تفسر ـ التاريخ والمجتمع والسياسة تفسيراً مادياً جدلياً(8). علماً بأن النظرية المادية التاريخية الدايلكتيكية تدرس الظاهرة الاجتماعية دراسة تاريخية مادية جدلية، أي انها تدرسها من ثلاث زوايا اساسية او اعتبارات مركزية. فأي ظاهرة اجتماعية لا يمكن فهمها او استيعابها دون دراستها دراسة تاريخية اذ ان الماضي يساعدنا على فهم الحاضر، وفهمنا للماضي والحاضر يساعدنا على قراءة او تنبؤ المستقبل(9)، وبالتالي اشتقاق قوانين عامة تفسر مسيرة المجتمع او الظاهرة او المؤسسة او النظام المطلوب دراسته واستيعابه. ان الظاهرة المدروسة ليست هي بنت الحاضر وانما هي بنت الماضي المتصل بالحاضر. لذا فأي دراسة نريد القيام بها ينبغي البدء بفهم ماضيها، لآن فهم الماضي يساعدنا على معرفة الحاضر والتنبؤ عن المستقبل، وبالتالي اشتقاق قوانين عامة تفسر مسار الظاهرة وملابساتها واشكالاتها.

اذاً دراسة تاريخ الظاهرة هي شيء لابد منه لفهم الظاهرة ومعرفة مساراتها وتحولاتها الآنية والمستقبلية. بيد ان الظاهرة الاجتماعية ينبغي ان لا نكتفي بدراستها دراسة تاريخية فحسب بل ينبغي ان ندرسها دراسة مادية اقتصادية ايضاً[10]. ذلك ان الواقع هو الذي يؤثر في الوعي وان الوعي لا يؤثر في الواقع بأي شكل من الاشكال. ويعني ماركس بالواقع الظروف والمعطيات الاجتماعية والاقتصادية للفرد، بينما يعني بالوعي جملة الافكار والمعتقدات والقيم والمبادىء والدين والفلسفة التي جميعها تتأثر بالعوامل المادية ولا يمكن ان تؤثر في هذه العوامل. فاذا غيرنا واقع الانسان الاقتصادي، أي غيرناه من فقير الى غني، فان ذلك الانسان لابد ان يغير وعيه الاجتماعي، أي يغير قيمه وافكاره ومعتقداته وفلسفته ونظرته الى الحياة... الخ. علماً بأن معتقدات وقيم ومقاييس الطبقة الوسطى تختلف عن تلك التي تميز الطبقة العمالية، بمعنى آخر ان وعي الطبقة البرجوازية يختلف عن وعي الطبقة البروليتارية. واختلاف الوعي الاجتماعي بين الطبقتين يرجع الى اختلاف ظروف ومعطيات كل طبقة عن الطبقة الاخرى[11]. وقد ايد افكار ماركس هذه عالم الاجتماع النمساوي جوزيف شمبيتر عندما قال في كتابه الموسوم " الاشتراكية، والرأسمالية، والديمقراطية " بأن الواقع الاجتماعي والاقتصادي للفرد هو الذي يحدد طبيعة افكاره وقيمه ومعتقداته[12]. كذلك يؤيد افكار ماركس هذه، وهي اثر العامل المادي في العامل العقائدي، البروفسور الامريكي ويرزسومبارت في كتابه الموسوم " انهيار الغرب "[13].

وما يتعلق بالتفسير المادي للسلوك والعلاقات والنظم الاجتماعية يربط ماركس ربطاً علمياً جدلياً بين الظروف الاقتصادية التي يعيشها الفرد وحالته المعنوية والاعتبارية ومقدار الاحترام والتقدير الذي يحصل عليه من المجتمع، مع احتمالية اختياره للموقع السياسي المؤثر[14]. فالغني نتيجة اوضاعه الاقتصادية المتميزة يكون ذا معنوية عالية وشخصية قوية ومؤثرة. ونتيجة حالته الاقتصادية الرفيعة ومعنويته العالية يكون محترماً ومقدراً ومقيماً من المجتمع. واذا كان

الفرد مرفهاً اقتصادياً وذا معنوية عالية ومحترماً اجتماعياً فان نصيبه في اشغال الموقع السياسي يكون عالياً حقاً كما يعتقد ماركس، كما ان مكانته الدينية في المجتمع تكون متميزة.

اما اذا كان الفرد فقيراً ومعدماً فان معنويته تكون ضعيفة ومهزوزة ولا يكون محترماً ومقيماً من الآخرين. فضلاً عن ان احتمالية اختياره في المنصب السياسي الحساس تكون ضعيفة او معدومة ومكانته الدينية في المجتمع تكون واطئة. اذاً يربط ماركس بين العوامل الاقتصادية التي يعتبرها عوامل جوهرية في السلوك والعلاقات وبين العوامل المعنوية والنفسية اذ يعتقد بأن العامل المعنوي يستند على العامل المادي. كما يعتقد بأن العامل الاجتماعي يستند على العامل المعنوي او النفسي ـ اما العامل السياسي والديني فيستند على العامل الاجتماعي. لذا تكون هناك علاقة متساندة بين العوامل المادية والعوامل المعنوية والعوامل الاجتماعية والعوامل السياسية والدينية، فكل عامل يرتكز على العامل الآخر، الا ان العامل الاقتصادي هو العامل الاساس الذي ترتكز عليه بقية   العوامل حسب اعتقاد ماركس.

اما النظرية الدايلكتيكية التي تكلم عنها ماركس فهي نظرية قد اخذها ماركس من هيجل وطبقها على دراسة المجتمع دراسة تاريخية مادية. انها نظرية تتعلق بالجدل والصراع بين الفكرة والفكرة المضادة، اذ من الفكرة (Thesis) تخرج الفكرة المضادة (Anti-Thesis) . وبعد الصاع بين الفكرة ونقيضها تظهر الفكرة الثالثة (Synthesis) عن طريق الدايلكتيك، أي توحيد الصراع والتناقض بين الفكرتين من خلال الاعتراف بنصف صحة الفكرة ونصف صحة الفكرة المضادة واشتقاق فكرة ثالثة جديدة توحد بين الفكرتين المتناقضتين[15]. لقد كشف هيجل قانون الدايلكتيك ليعرف ما وقع في الزمن الماضي فعلاً وحقيقة من اجل فهم التاريخ واستنباط الدروس والعبر منه.

اما ماركس فقد استعار قانون الدايلكتيك من هيجل واستعمله في دراسة المجتمع البشري وتفسيره تفسيراً مادياً تاريخياً من خلال النظر الى قضية الصراع الطبقي بين الطبقة الحاكمة والطبقة المحكومة عبر تاريخ البشرية الطويل. يعتقد ماركس بأن تاريخ البشرية هو تاريخ الصراع الطبقي بين الطبقة التي تمتلك وسائل الانتاج والطبقة التي لا تمتلك هذه الوسائل. لقد درس ماركس الصراع الطبقي في المجتمع القديم والمجتمع الاقطاعي والمجتمع الرأسمالي[16]. ودراسته للصراع الطبقي كانت دراسة تاريخية تقتفي اثر الصراع منذ فترة المجتمع القيدم (المجتمع العبودي) مروراً بالمجتمع الاقطاعي وانتهاءاً بالمجتمع الرأسمالي، وكانت دراسة مادية لانها تعتقد بأن سبب الصراع يرجع الى عوامل مادية بحتى اذ ان هناك طبقة تمتلك وسائل الانتاج وطبقة اخرى لا تمتلك هذه الوسائل بل تمتلك فقط الجهود البشرية التي تبيعها في سوق العمل باجور زهيدة. كما ان دراسته للصراع الطبقي لم تكن تاريخية مادية فحسب بل كانت ايضاً دراسة دايلكتيكية[17].

لو اخذنا مثلاً الصراع الطبقي في المجتمع العبودي لشاهدنا بأن الصراع يحدث بين طبقتين اجتماعيتين متخاصمتين هما طبقة الاحرار الذين يشكلون الفكرة وطبقة العبيد الذين يشكلون الفكرة المضادة. واستمرار الصراع بين الطبقتين، أي بين الفكرة والفكرة المضادة يؤدي الى سقوط المجتمع العبودي وظهور مجتمع جديد هو المجتمع الاقطاعي الذي تحكمه الطبقة الاقطاعية التي تشكل الفكرة الثالثة التي نشأت كناج حتمي للصراع بين طبقتي الاحرار والتعبيد. غير ان الطبقة الاقطاعية كفكرة ثالثة لا تلبث ان تتحول الى فكرة تخرج منها فكرة مضادة هي طبقة الفلاحين. والصراع ينشب بين الطبقتين والذي ينتهي بسقوط المجتمع الاقطاعي وظهور المجتمع الرأسمالي على انقاضه والذي تقوده الطبقة الرأسمالية او البرجوازية التي تشكل الفكرة والتي تخرج من احشائها فكرة مضادة هي الطبقة العمالية. وهنا يظهر الصراع مرة ثانية ولكن بين طبقة ارباب العمل (الفكرة) والعمال (الفكرة المضادة)[18]. وعندما يحتدم الصراع بين

ارباب العمل والعمال لابد ان يسقط المجتمع الرأسمالي كما يؤكد على ذلك كارل ماركس مثلما سقط المجتمعان العبودي والاقطاعي[19]. وهكذا تستطيع الدايلكتيكية التي تحدث عنها ماركس ان تفسر ـ التحولات التاريخية التي تطرأ على المجتمعات والناجمة عن الصراع الدايلكتيكي بين الطبقات، هذا الصراع الذي يرجع الى اصول مادية واقتصادية بحتة على حد تعبير ماركس.

ان العوامل المادية حسب آراء ماركس هي التي تؤدي الى انقسام المجتمع الى طبقتين اجتماعيتين متخاصمتين. والوعي الطبقي الذي يظهر بين ابناء الطبقة المحكومة والمظلومة والمقهورة، نتيجة لتدهور اوضاعها المادية والاجتماعية وتفاقم مشكلاتها الانسانية، كطبقة الفلاحين في المجتمع الاقطاعي وطبقة العمال في المجتمع الرأسمالي هو الذي يسبب التماسك الطبقي والوحدة الطبقية. علماً بأن التماسك الطبقي يمنح الطبقة المحكومة القوة والفاعلية والنشاط ويدفعها الى اعلان الثورة والتمرد ضد الطبقة المستغلة. وهنا يسقط المجتمع ويتحول الى نمط آخر يتميز بالتحرر والتقدم الاجتماعي بالنسبة لما كان عليه سابقاً[20]. فحقوق العامل في المجتمع الرأسمالي اكثر من حقوق الفلاح في المجتمع الاقطاعي، وحقوق الاخير تفوق حقوق العبد في المجتمع العبودي. لهذا يعتقد ماركس بأن الكفاح او النضال انما هو المفتاح الذي يساعدنا على فهم التاريخ. وفهمنا للتاريخ انما يمكننا من معرفة المراحل الحضارية التطورية التي تمر بها المجتمعات البشرية.

**التفسير الاقتصادي الدايلكتيكي للمجتمع والتاريخ:**

يعتقد ماركس ان كل ما يحدث في جو المجتمع من ظواهر ونظم انما يرجع الى العوامل الاقتصادية[21]. ذلك ان القوى الاقتصادية هي اساس الاحداث والتطورات السياسية والاجتماعية والاخلاقية. فالتطور الفكري هو انعكاس للقوى والعوامل الاقتصادية التي يرتكز عليها البناء الاقتصادي. وما يقال عن التطور

الفكري يقال عن جميع التطورات الاجتماعية الاخرى. ذلك اننا لا نفهم طبيعة المجتمع الا اذا فهمنا حقيقة الدعائم الاقتصادية التي يقوم عليها. ويضيف ماركس قائلاً بأن الافراد في المجتمع ليسوا سوى ادوات يحدد حركتها النظام الاقتصادي القائم. علماً بأن هناك عاملاً هاماً يتحكم في هذا النظام وهذا العامل الذي نشأ تلقائياً هو كفاح الطبقات من اجل تحسين حالتها المادية[22]. وحوادث التاريخ المادية تخبرنا بأن هذا الكفاح ينتهي دائماً بانتصار الطبقة الاوفر عدداً والاسوأ حالاً. وهذا ما يعبر عنه ماركس بقانون التطور التاريخي[23]. ولما كان هذا هو حال المجتمع في الماضي فانه سيكون كذلك في الحاضر وفي المستقبل. علماً بأن نضال الطبقات قد بدأ منذ قيام النظام الصناعي، حيث حتم هذا النظام ظهور التفاوت الطبقي بين الطبقات التي تمتلك وسائل الانتاج والطبقات التي تعاني من مشكلات الحرمان والكفاف نتيجة استغلالها وعدم امتلاكها ابسط المقومات الاقتصادية للحياة الكريمة.

ومن الجدير بالذكر ان ماركس يعتمد في تفسير فلسفته المادية التاريخية على نوعين من التحليلات هما التحليل الدايلكتيكي او الجدلي والتحليل المادي التاريخي. فما يتعلق بالتحليل الدايلكتيكي علينا القول بأن ماركس اخذ هذا التحليل من هيجل. فلولا هيجل لما ظهرت المادية التاريخية الدايلكتيكية ولما استطاع ماركس تفسير الاقتصاد والتاريخ تفسيراً علمياً عقلانياً. يهدف قانون الدايلكتيك الذي ابتدعه هيجل وتأثر به ماركس الى حل المتناقضات والاضداد بين الفكرة (Thesis) والفكرة المضادة (Anti-Thesis) حلاً وسطاً وذلك من خلال الاعتراف بصحة جزء من الفكرة وجزء من الفكرة المضادة المطروحة على بساط البحث الفلسفي والعلمي. وقد استعمل هيجل قانون الدايلكتيك في فهم التاريخ وفهم المجتمع البشري وفهم طبيعة المعرفة العلمية التي قال بأنها وليدة الصراع بين الفكر والطبيعة[24].

استفاد ماركس من هذا التحليل الجدلي ونقله من عالم الافكار الى العالم المادي. واراد ان يطبقه على النظم الاقتصادية ويفسر به تطور كفاح الطبقات منذ اقدم العصور. ان النظم الاقطاعية والرأسمالية والاشتراكية في تطورها كانت تسير وفقاً للمبدأ الاساسي، وهو ان كل نظام يحمل في طياته عناصر نقيضة. والرأسمالية الآن تحمل في طياتها مقومات نقيضها حيث انها تقوم على رأس المال والعمل وهما وان كانا متناقضين فانهما يجب ان يوجدا معاً. وفي هذا الصدد يقول ماركس بأن الرأسمالي الذي لا يعمل هو نقيض العامل دون رأس المال. علما بأن المسيرة الطبيعية للرأسمالية ستؤدي بصورة تلقائية الى نمو نقيض الرأسمالية وهو العمل[25]. وما دامت الرأسمالية متجهة بسرعة فائقة نحو غايتها واسمى مراحل تطورها فان ذلك يحتم ايضاً نمو النقيض بنسبة متكافئة حتى يبلغ اقصى مراحل تطوره وحينئذ يسود النقيض، أي تتحقق الاشتراكية لأن النصر دائماً حليف الطبقة الاوفر عدداً والاسوأ حالاً. فالرأسمالية باتجاهها نحو اشباع حاجاتها تخلق في الوقت ذاته الظروف التي تمكن العمال من اعداد انفسهم للقيام بمهمة تقويض دعائم المجتمع الرأسمالي واقامة المجتمع الاشتراكي، لهذا يقول ماركس " الرأسمالية تحمل بذور فنائها والحياة الاقتصادية الحاضرة تحمل بذور الحياة المستقبلية. لذا فهي معرضة للزوال بفعل القوانين الاقتصادية التي تخضع لها علماً بأن الاشتراكية هي آخر مراحل التطور التاريخي ونهاية المطاف للصراع الطبقي[26].

اما التحليل المادي التاريخي فيهدف الى كشف ما تنطوي عليه الرأسمالية من متناقضات تهيء الظروف الايجابية لتحقيق الاشتراكية. فالغرض من الانتاج الرأسمالي كما يعتقد ماركس هو خلق فائض القيمة وتحويل جزء منه الى رأس مال جديد. وهذه العملية تتوقف بصفة اساسية على حجم الطبقة العاملة وعلى مقدار ما يمكن تحقيقه من ارباح. لكن الانتاج الرأسمالي يضع نصب عينيه المحافظة على قيمة رأس المال والعمل على زيادته بأطراد. ان هدف الانتاج الرأسمالي هو خلق

وجمع فائض القيمة والحرص على استغلاله بكل كفاية. والسبيل الى ذلك هو النمو المتواصل في قوى المجتمع الانتاجية. بيد ان الوسيلة والغاية متعارضتان. ومن ثم فان النظام الرأسمالي لا يسلم من هذا التعارض، فهو باتجاهه الى اشباع حاجاته وينمي في ذاته الظروف التي تعمل على تقويض دعائمه[27].

يعتقد ماركس بأن البناء المادي للمجتمع، أي موارده الطبيعية والبشرية ومصادر رزقه ووسائل استغلاله لمعطيات الطبيعة هو الذي يحدد ماهية البناء الفوقي للمجتمع، أي يحدد افكار المجتمع واديولوجيته وفلسفته ودينه وقيمه واخلاقيته[28]. واذا ما تغير البناء المادي لسبب او لآخر فان هذا لابد ان يترك آثاره وانعكاساته على البناء الفوقي وبالتالي يتغير البناء الاجتماعي من نمط لآخر ويدخل المجتمع في مرحلة حضارية تاريخية لم يشهدها المجتمع من قبل. ان افكار ماركس هذه انما يعبر عنها بقوله " واقعنا الاقتصادي والاجتماعي هو الذي يحدد وعينا وليس وعينا يحدد واقعنا ". ويبرهن ماركس افكره هذه بالذهاب الى تاريخ المجتمعات فيقول " بأن علاقات الانتاج والملكية في المجتمع الاقطاعي تنتج في ظهور افكار وقيم ومثل اجتماعية تنمي العمل الزراعي وتحترم رجال الدين والفئة العسكرية وتقيم الملكية الزراعية الواسعة. وفي الوقت نفسه تهين العامل والعالم وتحتقر المرأة وتحارب مفاهيم الديمقراطية والتقدم[29].

ولكن عندما يسقط النظام الاقطاعي ويحل محله النظام الرأسمالي تتبدل انماط الانتاج ومستويات المعيشة ونوعية المهن. وهذا التبدل يحمل معه قيماً ومقاييس ومثلاً جديدة تحترم العمل الصناعي والتجاري وتعتم العلم والمخترعات الحديثة وتفضل استقلالية الفرد على تماسك الجماعة ووحدتها. ان مثل هذه الافكار الماركسية قد ساهمت مساهمة مجدية في نمو وتطور علم الاجتماع اذ اكدت على دور القوى والعلاقات الاقتصادية في قيم وافكار وسلوك الانسان[30].

ويعتقد ماركس ايضاً بأن الظروف والعلاقات الاقتصادية هي التي تحدد طبقة الفرد الاجتماعية وترسم اهتماماته وانتمائاته السياسية وتفرز القيم والممارسات الاخلاقية والمثالية التي تؤمن بها وقد عزز ماركس طروحاته الفكرية هذه بدراسة العلاقة الدايلكتيكية بين الفرد والمجتمع. ويتفق البروفسور جوزيف شمبيتر مع آراء ماركس المادية عندما يقول " ان عملنا اليومي يقرر ما نعتقد به ومركزنا بالنسبة لقوى الانتاج يقرر آراءنا حول الحياة وما فيها من واقع ومشاهد."[31].

لذا فتأثير ماركس على علم الاجتماع يمكن ان يكون تأثيراً عاماً وخاصاً، فهو تأثير عام عندما ينبه اراءنا الى تركيب العلاقات، وخاص عندما يساعد على ظهور فرع من فروع علم الاجتماع يسمى بعلم اجتماع المعرفة، الموضوع الذي تخصص فيه بعد وفاة ماركس عدة علماء اجتماع مثل ماكس فيبر وكارل منهايم[32].

ان النظرية المادية التاريخية الدايلكتيكية يمكن تطبيقها على دراسة أي ظاهرة او مشكلة اجتماعية او دراسة أي مؤسسة او منظمة او طبقة اجتماعية مهما تكن طبيعة المجتمع الذي توجد فيه. فاية ظاهرة اجتماعية كالبطالة عن العمل مثلاً يمكن فهمها والاحاطة بها من خلال تطبيق النظرية المادية التاريخية الجدلية او الدايلكتيكية عليها. فالبطالة يمكن تفسيرها بعوامل مادية وهي سيطرة الطبقة الرأسمالية على مقدرات العمل في المجتمع، فعندما لا يكون العمل مربحاً ومجزياً في المجتمع فان ارباب العمل يسرحون العمال عن العمل، أي يكون العمال في حالة بطالة. اما الجذور التاريخية للبطالة فهي ان الاقتصاد يمر بدورات زمنية تتسم بالازدهار والهبوط او الركود الاقتصادي، فعندما يمر الاقتصاد بفترة الركود والتراجع فان البطالة تظهر بشكلها المخيف والمربك. علماً بأن للبطالة خلفيتها التاريخية في أي مجتمع وهي ليست بنت اليوم. اما جدلية او دايلكتيكية البطالة فهي نتاج التناقض بين الشواغر الموجودة وبين حجم الطلب على هذه الشواغر والمتأتي

من الايدي العاملة. فعندما يكون عدد الشواغر المتاحة او المتوفرة في المجتمع اقل من عدد الطلبـات عـلى العمل القادم من الايدي العاملة فان البطالة تظهر الى السطح وتـؤثر تـأثيراً سـلبياً في الاوضاع الاقتصادية والاجتماعية للمجتمع.

لذا يمكن تطبيق النظرية المادية التاريخية الجدلية على اية ظاهرة او مشكلة او قضية تجلب انظار الناس في المجتمع.

# مصادر الفصل

(1)Marx, Karl. Capital, Vol.1,2,3. Moscow, Progress Publishers,

1977.

(2)Marx, Karl. German Ideology, New York, International Publishers, 1990, P.

(3)Marx, Karl. Poverty of Philosophy, New York, 1988.

(4)Marx, Karl. Family, the State and Property, London, 1980.

(5)Marx, Karl, and F. Engels. The Socialist Revolution, Moscow, Proress Publishers, 1985.

(6)Marx, Karl and F. Engles. The Holy Family, Moscow, Progress Publishers, 1977.

(7)Marx, Karl, and F. Engles. Manifesto of the Communist Party, London, 1971, Sixth Ed.,

(8)Marx, Karl. Selected Writings in Sociology and Social Philosophy. A Pelican Book, Middle sex,

England 1997, P.207.

(9)الحسن، احسان محمد (الدكتور). رواد الفكر الاجتماعي، مطبعة دار الحكمة، بغداد، 1991، ص160.

(10)المصدر السابق، ص161.

(11)المصدر السابق، ص164.


(12)Schumpeter, J. Capitalism, Socialism and Democracy, New York, 1991, P.43.

(13)Sombart, Werner. The Decline of the West New York, 1995, PP.21-22.

(14)Smith, M. Material Position and Social Esteem, London, Evans Press, 1991, P.71.

(15)Hegel, G.W. Lectures on the History of philosophy, Vol.3, London, 1986, PP.347-351.

(16)Marx On Economics, edited by R. Freedman, A Pelican Book, Middle sex, England, 1988, P.146.

(17)Ibid., P.151.

(18)Ibid., P.153.

(19)الحسن، احسان محمد (الدكتور). رواد الفكر الاجتماعي، ص162.

(20)المصدر السابق، ص163.

(21)Marx On Economics, edited by R. Freedman, P.3.

(22)Ibid., P.11.

(23)Ibid., P.13.

(24)Hegel. G.W. Lectures On the History of Philosophy, Vol.3, P.348.

(25)الحسن، احسان محمد (الدكتور). رواد الفكر الاجتماعي، ص162.

(26)Marx On Economics, P.145.

(27)الحسن، احسان محمد (الدكتور). علم الاجتماع: دراسة تحليلية في النظريات والنظم الاجتماعية،
مطبعة التعليم العالي، بغداد، 1988، ص140.

(28)Marx, K. Selected Writings in Sociology and Social Philosophy, P.41.

(29)Ibid., P.40.

(30)Ibid., P.43.

(31)Schumpeter, J. Capitalism, Socialism, and Democracy, P.57.

(32)Stark, W. Sociology of Knowledge., New York, West Point Press, 1981, P.15.

# الفصل العاشر

# نظرية الدور

**Role Theory**

ظهرت هذه النظرية في مطلع القرن العشرين اذ تعد من النظريات الحديثة في علم الاجتماع. وتعتقد بأن سلوك الفرد وعلاقاته الاجتماعية انما تعتمد على الدور او الادوار الاجتماعية التي يشغلها في المجتمع[1]. فضلاً عن ان منزلة الفرد الاجتماعية ومكانته تعتمد على ادواره الاجتماعية. ذلك ان الدور الاجتماعي ينطوي على واجبات وحقوق اجتماعية. فواجبات الفرد يحددها الدور الذي يشغله، اما حقوقه فتحددها الواجبات والمهام التي ينجزها في المجتمع[2]. علماً بأن الفرد لا يشغل دوراً اجتماعياً واحداً بل يشغل عدة ادوار تقع في مؤسسات مختلفة، وان الادوارفي المؤسسة الواحدة لا تكون متساوية بل تكون مختلفة فهناك ادوار قيادية وادوار وسطية وادوار قاعدية[3]. والدور يعد الوحدة البنائية للمؤسسة والمؤسسة هي الوحدة البنائية للتركيب الاجتماعي[4]. فضلاً عن ان الدور هو حلقة الوصل بين الفرد والمجتمع[5].

ان علماء الاجتماع الذين يعتقدون بنظرية الدور هم ماكس فيبر الذي تناولها بالدراسة والتحليل في كتابه الموسوم " نظرية التنظيم الاجتماعي والاقتصادي"، وهانز كيرث وسي. رايت ملز في كتابهما الموسوم " الطباع والبناء الاجتماعي "، وتالكوت بارسونز في كتابه الموسوم " النسق الاجتماعي " ، واخيراً روبرت مكايفر في كتابه الموسوم " المجتمع" . علينا في هذه الدراسة ت حليل المساهمات التي قدمها كل من ماكس فيبر وتالكوت بارسونز وهانز كيرث وسي. رايت ملز لتطوير نظرية الدور، ثم تناول المبادىء العامة التي تقوم عليها نظرية الدور، واخيراً

تطبيق نظرية الدور على بحث " التماسك الاسري في المجتمع العراقي في الخمسينات " وبحث " الصناعة وعدم استقرار الاسرة في مجتمع متغير ". والآن علينا دراسة هذه الموضوعات مفصلاً وكما يلي:

## المبحث الاول : المساهمات التي قدمها ماكس فيبر لتطوير نظرية الدور:

يهتم العالم ماكس فيبر بالدور الاجتماعي اكثر مما يهتم بأي موضوع آخر اذ يشكل الدور الاجتماعي المهماز الرئيسي لنظريته الاجتماعية. ذلك انه يعرف علم الاجتماع في كتابه الموسوم " نظرية التنظيم الاجتماعي والاقتصادي" بالعلم الذي يفهم ويفسر السلوك الاجتماعي[6]. ويعني فيبر بالسلوك الاجتماعي أي نشاط او حركة يقوم بها الفرد والتي تكون لها علاقة مباشرة بوجود الافراد الآخرين في المجتمع[7]. علماً بأن سلوك الفرد يعتمد على ثلاثة شروط رئيسية هي ما يلي:

1- وجود الدور الذي يشغله الفرد والذي يحدد طبيعة السلوك الذي يقوم به الفرد.

2- استعمال الرموز السلوكية والكلامية واللغوية المتعارف عليها من قبل الافراد عند القيام بالسلوك.

3- وجود علاقة اجتماعية تربط شاغل الدور مع الآخرين عند حدوث السلوك[8].

والسلوك الذي يقوم به شاغل الدور يكون على ثلاثة اشكال هي ما يلي:

1- السلوك الاجتماعي الغريزي او الانفعالي: وهو الحركة او النشاط الذي يقوم به شاغل الدور عندما تكون كل من واسطته وعنايته لا اخلاقية وغير عقلية كالسرقة والقتل والشجار بين الناس والرشوة والاختلاس....الخ[9].

2- السلوك الاجتماعي العقلاني المثالي: وهو الحركة او النشاط الذي يقوم به شاغل الدور عندما تكون كل من واسطته وغايته اخلاقية وعقلية وشريفة كسلوك طالب الجامعة وسلوك المقاتل في القوات المسلحة[10].

3- السلوك الاجتماعي التقليدي: وهو الحركة او النشاط الذي يقوم به شاغل الدور عندما يكون السلوك متأتياً من عادات وتقاليد المجتمع كالسلام والتحيات بين الاحبة والاصدقاء واداء مراسيم الزواج او تشييع الموتى والبكاء عليهم او الالتزام بمراسيم الاعياد والاحتفالات والمناسبات الدينية والوطنية[11].

ومن الاضافات الاخرى التي قدمها ماكس فيبر لنظرية الدور توقع السلوك من معرفة دور الفرد اذ ان المريض يمكن ان يتوقع سلوك الطبيب من خلال معرفة دوره الاجتماعي، وان الطبيب يستطيع توقع سلوك المريض من خلال معرفة دوره الاجتماعي. كما ان الابن يستطيع توقع سلوك ابيه من معرفة دوره الاجتماعي وان الاب يستطيع توقع سلوك ابنه من معرفة دوره الاجتماعي. وهكذا نستطيع ان نتوقع سلوك الافراد من معرفتنا لادوارهم الاجتماعية. بمعنى آخر ان معرفتنا للدور الاجتماعي الذي يشغله الفرد تساعدنا على تنبؤ سلوكه اليومي والتفصيلي[12].

**ثانيا. الاضافات التي قدمها تالكوت بارسونز لتطوير نظرية الدور:**

وردت هذه الاضافات التي قدمها بارسونز لتطوير نظرية الدور في كتابه الموسوم " النسق الاجتماعي " اذ يمكن تحديد الاضافات التي قدمها بارسونز لنظرية الدور بالنقاط التالية:

1- يعتقد بارسونز بأن الفرد لا يشغل في المجتمع دوراً واحداً وانما يشغل عدة ادوار[13]، وهذه الادوار تكون عادة موجودة في نظم ومؤسسات المجتمع المختلفة. وان الدور الواحد الذي يشغله الفرد ينطوي على جملة واجبات وحقوق.

2- تكون الادوار في المؤسسة الواحدة مختلفة اذ ان هناك ادواراً قيادية وادوار وسطية وادوار قاعدية، وعـلى الـرغم مـن اخـتلاف الادوار فانها متكاملـة اذ ان كـل دور يكمـل الـدور الآخـر في المؤسسـة الواحدة[14].

3- يمكن تحليل النسق الاجتماعي الى مجموعة مؤسسات، ويمكن تحليل المؤسسة الواحدة الى ادوار اجتماعية، ويمكن تحليل الدور الواحد في المؤسسة الى واجبات وحقوق اجتماعية[15].

4- يحدث الصراع بين الادوار (Role Conflict) عندما تطلب المؤسسات مـن الفـرد الواحـد الـذي يشغل فيها ادواراً مختلفة القيام بمهام وواجبات في نفس الوقت[16]. والفرد لا يستطيع القيام بذلك للتضارب بين الاوقات او محدودية قدرات الفرد وقابلياته. وهنا يقـوم الفـرد بتنفيـذ مـا تريـده منـه مؤسسـة واحدة كالاسرة مثلاً ويخفق في تنفيذ ما تريده منه المؤسسات الاخرى كالمدرسة او جماعـة اللعـب او النادي او الحزب مثلاً. وهذا لا بد ان يعرض الفرد الى اللوم والعتاب مما قد يسبب تصدع شخصية الفرد وانفصالها وبالتالي عدم قدرة الفرد على التكيف للمحيط او الوسط الاجتماعي الذي تعيش فيه.

ان الوحدة الاساسية للنسق وما يكتنفه من علاقات وتفاعلات كما يرى بارسونز هي الدور. ذلك ان لكل فاعل اجتماعي دور وظيفي يحدد واجباته وحقوقه وعلاقاته الاجتماعية، أي يحدد سلوكه الفـردي والجماعي. لكن سلوك الفاعل تحدده المعايير الاخلاقية المشتركة التي يعتقد بها الجميع[17]. علماً بأن الفـرد منذ بداية حياته يتدرب عـلى اشغال الادوار الاجتماعيـة عـن طريـق عمليـات التنشئة الاجتماعية، هـذه الادوار التي تحدد مركزه الاجتماعي وتساعد الآخرين على فهم وتنبؤ سلوكيته مقدماً. واذا مـا ادى الفـرد ادواره وتصرف بموجب معاييرها السلوكية والاخلاقية فانه يكون قد نجح في سد حاجاته وتلبية طموحاتـه القريبة والبعيدة، وفي الوقت نفسه يكون قد نال رضا وقبول المجتمع له. فاذا تصرف العامل مثلاً بموجب

المعايير الاخلاقية لدوره الوظيفي، أي قام بأداء واجباته الانتاجية في المصنع فانه يكون قد نجح في سد حاجاته وطموحاته في كسب الاجور التي يستحقها ونيل الاحترام الكافي من الآخرين. والعكس هو الصحيح اذا فشل العامل في اشغال دوره الوظيفي ووقف ضد المعايير الاخلاقية الضابطة لسلوكه كعامل في المصنع.

**ثالثا: الاضافات التي قدمها هانز كيرث وسي. رايت ملز لتطوير نظرية الدور:**

يعد كل من هانز كيرث وسي. رايت ملز من اهم منظري نظرية الدور، ففي كتابهما الموسوم " الطباع والبناء الاجتماعي " اضافا معلومات جديدة لأنماء وتطوير نظرية الدور. اما الاضافات التي قدمها العالمان لنظرية الدور فيمكن تحديدها بالنقاط التالية:

1- تتأثر الشخصية بثلاثة مؤثرات هي المؤثرات البايولوجية والنفسية والاجتماعية[18]، وهذه المؤثرات لا تؤثر في بناء الشخصية فحسب بل تؤثر ايضاً في الادوار التي يشغلها الفرد وفي بلورتها ونموها وتطورها.

2- البناء الخلقي للفرد هو نتاج التفاعل الذي يتم بين البناء السيكولوجي للفرد والادوار الاجتماعية التي يشغلها[19].

3- يعد الدور بمثابة حلقة الوصل بين البناء الخلقي والبناء الاجتماعي.

4- لا تكون الادوار التي يشغلها الافراد في المؤسسات شرعية وثابتة ومستقرة الا بعد اسنادها من قبل السلطة[21]، أي السلطة المسؤولة عن ادارة وتنظيم شؤون المؤسسة كما في حالة سلطة الاب في المؤسسة السياسية وسلطة القائد او الزعيم العسكري في المؤسسة العسكرية وهكذا.

5- يعد الدور بمثابة الوحدة البنائية لتكوين المؤسسة، وتعد المؤسسة بمثابة الوحدة البنائية لتكوين البناء او التركيب الاجتماعي[22].

6- الـدور هـو بمثابـة الحـد الفاصـل بـين الفـرد والمجتمـع، فالفـرد يتصـل بالمجتمـع عـن طريـق الـدور الاجتماعي، والمجتمع يتصل بالفرد عن طريق الدور الاجتماعي[23].

7- يحتاج الدور قبل اشغاله الى درجة مـن التـدريب والتأهيـل والممارسـة والمـران. علمـاً بـأن التـدريب والتأهيل لاشغال الادوار تكون خلال عملية التنشئة الاجتماعية[24].

8- لا توجد الادوار في مؤسسة واحدة او في مؤسستين وانما توجد في جميع مؤسسات ونظم المجتمع. ولما كانت المؤسسات هي الوحدات الاساسية للبناء الاجتماعي فان الدور يلعب الدور الكبير في ظهور كل من المؤسسة والبناء.

9- عن طريق الدور يؤدي الفرد وظائفه ومهامه للمجتمع الكبير. وبـدون الـدور لا يمكن تحديـد ماهيـة الوظائف والمهام الملقاة على عاتق الفرد او الافراد[25]. لذا فالوظائف الاجتماعية التي يؤديها الافراد والمؤسسات انما تعتمد على الادوار الاجتماعية التي يشغلونها او تعتمد على الادوار التي عن طريقها تتكون المؤسسات الاجتماعية مطلقا.

## المبحث الثاني: المبادىء العامة لنظرية الدور:

تستند تنظرية الدور على عدد من المبادىء العامة التي اهمها ما يلي:

1- يتحلل البناء الاجتماعي الى عدد من المؤسسات الاجتماعيـة وتتحلـل المؤسسـة الاجتماعيـة الواحـدة الى عدد من الادوار الاجتماعية.

2- ينطوي على الدور الاجتماعي الواحد مجموعة واجبات يؤديها الفرد بناءً على مؤهلاته وخبراته وتجاربه وثقة المجتمع به وكفاءته وشخصيته، وبعد اداء الفرد لواجباته يحصل على مجموعة حقوق ماديـة واعتبارية. علماً بأن الواجبات ينبغي ان تكون متساوية مع الحقوق والامتيازات التي يتمتع بها.

3- يشغل الفرد الواحد في المجتمع عدة ادوار اجتماعية وظيفية في آن واحد ولا يشغل دوراً واحداً. وهـذه الادوار هي التي تحدد منزلته او مكانته الاجتماعية. ومنزلتـه هـي التي تحـدد قوتـه الاجتماعيـة وطبقته.

4- ان الدور الذي يشغله الفرد هو الذي يحدد سلوكه اليومي والتفصيلي، وهو الذي يحدد علاقاتـه مـع الآخرين على الصعيدين الرسمي وغير الرسمي.

5- سلوك الفرد يمكن التنبؤ به من معرفة دوره الاجتماعيْ اذ ان الدور يساعدنا في تنبؤ السلوك. ذلك ان سلوك الطالب او المدرس يمكن التنبؤ به من معرفة دوره الاجتماعي.

6- لا يمكن اشغال الفرد للدور الاجتماعي واداؤه بصورة جيدة وفاعلـة دون التـدريب عليـه، علمـاً بـأن التدريب على القيام بالادوار الاجتماعية يكون خلال عملية التنشئة الاجتماعية.

7- تكون الادوار الاجتماعية متكاملة في المؤسسة عندما تؤدي المؤسسة مهامها بصورة جيـدة وكفـوءة بحيث لا يكون هناك تناقض بين الادوار.

8- تكون الادوار الاجتماعية متصارعة او متناقضة عندما لا تؤدي المؤسسة ادوارها بصورة جيدة وكفـوءة. كما ان تناقض الادوار الوظيفية التي يشغلها الفرد يشير الى عدم قدرة المؤسسات، التـي يشغل فيهـا الفرد ادواره، على ادارة مهامها بصورة ايجابية ومقتدرة.

9- عند تفاعل دور مع ادوار اخرى فان كل دور يقيم الدور الآخر، وعندما يصل تقييم الآخرين لـذات الفرد فان التقييم يؤثر في تقييم الفرد لذاته. وهذا ما يؤدي الى فاعلية الدور ومضاعفة نشاطه.

10- عن طريق الدور يتصل الفرد بالمجتمع ويتصل المجتمع بالفرد. والاتصال قـد يكـون رسمياً او غـير رسمي.

11- الدور هو حلقة الوصل بين الشخصية والبناء الاجتماعي.

12- التركيب الخلقي للفرد هو بمثابة التكامل بين التركيب النفسي والادوار الاجتماعية التي يشغلها الفرد في حياته اليومية.

## المبحث الثالث: تطبيقات نظرية الدور :

**اولا: تطبيق نظرية الدور على التماسك الاسري في المجتمع العراقي خلال الخمسينات من القرن العشرين:**

تستطيع نظرية الدور تفسير طبيعة التماسك الاسري في المجتمع العراقي خلال حقبة الخمسينات من القرن العشرين. فالاسرة آنذاك كانت تتكون من ادوار قيادية ورئاسية وادوار مرؤسية او قاعدية. فالادوار القيادية تتمثل بدور الاب والجد والام والجدة (البيبية)، بينما كانت الادوار القاعدية تتمثل بأدوار الابناء والبنات. علماً بأن الادوار القاعدية كانت تخضع خضوعاً مطلقا الى الادوار القيادية، وكان هناك ثمة تكامل بين الادوار القيادية والادوار القاعدية، فكل دور يكمل الدور الآخر. ومثل هذا التكامل في الادوار الاسرية يفسر ظاهرة التماسك الاسري في المجتمع العراقي خلال فترة الخمسينات من القرن العشرين.

ومن جهة ثانية لم تكن هناك ظاهرة صراع الادوار داخل الاسرة العراقية، فالابن كان يشغل دوراً اجتماعياً وظيفياً او دورين. وقلة او محدودية الادوار التي كان يشغلها الفرد لم تنتج في ظاهرة صراع الادوار (Role Conflict) . بمعنى آخر ان الفرد كان يحتل دوراً مهماً واساسياً في اسرته، اما الادوار التي كان يشغلها في المؤسسات الاخرى فقد كانت ضعيفة او معدومة. وهذا لم يؤد الى ظهور الصراع بين الادوار لانه لم تكن هناك تناقضات او تقاطعات بين الادوار التي يحتلها الفرد.لهذا كانت الاسرة تتسم بالتماسك والوحدة والتضامن. اما الآن فالاسرة غير موحدة وغير متماسكة لأن هناك صراعاً في الادوار المختلفة والمتصدعة التي يشغلها الفرد. فالفرد لا يشغل دور او دورين بل يشغل عدة ادوار في آن واحد. واشغال هذه الادوار في آن واحد

تجعلها متناقضة ومتصدعة، لذا لا تكون الاسرة متماسكة ولا موحدة كما كانت سابقاً.

**ثانيا: تطبيق نظرية الدور على بحث الصناعة وعدم استقرار الاسرة في مجتمع متغير:**

يمكن تفسير بحث الصناعة وعدم استقرار الاسرة في مجتمع متغير بواسطة نظرية الـدور اذ ان الصناعة تسبب مضاعفة الادوار الوظيفية التـي يحتلها افراد الاسرة الواحـدة. فعضو الاسرة في المجتمع الصناعي المتغير يحتل عـدة ادوار اجتماعية وظيفية في آن واحد، فهو يحتل دور الاب في الاسرة ودور المشرف على العمل في المصنع ودور العضو في الحزب ودور العضو في النادي الرياضي او الاجتماعـي ودور المساهم في الشركة...الخ. واشغال مثل هذه الادوار يجعله يصرف وقتاً قصيراً داخل الاسرة ووقتاً طـويلاً خارج الاسرة مما يعرض الاسرة الى حالة الضعف والهامشية. وهذا يجعلها اسرة غير مستقرة.

ومن جهة ثانية نلاحظ بأن لعب عضو الاسرة عدة ادوار وظيفية في آن واحد قد يجعل هـذه الادوار في حالة صراع (Role Conglict) . وهذا الصراع لابـد ان يصـدع شخصية الفرد ويجعلها تعـاني مـن مشكلة تعرضها الى ضغوط متعارضة، مما يجعل الاسرة مؤسسة ضعيفة ومفككة لا تقـوى عـلى تحقيق اهدافها في المجتمع المعاصر لانها في حالة بعثرة وعدم استقرار.

زد عـلى ذلـك ان مضـاعفة الادوار الوظيفيـة التـي يلعبهـا افـراد الاسرة تجعـل ادوار الاسرة الواحـدة متناقضـة ومتصـارعة، أي ان الادوار القياديـة لا تنسجم مـع الادوار القاعديـة والادوار الاخـيرة تتنـاقض مـع الادوار القياديـة، وان كـلاً مـن الادوار الوسـطية لا تتنـاغم مـع الادوار القياديـة والقاعديـة، وهـذا يجعل الاسرة في حالـة صراع وعـدم وفـاق وعـدم استقرار، مـما يقـود الى اضـطراب الاسرة وتلكؤهـا لأن ادوارهـا ليسـت منسـجمة ولا متناغمـة. وهنا تكـون الاسرة

متناقضة وغير مستقرة لأن ادوارها الوظيفية ليست منسجمة ولا متوافقة بعضها مع البعض الآخر.

وهكذا نلاحظ بأن زيادة الادوار الوظيفية التي يحتلها الفرد مع صراع الادوار وتناقضها يقـود الى عـدم انسجام الاسرة وتناقضها واضطرابها بحيث لا تستطيع ان تتكيف مـع الواقـع الاجتماعـي ولا تتجـاوب مع معطياته وظروفه الموضوعية والذاتية.

وفي المجتمع الصناعي نلاحظ بأن هناك تناقضاً بين ما يستطيع الدور انجازه فعلاً وحقيقـة وبـين ما يطمح الى تحقيقه وانجازه، بمعنى آخر ان هناك تناقضاً بـين طمـوح الـدور الاجتماعـي وانجـازه الفعلي والحقيقي. وهذا التناقض يقود الى فشل الدور واخفاقه في مهامه الوظيفية والاجتماعية. فطموح الدور قد يكون كبيراً جداً بينما انجاز الدور قد يكون قليلاً او صغيراً. وهـذا مـا يقـود الفـرد الى الفشـل والاحبـاط. والفشل او الاحباط الذي يمنى به الفـرد في المجتمـع قـد يدفعـه الى العـدوان أي الاعتـداء عـلى الآخـرين والتنكيل بهم وغمط حقـوقهم لانـه يعتبرهم السبب في اخفـاق دوره وفشـله في تحقيـق مـا يصبو الى تحقيقه. وهذه الحالـة اذا مـا حـدثت فانهـا تقـود الى تلكـؤ الاسرة وعـدم اسـتقرارها وفشـلها في برامجهـا وممارساتها.

## مصادر الفصل

(1)Weber, Max. Theory of Social and Economic Organization, New York, the Free Press, 1981, P.87.

(2)Ibid., P.89.

(3)Gerth, Hans. C.Wright Mills. Character and Social Structure, New York, 1987, P.21.

(4)Maclver, R.C., Page. Society, London, the Macmillan Co., 1988, P.18.

(5)Gerth, Hans, C. Wright Mills. Character and Social Structure, P.28.

(6)Weber, Max. Theory of Social and Economic Organization, P.88.

(7)Ibid., P.89.

(8)Ibid., P.90.

(9)الحسن، احسان محمد (الدكتور). رواد الفكر الاجتماعي، دار الحكمة للطباعة، بغداد، 1991، ص295.

(10)المصدر السابق، ص297.

(11)المصدر السابق، ص296.

(12)Parson, T. and E. Shils. Toward A General Theory of Action, Cambridge, Harvard University Press, 1982, P.19.

(13)Parsons, T. The Social System, New York, The Free Press, 1991, P.15.

(14)Ibid., P.16.

(15)Ibid., PP.16-17.

(16)Ibid., P.18.

(17)Parsons, T. and E. Shils, Toward A General Theory of Action, P.159.

(18)Gerth, H. and C.W. Mills. Character and Social Structure, P.15.

(19)Ibid., P.20.

(20)Ibid., P.21.

(21)Ibid., P.25.

(22)Ibid., P.26.

(23)الحسن، احسان محمد (الدكتور). دراسات تحليلية في المجتمع المعاصر، بغداد، مطبعة دار السلام، الطبعة الثالثة، 1999، ص56.

(24)المصدر السابق، ص61.

(25)المصدر السابق، ص52.

# الفصل الحادي عشر

# النظريـــة السببيـــة

تفسر هذه النظرية السلوك والعلاقات والعمليات والظواهر الاجتماعية تفسيراً سببياً. ذلك ان لكل سلوك اجتماعي او علاقة اجتماعية او ظاهرة اجتماعية سبباً يفسر ذلك السلوك او تلك العلاقة او الظاهرة[1]. والنظرية تدرس العلاقة المتلاز مة بين السبب والنتيجة او بين العلة والمعلول. لو اخذنا اية ظاهرة طبيعية كالمطر لشاهدنا بأن لها سببها، وسبب المطر هو الحرارة التي تؤدي الى التبخر ثم التصاعد، والتصاعد يقود الى التكاثف وتكوين السحب بعدها يسقط المطر. لذا فالمطر هو ظاهرة طبيعية سببها الحرارة. اما الجريمة كظاهرة اجتماعية فترجع الى عدة اسباب لعل اهمها الفقر والحاجة الاقتصادية، فالفقر هو سبب والجريمة هي نتيجة[2].

ان من اهم العلماء الذين جاءوا بالنظرية السببية ماكس فيبر الذي فسرها وحللها في كتابه الموسوم " المفاهيم الاساسية في علم الاجتماع : وفي كتابه الآخر " نظرية التنظيم الاجتماعي والاقتصادي ". وكذلك اهتم بها العالم روبرت مكايفر في كتابه " المجتمع " . علماً بأن النظرية السببية تفسر بواعث او دوافع السلوك كما حددها ماكس فيبر[3]، وتفسر من جهة اخرى العلاقة السببية بين العامل المستقل او العامل الاساس (Independent Factor) وبين العامل التابع (Dependent Factor) ، كالعلاقة بين الدين كعامل اساس والاقتصاد كعامل تابع او العلاقة بين الفشل في الحياة كعامل اساس والانتحار كعامل تابع، او العلاقة بين التنشئة الاجتماعية المضطربة كعامل اساس والفشل الدراسي كعامل تابع.

يمكننا هنا اعطاء ثلاثة تفسيرات للنظرية السببية اثنان جاء بهما العالم ماكس فيبر والآخر جاء به العالم روبرت مكايفر. وهذه التفسيرات هي ما يلي:

## المبحث الاول : التفسير السيكواجتماعي للنظرية السببية:

جاء بهذا التفسير العالم ماكس فيبر، وقد ورد في كتابه الموسوم " المفاهيم الاساسية في علم الاجتماع" . ينص هذا التفسير على ان علم الاجتماع هو العلم الذي يفهم ويفسر السلوك الاجتماعي[4]. والسلوك الاجتماعي بالنسبة لفيبر هو حركة او نشاط مقصود يقوم به الفاعل الاجتماعي وله علاقة مباشرة بوجود الآخرين في المجتمع[5]. ويتمثل السلوك الاجتماعي بالتعاون او المنافسة، والصراع او الوفاق. اما بفهم السلوك فيعني ماكس فيبر بمعرفة نموذج السلوك، اي هل هو سلوك غريزي وانفعالي ام انه سلوك عقلاني رشيد، ام انه سلوك تقليدي[9]. فالسلوك الغريزي الانفعالي يتجسد بالشجار والنزاع والكذب والنفاق والسرقة والنميمة والوشاية. بينما السلوك العقلاني يتجسد بالسعي والاجتهاد والتحصيل العلمي والدفاع عن الوطن عندما يتعرض الى الخطر والابتكار العلمي والتكنولوجي. في حين يتجسد السلوك التقليدي بالصلاة والصوم واقامة المراسيم والاعياد الدينية والقومية والمشاركة في مراسيم التشييع ودفن الموتى.

اما بتفسير السلوك فيعني فيبر الاشارة الى الدافع او المحفز للسلوك. وهذا الدافع او المحفز يكون داخلياً، بينما نموذجه او نوعيته تكون خارجية او اجتماعية ككون السلوك عقلانياً او غريزياً او تقليدياً[7]. لذا فالسلوك يفسر بالعامل النفسي ويشخص بالعامل الاجتماعي. من هنا يكون تفسيره تفسيراً سيكو اجتماعياً. لذا فالسببية السلوكية كما يفهمها فيبر هي النظرية التي تعتقد بأن لكل سلوك سبب، بمعنى اخر ان السلوك يرتكز على السبب، والسبب قد يكون خارجياً او داخلياً. ذلك ان اي سلوك او تصرف يقوم به الفرد له سبب او دافع. والاسباب او الدوافع قد تكون دينية او اقتصادية او سياسية او اجتماعية او تربوية او

عسكرية او اخلاقية واعتبارية[8]. فذهاب الطالب للمؤسسة التربوية والتعليمية للدراسة وكسب العلم والمعرفة ترجع الى سبب رغبة الطالب في الحصول على الشهادة العلمية ثم اشغال المركز المهني او الوظيفي الذي منه يحصل على رزقه اليومي.

اما انتماء الفرد الى الحزب السياسي فيرجع الى سبب رغبته في ممارسة السلطة والحصول على القوة السياسية التي من خلالها يمكن ان يدير الماكنة السياسية للمجتمع. في حين ان سبب الزواج يرجع الى تكوين الاسرة وانجاب الذرية ونيل درجة من الحماية ضد الاخطار والتحديات التي تداهم الفرد في حياته اليومية والتفصيلية، مع الحفاظ على النسل من الانقراض او الضعف والتلاشي.

اذاً سلوك الفرد اليومي والتفصيلي انما يرجع الى عوامل ومحفزات داخلية تربط بين الذات الداخلية للفرد وحياته الخارجية، وان النماذج السلوكية التي يجسدها الفرد في حياته اليومية ما هي الا تعبير عن حياته النفسية ومحيطه الخارجي وما ينطوي عليه من عوامل وقوى اجتماعية وحضارية[9].

## المبحث الثاني : التفسير السببي للعوامل والقوى الاجتماعية المترابطة

لم يكتف ماكس فيبر بتفسيراته السيكواجتماعية المعبرة عن سلوك الافراد بل تجاوز ذلك الى التفسيرات السببية للعوامل والقوى الاجتماعية المترابطة وبخاصة التفسيرات السببية بين العامل المستقل والعامل التابع او المعتمد كالتفسيرات السببية بين الرأسمالية (الاقتصاد) والبروتستانتية (الدين). ان ماكس فيبر يعتقد بأن الراسمالية الغربية او الاوربية انما تعتمد على البروتستانتية المسيحية، بمعنى آخر ان البروتستانتية كانت السبب الاساس في ظهور الرأسمالية في اوربا[10].

ان الغاية من قيام ماكس فيبر بتأليف كتابه الموسوم " الاخلاق البروتستانتية وروح الرأسمالية " تكمـن في التأكيد على دور العامل الديني او الروحي في التخلف او التقدم الاقتصادي الذي يشهده المجتمع. فالـدين بالنسبة لفيبر هو المحرك الاساس للانشطة الاقتصادية والانتاجية التي يمارسها المجتمع. ومثل هذه المفاهيم والطروحات تتناقض كل التناقض مع افكار وتعاليم كارل ماركس التي تؤكـد عـلى اهميـة وفاعليـة العامـل الاقتصادي في التأثير على التراكيب الفوقية للمجتمع كالتراكيب الدينية والقيمية والسياسية والفلسفية[11].

ان جميع مؤلفات ماركس خصوصاً كتابه " رأس المال " تشير الى الدور المـؤثر الـذي تلعبـه وسـائل الانتاج وعلاقات الانتاج والملكية في افكار ومعتقدات ومثل وقيم الافراد. ذلك ان الافكار والمعتقدات تتلون بالقوى المادية للمجتمع، فاذا تغيرت هذه القوى تغيرت معها الافكار والمعتقدات والقيم. ومقولة ماركس الشهيرة " الواقع الاجتماعي يؤثر على الوعي الاجتماعي وليس الوعي الاجتماعي يؤثر على الواقع الاجتماعي "[12] توضح دور العوامل الاقتصادية والاجتماعية في الفكر والاديولوجية والقيم.

ان الافكار المادية التي طرحها ماركس خلال القرن التاسع عشر قد ولدت ردود فعل كثيرة كـان بعضها يتسـم بالموافقـة والقبـول والتأييـد وبعضها الآخر يتسـم بالحيـاد والتجـرد والبعض الآخر يتسـم بالمعارضة والرفض والاحتجاج. وكان     ماكس فيبر يمثل المدرسة التي تزعمت حركة المعارضة والاحتجاج ضد الافكار والطروحات المادية التي وضحها مـاركس في سـياق حديثـه عـن التفاعـل  بين عناصر وقوى المجتمع وعن حركة التغير والصيرورة التي تنتابها بين حين وآخر.

لذا يتوخى في كتاب " الاخلاق البروتستانتية وروح الرأسمالية " ابراز نقطتين اساسيتين الاولى هي الـرد عـلى اقاويل وادعاءات ماركس المادية التاريخيـة[13]، والثانيـة الاشـارة الى ان العوامـل الدينيـة والروحيـة هـي التـي تـؤثر في

الانشطة الاقتصادية من حيث تحديد مساراتها الانتاجية ورسم اهدافها وخططها[14]. يقول ماكس فيـبر في كتابه " الاخـلاق البروتسـتانتية " بـأن مـاركس بـالغ في تضـخيم وتهويل العامـل المـادي واثـره في الوجـود والصيرورة الاجتماعية كما بالغ فرويـد في تهويـل دور العامـل الجنسي في السـلوك والعلاقـات والحضـارات البشرية. ومع هذا يعترف ماكس فيـبر بأهميـة العامـل المـادي كأحـد العوامـل التـي تتـأثر فيهـا التراكيـب الاجتماعية والحضارات. لكنه يضيف بأن هناك عواملاً تفوق بأهميتها العامل المادي تؤثر في بنية المجتمع وتحوله الحضاري، ومن اهم هذه العوامل العامل الديني او الروحي الـذي اراد فيبر توضيح فاعليته في تنمية المجتمع وتقدمه اقتصادياً وحضارياً.

يعتقد ماكس فير بأن ظهور الرأسمالية الاوربية وما رافقها من نظم انتاجية وتوزيعية متطورة أبان عصر الثورة الصناعية قد أعقب حركة الاصلاح الديني التي قام بها لـوثر وكالفن في المانيا وسويسـرا خلال القرن السادس عشر الميلادي، هذه الحركة التي تمخض عنها ظهور المـذهب البروتستانتي المسيحي، وفصل الكنائس في انكلـترا والمانيا (الكنـائس البروتستانتية) عـن السـلطة البابويـة في رومـا التـي تتـزعم المذهب الكاثوليكي في العالم. ولكن كيف اثرت التعاليم الدينية البروتستانتية في ظهور وبلورة وتطور النظام الاقتصادي الرأسمالي في العالم ؟ يجيب فيبر على السؤال في كتابه الاخلاق البروتستانتية بـالقول ان المـذهب البروتستانتي يراعي الامور الاقتصادية والعلمية والانتاجية اكثر من اي مذهب او دين آخر. فتعـاليم لـوثر وكالفن الدينية تؤكد على القضايا التالية :

1- الاعتقاد بالله سبحاه وتعالى والايمان بالحياة الثانية التي تأتي بعد الموت والبعث والنشور.

2- التقشف والاقتصاد في النفقات وعدم التبذير[15].

3- جمع الاموال والمحافظـة عليهـا وتنميتهـا واستثمارها في المشـاريع الانتاجيـة التـي تعـود مردوداتهـا الاقتصادية والاجتماعية للجميع[16].

4- النظافة والطهارة والالتزام باخلاقية الدين التي تتمحور حول الصـدق في القـول والاخـلاص في العمـل وحب الآخرين وعدم الحاق الضرر بهم وتحمل المسؤولية... الخ.

5- تشجيع استقلالية الفرد وتنمية قدراته ومواهبه المبدعة والخلاقة ومنحـه حريـة التفكيـر والاستنباط والاستنتاج دون تدخل السلطة الدنيوية او الدينية في شؤونه الخاصة.

6- تحديد مصير ومستقبل الانسان من قبل الله سبحانه وتعالى منذ ولادته. فالله هـو الـذي يقـرر مـن هم اغنياء ومن هم فقراء المجتمع. والاغنياء عنـدما ارادهـم اللـه ان يكونـوا اغنيـاء ينبغـي علـيهم تشغيل اموالهم من اجل خدمة الجميع وتطور المجتمع[17].

ان تمسك المجتمعات الاوربية البروتستانتية بهذه المبـادىء الدينيـة ادى دوره الكبيـر في ظهـور وشيوع النظام الرأسمالي حسب آراء وتعاليم فير. فترجمة المبادىء الدينية الداعية الى الاقتصاد في النفقات والتقشف والحفاظ على رؤوس الاموال وتنميتها واستثمارها الى ممارسات سلوكية يوميـة نتجـت في تـراكم رؤوس الاموال عند الافراد واستخدامها في المشاريع الزراعية والصناعية والتجارية. مما ادى الى قيام الثروات الزراعية والصناعية في الدول التي اعتنقت المذهب البروتستانتي خصوصاً انكلترا والمانيا. وقد تمكنـت هـذه الثورات من تبديل اسس الانتاج وصيغ العمل الزراعي والصناعي وتحسـين مسـتويات المعيشـة وتـراكم رؤوس الاموال وتطوير المجتمع في شتى ميادين الحياة المادية منها والروحية. لهذا يعتقد فير بـأن الافـراد والمجتمعات التي تعتنق المبادىء البروتستانتية تتميز باليسر والرفاهية والتقدم المادي والحضاري. اذاً يؤثر الدين في العلم والاقتصاد والانتاج[18]، وهذه الحقيقة تتناقض مع ما يعتقد به ماركس والماركسيون.

ويمكن استعمال النظرية السببية التي جاء بها العالم ماكس فيبر وتطبيقها على بحث " تأثير العوامل الاجتماعية والثقافية في وفيات الاطفال الرضع "، فالنظرية السببية تعتقد بأن الحياة الاجتماعية التي نعيشها ما هي الا عبارة عن فعل ورد فعل بين عامل او عوامل اساسية وبين عامل او عوامل تابعة، فالعامل الاساس هو الذي يحدد سلوك العامل التابع لانه يؤثر فيه في مجال معين، وان العامل التابع يتأثر بالعامل الاساس، وان هناك علاقة دالّية بين العامل الاساس والعوامل التابعة. فاذا حدث اي تغيير في العامل الاساس سواء باتجاه الزيادة او القلة فان العوامل التابعة تتغير ايضاً بموجب التغيرات التي طرأت على العامل الاساس.

بيد ان العلاقة الدالّية بين العامل الاساس والعامل التابع هي علاقة قد تكون ايجابية او سلبية اعتماداً على طبيعة العاملين المتفاعلين في الوسط الاجتماعي. ولا يعني هذا كما يؤكد فيبر ان علم الاجتماع يجب ان يهمل الارتباطات السببية بين الظواهر الاجتماعية، فالاهتمام بالتفسير السببي والتعميم في رأيه من الامور المشتركة بين جميع العلوم، ويجب ان تكون احدى الاهتمامات المهمة في العلوم الاجتماعية. وبهذا يحاول فيبر الاخذ بما هو مهم في كل من الموقفين المتناقضين.

ان هذه النظرية التي جاء بها العالم ماكس فيبر يمكن تطبيقها ليس على ظاهرة او عملية اجتماعية معينة بل على جميع الظواهر والعمليات الاجتماعية التي نفكر بها ايضاً. اذاً هي نظرية شمولية يمكن تطبيقها على الحياة الاجتماعية بأكملها بما فيها من عوامل موضوعية وذاتية وعوامل اولية وعوامل ثانوية.

بعد تحليل مضمون النظرية السببية التي حدد معالمها الاساسية ماكس فيبر نستطيع تطبيق هذه النظرية على موضوع " تأثير العوامل الاجتماعية والثقافية في وفيات الاطفال الرضع خلال مدة الحصار الاقتصادي المفروض عنوةً على

العراق". ان هذا البحث يمكن فصله الى شقين او بعدين او جزئين، الشق الاول هو العوامل الاجتماعية والثقافية وتباين مستويات تأثيرها. وهذا الشق يعد العامل الاساس او المستقل في الدراسة، بينما الشق الثاني لعنوان البحث هو وفيات الاطفال الرضع خلال ظروف الحصار. والعامل الاخير هذا هو العامل التابع او المعتمد، اي يتأثر مستواه بالعامل الاساس.

ان الدراسة شخصت العوامل الاجتماعية والثقافية كعوامل اساسية ودرست التغيرات التي طرأت عليها. وهذه العوامل تنعكس في الخلفية الاجتماعية والانحدار الطبقي وحجم الاسرة والمستوى التعليمي والثقافي للاسرة والوعي الاجتماعي والوعي الصحي والمستوى المعاشي والاقتصادي للاسرة. فدراسة التغيرات التي طرأت على هذه العوامل نتيجة لظروف ومعطيات العدوان والحصار قد اثرت في العامل التابع وهو وفيات الاطفال الرضع.

## المبحث الثالث : نظرية روبرت مكايفر السببية التي تكمن في الدافع المتأتي من ترابط الموقف مع المصلحة

تعتقد نظرية روبرت مكايفر بأن الحياة الاجتماعية التي نعيش فيها ما هي الا عملية تفاعل مستمر بين المصالح والمواقف[19]. ذلك ان جميع الاشياء التي نشاهدها في بيئتنا والتي تحيط بنا من كل مكان ما هي الا مجموعة مصالح، فالاصدقاء والاعداء والحيوانات والنباتات والاشجار والجبال والليل والنهار والغيوم والبرق والمطر والكائنات الحية والميتة مع الظواهر والاحداث التي تمر بها كالتعاون والمنافسة والمركزية واللامركزية والصراع والوفاق والحرارة والبرودة والجليد او الثلج والحرب والسلم والمظاهرة والدول التي نتعامل معها كافة... الخ هي مصالح[20]. وحول هذه المصالح نعبر عن المواقف التي نحملها ازاءها، والمواقف قد تكون سلبية عدائية او ايجابية تعاونية او هامشية. فقد نحمل مواقف سلبية حول مجموعة مصالح كالافاعي والحشرات والحرارة العالية

والحرب والاعداء والنقاد والمنافسين، فنقول بأننا نكره الافاعي ونشمئز منها او نكره الاعداء ونحاول تجنبهم او تحطيم مصالحهم[21]. والتفاعل بين المصلحة والموقف كالافعى والكراهية انما يولد الدافع (Motive) عندنا الذي يجعلنا نهاجم الافعى لنقتلها او نبتعد عنها ونتجنبها تخلصاً من شرورها ومضارها[22].

وقد نحمل مواقف ايجابية حول مصالح او اشياء واحداث محيطة بنا من كل جانب كالاصدقاء والتفاح والورود والسلام والتنمية والتقدم والهدوء والطمأنينة والاستقرار والنجاح في الامتحانات والنصر ـ في الحرب... الخ. وعند تفاعل المصلحة المحببة كالتفاحة والموقف الايجابي كالحب والرغبة فان الدافع سرعان ما يظهر الى السطح. علماً بأن الدافع هو الذي يقود الى السلوك والحركة والتصرف عند الانسان. وهنا نقول باننا نحب التفاحة وهذا الحب يدفعنا الى شرائها واقتنائها وبعد ذلك أكلها واستهلاكها او خزنها لمدة طويلة والحفاظ عليها من التلف الذي قد يهدد وجودها بالنفاذ والاختفاء كلية.

ان النظرية السببية عند روبرت مكايفر تعتقد بالمسلمات التالية:

1- الحياة التي نعيش فيها مليئة بالمصالح التي تحيط بنا من كل جانب.

2- عندما تظهر المصلحة يتولد الموقف ازاءها، فلكل مصلحة موقف. وهذا الموقف قد يكون ايجابياً او سلبياً اعتماداً على طبيعة المصلحة.

3- هناك تجاذب مستمر ودائم بين المصلحة والموقف.

4- عندما يحدث التجاوب بين المصلحة والموقف يتولد الدافع الذي يعد اساساً في سلوك البشر.

5- الدافع الذي يتولد بعد التجاذب بين الموقف والمصلحة هو سبب السلوك الاجتماعي الذي ينتاب الفرد في المجتمع والحياة الاجتماعية.

**تطبيق النظرية السببية عند روبرت مكايفر على بحث العداوة والصراع بين البشر:**

العداوة بين البشر هي ظاهرة اجتماعية سلبية يمكن تحليلها الى عنصرين اساسيين هما المصلحة التي تتمثل بالاعداء والمكروهين وغير المرغوب فيهم والموقف الذي يتجسد بالكراهية والبغضاء. وغالباً ما يكون هناك تجاذب بين المصلحة والموقف، اي بين الاعداء والكراهية. وهذا التجاذب يكون الدافع عند الانسان الذي يحمله اما الى اتخاذ الاجراءات الانتقامية ضد الاعداء ومحاربتهم ومقاتلتهم او محاولة تجنبهم والنفور منهم والابتعاد عنهم كلما كان ذلك مستطاعاً. لذا فالدافع (Motive) هو الذي يولد الحركة او السلوك عند الغرب (Action) .

بيد ان الموقف الذي يكونه الفرد نحو الاعداء يعتمد على عدة اعتبارات في مقدمتها الاختلاط مع المصلحة مباشرة او بصورة غير مباشرة، او سماع الاخبار والمعلومات والقصص عن المصلحة، او حمل الخبر والتجارب المرة عن المصلحة، وبعد بلورة الموقف ينطبق على المصلحة فيتكون الدافع عند الانسان الذي يحمله على اتخاذ الاجراءات العدائية والانتقامية والسلبية ضد المصلحة. وهنا تظهر العداوة وتستمر لفترة طويلة طالما ان عناصر الموقف والمصلحة بقيت محافظة على وضعها السابق.

ويمكن تطبيق النظرية السببية عند روبرت مكايفر على موضوع الخلافات الزوجية والطلاق. فالخلافات الزوجية كظاهرة اجتماعية سلبية يمكن تحليلها الى عنصرين اساسيين هما المواقف اولاً والمصالح ثانياً. فالزوجة قد تكون هي المصلحة اما كراهيتها من قبل الزوج فهي الموقف. بمعنى آخر ان الخلافات الزوجية هي ظاهرة اجتماعية تتكون من عنصرين رئيسيين هما المصلحة التي تتجسد في الزوجة والموقف الذي يتمثل بكراهية الزوج لزوجته. وبعد التطابق بين الموقف والمصلحة يتولد الدافع عند الزوج الذي يحفزه على اثارة المشاكل

والقلاقل والاضطرابات امام زوجته، فتحدث الخلافات الزوجية بين الطرفين نتيجة المواقف السلبية التي يحملها الزوجان ازاء بعضهما البعض، مما يدفع كل طرف من اطراف العلاقة الزوجية التي تجنب الطرف الآخر او معاداته واثارة المشكلات والقلاقل له.

وهكذا نحلل الظاهرة الى عناصرها الاولية، نحللها الى موقف ومصلحة، وعند تجاذب الموقف مع المصلحة يتولد الدافع عند الفرد الذي يدفعه الى السلوك والحركة والعلاقة الاجتماعية الايجابية او العدائية.

# مصادر الفصل


(1)Weber, Max. Basic Concepts of Sociology, Greenwood Press, New York, 1989, P.3.

(2)الحسن، احسان محمد (الدكتور). علم الاجرام : دراسة تحليلية في التفسير الاجتماعي للجريمة، بغداد، مطبعة الحضارة، 2001، ص203.

(3)زايتلن، ارفنك. النظرية المعاصرة في علم الاجتماع، ترجمة محمود عودة وآخرون، منشورات ذات السلاسل، 1989، ص281.

(4)Weber, Max. Theory of Social and Economic Organization, New York, The Free Press, 1989, P.88.

(5)Ibid., P.89.

(6)Ibid., P.90.

(7)الحسن، احسان محمد (الدكتور). رواد الفكر الاجتماعي، بغداد، مطبعة دار الحكمة، 1991، ص294.

(8)المصدر السابق، ص299.

(9)Cooley, C.H. Human Nature and the Social Order, New York, Schocken, 1984, PP.36-37.

(10)Weber, Max. The Protestant Ethics and the Spirit of Capitalism, New York, 1981, See the Introduction.

(11)Marx, K. Selected Writings in Sociology and Social Philosophy, A Pelican Book, Middle sex England, 1997, P.39.

(12)Ibid., P.40.

(13)Zanden, J. Sociology, New York, John Wiley and Sons, 1989, P.464.

(14)Ibid., P.465.

(15)Weber, Mzx. Sociology of Religion, London, Methuen, 1994, P.32.

(16)Ibid., P.33.

(17)Ibid., P.35.

(18)Ibid., P.41.

(19)Maclver, R. and C. Page. Society, London, the Macmillan Press, 1993, PP.39-40.

(20)Ibid., P.40.

(21)Ibid., P.41.

(22)Ibid., P.43.

# الفصل الثاني عشر

## نظرية التبادل الاجتماعي : نشوءها ومبادؤها ورودادها وتطبيقاتها العملية

**مقدمة تمهيدية :**

تعد نظرية التبادل الاجتماعي جزءاً من النظرية التفاعلية طالما انها تنظر الى طبيعة التفاعل المتبادل بين الافراد والجماعات والمؤسسات والمجتمعات[1]. وقد كان روادها امثال كيلي وثيبوت وجورج هومنز وبيتر بلاو اعضاءاً في النظرية التفاعلية او التفاعلية الرمزية الا انهم انشقوا عن النظريتين وكونوا نظرية جديدة يطلق عليها نظرية التبادل الاجتماعي (Social Exchange Theory) . ان النظرية تؤمن بأن الحياة الاجتماعية ما هي الا عملية تفاعلية تبادلية، بمعنى ان اطراف التفاعل او طرفي التفاعل تأخذ وتعطي لبعضهما البعض[2]. فكل طرف من اطراف التفاعل لا يعطي للطرف الآخر فقط بل يأخذ منه. والاخذ والعطاء بين الطرفين المتفاعلين انما يسبب ديمومة العلاقة التفاعلية وتعميقها. بينما اذا اسند الفرد علاقته التفاعلية على مبدأ الاخذ دون العطاء او العطاء دون الاخذ فان العلاقة لابد ان تفتر وتبرد بل وتنقطع وتتلاشى عن الانظار[3].

ان هذه الدراسة تقع في اربعة محاور اساسية هي ما يلي:

المبحث الاول : تأسيس نظرية التبادل الاجتماعي ونشوءها

المبحث الثاني : المبادىء الاساسية التي ترتكز عليها نظرية التبادل الاجتماعي

المبحث الثالث : رواد التبادل الاجتماعي وأهم الافكار الجديدة التي وهبوها للنظرية والتي كان من شأنها ان تنمي النظرية وتطورها

المبحث الرابع: تطبيقات نظرية التبادل الاجتماعي على بعض الابحاث العلمية

والآن علينا دراسة هذه المباحث بشيء من التفصيل والتحليل.

## المبحث الاول : تأسيس نظرية التبادل الاجتماعي

ظهرت نظرية التبادل الاجتماعي في نهاية عقد الخمسينات من القرن العشرين عندما نشر رائدا التبادل الاجتماعي أج . كيلي و جي. ثيبوت كتابهما الموسوم " علم النفس الاجتماعي للجماعات " عام 1959[4]، وعندما نشر العالم جورج هومنز كتابه الموسوم "السلوك الاجتماعي: واشكاله الاولية " عام 1959[5]. وفي هذين الكتابين وضع رواد نظرية التبادل الاجتماعي المبادىء الاساسية للتبادل والمنطلقات الفكرية التي تنطلق منها النظرية. والنظرية هذه كانت رد فعل للنظريات البنيوية والوظيفية والبنيوية الوظيفية، ذلك انها اي النظرية لا تنطبق في تفسيراتها للظواهر الاجتماعية من مسلمات بنيوية وعوامل وظيفية تتعلق بأجزاء البناء الاجتماعي ووظائفها، بل تنطلق في تفسيراتها من منطلقات تفاعلية تعتمد على التبادل في الاخذ والعطاء، اي طرف يأخذ وطرف آخر يعطي[6].

ونظرية التبادل الاجتماعي كغيرها من النظريات الاجتماعية يمكن استعمالها في تفسير وتحليل جميع الظواهر والعمليات الاجتماعية التي تفكر بها. بمعنى آخر انها نظرية ليست محدودة بل هي نظرية عامة وواسعة يمكن ان تفسر جميع زوايا ومظاهر وعمليات النظام الاجتماعي والحياة الاجتماعية. زد على ذلك ان النظرية لا تفسر الجوانب السكونية للمجتمع والحياة الاجتماعية فقط بل تفسر ايضاً الجوانب الداينميكية والتحولية ايضاً[7]. ان المتمرس في دراسة النظرية التبادلية يمكن ان يطبق النظرية على الكثير من الموضوعات ذات المضمون السكوني او الاستاتيكي وذات المضمون التحولي والداينميكي.

وهناك من يتهم النظرية على انها نظرية اقتصادية ومادية بحتة لانها تتعلق بالمنفعة والكسب والحصول على اكبر كمية من الربح المادي من قبل الشخص او

الاشخاص الذين قاموا بعملية التبادل التفاعلي كالعلاقة بين الموظف ودائرته والعلاقة بين الطالب وكليته والعلاقة بين الزوج وزوجته. ان مثل هذا الاتهام للنظرية التبادلية هو اتهام غير مبرر وبعيد كل البعد عن الواقع والحقيقة. والشخص الذي يدعي بأن نظرية التبادل الاجتماعي هي نظرية مادية صرفة غير قادرة على تفسير السلوك والعلاقات تفسيراً انسانياً واجتماعياً فان ادعاءه هذا يدل على انه لا يفهم النظرية ولا يعرف مبادءها ومنطلقاتها النظرية. ذلك ان النظرية قادرة على تفسير الجوانب المادية للعلاقات التبادلية بين الافراد والجماعات والمؤسسات والمجتمعات وتفسير الجوانب الاعتبارية والقيمية والانسانية والاخلاقية للعلاقة التبادلية بين هؤلاء[8].

فمثلاً العلاقة بين الجندي وجيشه لا تقوم على اعتبارات مادية فقط بل تقوم ايضاً على اعتبارات اخلاقية ومعنوية وقيمية. فالجندي لا يخدم في الجيش ويقاتل من اجل المادة، اي الحصول على راتب او دخل بل يقاتل من اجل الحق ضد الباطل ومن اجل حماية الشرف والمقدسات ومن اجل الحفاظ على ارض        الآباء والأجداد وحمايتها من ان تدنس من قبل التوسعيين والماديين والجشعين. وهكذا نلاحظ بأن علاقة الجندي بجيشه لا تقوم على اعتبارات مادية بل تقوم ايضاً على اعتبارات ناجمة عن القيم الانسانية والمثل الاخلاقية والتوجهات الروحية والمثالية.

ان القوة التي تنطلق منها نظرية التبادل الاجتماعي انما تتجسد بضرورة تحقيق الموازنة بين ما يعطيه الفرد للمجتمع وما يعطيه المجتمع للفرد. علماً بأن الموازنة بين الاخذ والعطاء تقود الى العدالة التوزيعية والعدالة التصحيحية. واستتباب العدالة وانتشارها انما يقودان الى تعميق العلاقات الاجتماعية بين البشر واستمرارها وعدم تعكير نماذجها وصيغها[9].

ومما يجذر النظرية ويعزز قوتها ويرفع شأنها بين النظريات الاجتماعية الاخرى ان مادتها او اطرافها ليس هم الافراد فحسب بل الجماعات والمؤسسات والمجتمعات المحلية والمجتمعات الكبيرة ايضاً. فالنظرية لها القدرة على تفسير العلاقات التفاعلية التبادلية بين البشر- وبين الجماعات وبين المجتمعات المحلية او الكبرى [10].

## المبحث الثاني: اهم المبادىء التي تستند عليها نظرية التبادل الاجتماعي:

تكمن المبادىء الاساسية التي تستند عليها نظرية التبادل الاجتماعي في الاضافات الخاصة التي قدمها جميع علمائها بدءاً بثبوت وكيلي ومروراً بجورج هومنز وانتهاءً ببيتر بلاو. علماً بأن المبادىء الاساسية التي تستند عليها نظرية التبادل الاجتماعي هي عشرة مبادىء وكما يلي:

1- الحياة الاجتماعية التي نعيشها هي عملية اخذ وعطاء اي تبادل بين شخصين او فئتين او جماعتين او مجتمعين [10].

2- العطاء الذي يقدمه الفرد او الجماعة للفرد الآخر او الجماعة الاخرى هو الواجبات الملقاة على عاتقه، بينما الاخذ الذي يحصل عليه الفرد من الفرد الآخر هو الحقوق التي يتمتع بها بعد ادائه للواجبات [11].

3- تتعمق العلاقات وتستمر وتزدهر اذا كان هناك ثمة موازنة بين الاخذ والعطاء اي بين الحقوق والواجبات المناطة بالفرد او الجماعة [12].

4- تتوتر العلاقات او تنقطع او تتحول الى علاقات هامشية في احسن الاحوال اذا اختل مبدأ التوازن بين الاخذ والعطاء بين الشخصين المتفاعلين [13].

5- يمكن تسجيل واجبات الفرد وحقوقه على قائمة ويمكن تحويل الواجبات والحقوق الى بيانات كمية بطريقة لا لبس فيها الموازنة او عدم الموازنة بين الواجبات والحقوق.

6- اذا تكررت الحقوق او الامتيازات التي يستلمها الفرد فانها تصبح اقل اهمية بالنسبة له.

7- الموازنة بين الواجبات والحقوق لا تتحدد بالمجالات المادية بل تتحدد ايضاً بالمجالات القيمية والمعنوية والروحية والاعتبارية[14]. لذا لا يمكن اعتبار نظرية التبادل الاجتماعي نظرية مادية نفعية بحتة كما يتصور البعض، بل يمكن اعتبارها نظرية قيمية واخلاقية ومعنوية وروحية.

8- لا تنطبق قوانين التبادل الاجتماعي على التفاعل الذي يحدث بين الافراد بل تنطبق ايضاً على التفاعل الذي يحدث بين الجماعات والمؤسسات والمجتمعات المحلية والمجتمعات الكبيرة.

9- ان نظرية التبادل الاجتماعي ليست هي قوانين شمولية كونية تعتمد على المصلحة المتبادلة بين الافراد وانما هي تعاليم مبدئية وانسانية تستطيع ان تفسر الظواهر المعقدة للعلاقات الاجتماعية والسلوك الاجتماعي الذي يقوم به الافراد والجماعات في المجتمع.

10- تعتقد نظرية التبادل الاجتماعي ان اختلال التوازن بين التكاليف والارباح بين الاشخاص او الجماعات لا يسبب قطع العلاقة بل تقوية العلاقة وديمومتها، اذ ان الطرف الذي يعطي اكثر مما يأخذ من الطرف الآخر، يجعل الطرف الاخير يشعر انه تحت مسؤولية تقديم التنازلات او المكافآت او الواجبات تجاه الطرف الآخر، وعندما يقوم الطرف الثاني بتقديم التنازلات للطرف الاول، فهذا يسبب تقوية العلاقات بين الطرفين كما يرى بيتر بلاو زعيم او رائد النظرية التبادلية الاجتماعية[15].

**المبحث الثالث: الاضافات الفكرية والعلمية التي قدمها رواد نظرية التبادل الاجتماعي:**

تقسم الاضافات التي قدمها رواد نظرية التبادل الاجتماعية الى ثلاثة اقسام وهي:

**أ. الاضافات الفكرية والعلمية التي قدمها ثيبوت وكيلي :**

حلل ثيبوت وكيلي في كتابهما "علم النفس الاجتماعي للجماعات " مبادىء التبادل الاجتماعي اذ اشارا بأن مفاهيم التبادل الاجتماعي تستطيع تفسير جميع انماط العلاقات الاجتماعية والسلوك الاجتماعي عند الافراد والجماعات. فالعلاقات تعتمد على نسب التكاليف والارباح التي تنطوي عليها علاقات الافراد الاجتماعية اذ ان لكل علاقة اجتماعية تكاليف وارباح[16]. ويضيف العالمان بأن للعلاقة الاجتماعية التي يقوم بها الفرد تكاليف وارباح، ونسب التكاليف والارباح يجب ان تكون متساوية. علماً بأن مجموع التكاليف والارباح يمكن تحويلها الى ارقام احصائية. ان العلاقة بين الافراد والجماعات يمكن ان تقوى وتستمر اذا تساوت كفة التكاليف مع كفة الارباح[17]. اما اذا اختل التوازن بين كفة التكاليف وكفة الارباح فان العلاقة تضعف ثم تنقطع وتزول كليةً[18].

وينطبق الموضوع نفسه على التفاعل بين الجماعات والمجتمعات اذ ان هذه تتفاعل مع بعضها البعض وان استمرارها او قطعها انما يعتمد على توازن او عدم توازن التكاليف والارباح التي تتمخض عنها عملية التفاعل بين جماعتين او مجتمعين او اكثر. كما ان مفاهيم التبادل الاجتماعي التي جاء بها كل من ثيبوت وكيلي انما تعتمد على التوازن الكمي والنوعي بين الواجبات والحقوق. فاذا كانت واجبات الفرد كثيرة وخطيرة ويحتاج أداءها الى خبرة واسعة ودراية عميقة ودراسة طويلة فان حقوقه المادية والاعتبارية يجب ان تكون كثيرة. اما اذا

كانت واجبات الفرد قليلة ومحدودة وروتينية رتيبة ولا تحتاج الى مهارة وخبرة نادرة ودراسة علمية او تطبيقية طويلة ومكلفة فان حقوق ذلك الفرد المادية والمعنوية لابد ان تكون قليلة او محدودة[19]. علماً بانه عندما تكون الحقوق كثيرة فان العلاقة تستمر وتقوى وتتعمق، بينما اذا كانت الحقوق قليلة ولا تنطبق مع الواجبات التي قام بها الفرد فان العلاقة تفتر وتضعف وربما تنقطع كليةً.

**ب. الاضافات التي قدمها جورج هومنز لنظرية التبادل الاجتماعي:**

يؤيد هذا العالم الآراء التي جاء بها كل من ثيبوت وكيلي الا انه يضيف اليها معلومات جديدة يمكن تلخيصها في اربع نقاط اساسية، وقد وردت هذه الاضافات في الكتاب الذي نشره هومنز عام 1959 والذي يأخذ عنوان السلوك الاجتماعي: واشكاله الاولية. والاضافات التي وهبها هومنز لنظرية التبادل الاجتماعي تقع في النقاط الآتية:

1- اذا تكررت التفاعلات والاتصالات والعلاقات بين افراد الجماعة الواحدة فان هذا لابد ان يؤكد على عواطف الحب والتعاون والتكاتف، ومثل هذه العواطف تقود الى زيادة كمية التفاعلات بين اعضاء الجماعة[20].

2- اذا كان النشاط او الفعالية التي يقوم بها الفرد في الجماعة مصحوبة بمكافئة مادية او معنوية فان الفرد صاحب الفعالية او النشاط سيكرر هذه الفعالية رغبة في الحصول على المزيد من المكافآت المادية والمعنوية[21].

3- ان منح المكافآت للافراد الذين يكونون العلاقات الاجتماعية او الذين يقومون بأداء النشاط الاجتماعي لابد ان يقوي هذه العلاقات، وتقوية العلاقات تؤدي الى خدمة اغراض المؤسسة او المجتمع. وهنا يعني هومنز ان هذه المكافآت يجب

ان لا تُعطى من جهة واحدة لان الجهة التي تستلم المكافآت يجب ان تردها للجهة الثانية.

4- يعتمد هومنز على مبدأ جديد هو مبدأ " العدالة التوزيعية " اذ ان تكاليف العلاقة الاجتماعية يجب ان تكون مساوية لآرباح او مردودات العلاقة لكلا الجانبين. واذا اختل التوازن بين التكاليف والارباح فان هذا سيقود الى الظلم والتعسف الاجتماعي في العلاقات الاجتماعية[22]. كما ان العدالة التوزيعية يجب ان تستخدم في حالة الخصومات والنزاعات بين الافراد والدول، اي ان التهديد او الوعيد الذي يقوم به جانب يجب ان يتقابل مع التهديد او الوعيد للجانب الآخر. فاذا لم يستخدم الجانب الاول العنف والقوة ضد الجانب الثاني فان هذا لابد ان يقود الى هدر حقوق الجانب الاول. وهذا لا يتفق مع مبدأ " العدالة التوزيعية " ومبدأ كرامة الانسان والجماعة. بمعنى آخر ان السلام يقابل السلام والتهديد والوعيد يقابل بمثله من لدن الاشخاص المتفاعلين[23].

**ج. الاضافات التي قدمها العالم بيتر بلاو لتطور نظرية التبادل الاجتماعي:**

يتفق بيتر بلاو في كتابه " التبادل والقوة في الحياة الاجتماعية " مع طروحات ثيبوت وكيلي حول اسس العلاقات الاجتماعية والسلوك الاجتماعي. كذلك يتفق بلاو مع معظم افكار جورج هومنز. الا انه يختلف مع ثيبوت وكيلي في نقطة اساسية وهي ان الاختلال في التوازن بين الارباح والتكاليف يسبب قطع العلاقات بين الافراد. في حين يرى بلاو بأن اختلال التوازن بين النفقات والارباح بين الافراد والجماعات لا يسبب قطع العلاقات بل يقود الى تقويتها وديمومتها بين اطرافها[24]. فالطرف الذي يعطي اكثر مما يأخذ من الطرف الآخر يجعل الطرف الاخير يشعر بانه تحت مسؤولية تقديم التنازلات او المكافآت الى الطرف الآخر. وعندما يقوم الطرف الثاني بتقديم التنازلات

للطرف الاول فان هذا يسبب تقوية العلاقات بين الطرفين المتفاعلين كما يرى  بيتر بلاو[25].

ويختلف بلاو مع ثيبوت وكيلي في العلاقة الاخرى وهي غائية العلاقات الاجتماعية اذ ان ثيبوت يعتقد بأن غائية العلاقات الاجتماعية ترجع الى المصلحة الآنية طالما ان للانسان حاجات ومصالح. لكن بلاو لا يتفق مع هذا الرأي حيث يقول ان العلاقات والسلوك الاجتماعي لا يمكن ان يختـزل بالمصلحة المادية الآنية او المباشرة التي تكلم عنها ثيبوت. ذلك ان مرجع العلاقات الاجتماعية كما يرى بلاو يعود الى عاملين اساسيين: العامل الاول هو العامل الجوهري او المبدئي او القيمي او الاخلاقي عنـد الانسـان، ويعني بـذلك الغائية الاخلاقية  والقيمية للسلوك والعلاقات الانسانية[26]. بمعنى آخر ان الانسـان يقـوم  ببعض الافعال والاعمال بناء على قيمه ومبادئه الانسانية، وبناء عـلى تعـاليم وعـادات وتقاليـد المجتمـع التـي لا تخضـع للاعتبارات المادية والمصلحية والنفعية. والمثال على ذلك واجبات رب الاسرة تجـاه اسرتـه وواجبـات رئيس الدولة تجاه الشعب... الخ[27].

اما العامل الثاني فيتعلـق بـالقيم الخارجيـة والمادية والمصـلحية للتبـادل (Extrinsic Values of Exchange). ويعني بلاو بهـذه القيم المصـالح والمكافآت المادية والمعنويـة التـي يحصل عليهـا الفاعـل الاجتماعي من  قبل الشخص الآخر الذي يكوّن معه العلاقة الاجتماعية[28]. ذلك ان السلوك  والعلاقـة هنـا تكونان معتمدتان على المصالح والنفقات التي تكلف كل طرف من اطراف العلاقة.

ان نظرية التبادل الاجتماعي حسب رأي بلاو ليست هي قوانين شـمولية كونيـة تعتمـد عـلى المصـلحة المتبادلة للاشخاص الذين يكونون العلاقة الاجتماعية وانما هي تعاليم مبدئية وانسانية تستطيع ان تفسر ـ الظواهر

المعقدة للعلاقات الاجتماعية والسلوك الاجتماعي الذي يقوم به الافراد والجماعات في المجتمع المعاصر.

واخيراً يمكن تطبيق مفاهيم التبادل الاجتماعي كما يخبرنا بيتر بلاو على انواع العلاقات الاجتماعية والظواهر الاخرى لانها اي النظرية تستطيع تفسيرها عن طريق تحليلها الى العناصر الاولية التي تتكون منها.

## المبحث الرابع: تطبيق التبادل الاجتماعي على الابحاث والدراسات العلمية

لا يمكن الاستفادة من نظرية التبادل الاجتماعي والاضافات التي وهبها روادها الاوائل لها دون تطبيقها على حيز الواقع وفهم الواقع من خلالها.

يمكن تطبيق نظرية التبادل الاجتماعي على ثلاثة ابحاث مهمة هي ما يلي:

أ - العلاقات الداخلية في الاسرة العراقية

ب - الجريمة والسلوك الاجرامي

حـ- العلاقة بين الشباب والمجتمع

والآن علينا دراسة هذه الموضوعات التطبيقية.

### أ - العلاقات الداخلية في الاسرة العراقية :

علينا اولاً تحليل عناصر العلاقات الداخلية وهي عبارة عن العلاقة بين الزوج والزوجة وبين الزوجين او الوالدين والابناء. ان نظرية التبادل الاجتماعي تنظر الى مثل هذه العلاقة بمنظار التوازن او عدم التوازن بين تكاليف ومردودات العلاقة المادية وغير المادية بين اطرافها. فاذا كانت مردودات وتكاليف العلاقة بين الزوج والزوجة متساوية او متكافئة فان العلاقة بينهما تقوى

وتتعمق وتستمر. بينما اذا كانت كفة التكاليف اكبر او اثقل من كفة الارباح فان العلاقة تنقطع او تتعكر. من النظر الى العلاقة بين الزوج والزوجة قد يكون هناك طرف يأخذ وطرف آخر يعطي، فاذا كان الزوج يأخذ من العلاقة مع زوجته اكثر مما تعطي هي فان العلاقة بين الاثنين سوف تتعكر وتضعف او تنقطع كلية.

اما العلاقة بين الابوين والابناء وفقاً لنظرية التبادل الاجتماعي فانها تعتمد على التفاعل والاخذ والعطاء بين الطرفين. فاذا كان عطاء الاب لابنائه اكثر من عطاء الابناء للاب فان العلاقة سوف تتوتر وتضعف ثم تنقطع، اي لا تستمر طويلاً. اما اذا كان الاخذ والعطاء بين الاب والابناء متساوٍ فان العلاقة تستمر وتزدهر بين الطرفين المتساعدين.

ومن جهة ثانية اذا كان الابناء يعطون لابيهم اكثر مما يأخذون منه فان العلاقة بين الطرفين سوف تضعف ثم تندثر لأن طرفاً قد اخذ اكثر مما اعطى للطرف الآخر، بينما لو تساوى الطرفان في الاخذ والعطاء فان العلاقة بينهما تستمر وتزدهر وهكذا.

## ب - الجريمة والسلوك الاجرامي :

يمكن تفسير الجريمة والسلوك الاجرامي بواسطة نظرية التبادل الاجتماعي التي تفسر ـ الجريمة على انها فعل ورد فعل بين الفرد قبل ارتكابه للجريمة وبيئته الاجتماعية. فالبيئة التي عاش فيها المجرم قبل ارتكابه للجريمة لم تعط الفرد المنبهات الايجابية الاقتصادية منها والاجتماعية والتربوية، اي كانت مقصرة بحقه ولم تعطه التنشئة الايجابية التي يحتاجها او يستحقها، تلك التنشئة التي تضمن سلامة سلوكه وعلاقاته الاجتماعية مع الآخرين. ولما كانت تنشئة الفرد هشة وظروفه المجتمعية والاقتصادية والتربوية والسياسية والدينية صعبة ومعقدة وشائكة فان سلوكه الاجرامي هو تجسيد حي لمعطيات بيئته وطبيعة شخصيته الاجتماعية. لذا فالجريمة التي يرتكبها الفرد كما ترى

نظرية التبادل الاجتماعي هي وظيفة الظروف الصعبة التي عاشها ويعيشها المجرم. بينما لو كانت ظروف الفرد الموضوعية والذاتية ايجابية وجيدة كتنشئته الاجتماعية وحالته الاقتصادية وظروفه الاجتماعية واوضاعه الصحية والنفسية فانه لا يمكن ان يكون مجرماً بأي شكل من الاشكال لأن الظروف الايجابية التي يعيشها تقيه وتحافظ عليه من شرور الجريمة والانحراف.

لذا فالفعل الاجرامي الذي يرتكبه الفرد يمكن تفسيره بحالة الموازنة بين ظروف الفرد ومعطياته البيئية والسلوك الجانح الذي يقوم به والذي من خلاله يجلب الضرر والاذى للآخرين. ان هناك علاقة طردية او ايجابية بين معطيات الفرد وخواصه النفسية ونوعية السلوك الذي يجسده في حياته اليومية والتفصيلية. فكلما كانت ظروف الفرد الذاتية والموضوعية جيدة كلما كان بمنأى عن الجريمة والجنوح اذ ان الظروف الجيدة التي يعيشها الفرد هي بمثابة التكاليف  التي يتحمل وزرها المجتمع، بينما الارباح التي يجنيها الفرد هي حسن سلوكه والحفاظ عليه من اخطار الجريمة والانحراف. اما اذا كانت ظروف الفرد ومعطياته النفسية سلبية ومتناقضة فانه لابد ان يكون سلوكه جانحاً. ذلك ان الظروف السلبية التي يعيشها الفرد هي تكاليف السلوك التي هي قليلة جداً، اما السلوك اي سلوك الفرد فيكون جانحاً اي الخسائر التي يتكبدها الفرد نتيجة تلكؤ وسلبية سلوكه.

جـ - العلاقة بين الشباب والمجتمع:

تستطيع نظرية التبادل الاجتماعي تفسير العلاقة الاجتماعية بين الشباب والمجتمع. فالعلاقة بين الطرفين تكون قوية ومتماسكة اذا توازنت كفة ما يقدمه المجتمع للشباب مع ما يقدمه الشباب للمجتمع، فتوازن الاخذ والعطاء بين الشباب والمجتمع اي ان المجتمع يقدم للشباب ويأخذ منه، وان الشباب يأخذ  من المجتمع ويقدم له لابد ان يسبب استمرارية العلاقة وتعميقها

بين الشباب والمجتمع. اما اذا اختل التوازن بين الاخذ والعطاء فيما يتعلق بالصلة بين الشباب والمجتمع ككون الشباب يعطي اقل للمجتمع مما يأخذ والمجتمع يعطي للشباب اكثر مما يأخذ منهم فان العلاقة بين الطرفين لابد ان يصيبها الاعياء والضعف مما ينتج في قطعها وعدم استمراريتها او في تأزمها وضعف جوانبها.

فالمجتمع قد يقدم للشباب العديد من الخدمات والامتيازات والارباح المادية والاعتبارية كمنحهم الثقافة والتربية والتعليم ومنحهم العمل والتدرج الوظيفي والرواتب والمخصصات وتقديم الرعاية الطبية والخدمات الصحية لهم والحفاظ عليهم من الاخطار والتحديات الخارجية التي قد تداهمهم كالعولمة والغزو الثقافي الاجنبي مثلاً. فضلاً عن منحهم الخدمات الترويحية التي يحتاجونها وقت فراغهم. كذلك تسعى الدولة الى زرع القيم الايجابية والخيرة عند الشباب، القيم التي تنمي سلوكهم وعلاقاتهم وتجعلهم اكثر تكيفاً للمجتمع الذي يعيشون فيه ويتفاعلون معه. هذه هي الخدمات التي يقدمها المجتمع للشباب، ولكن عند تعرض المجتمع والدولة للأخطار والتحديات الخارجية مثلاً فينبغي على الشباب الوقوف الى جانبهما وحمايتهما من هذه الاخطار. فاذا هب الشباب للدفاع عن المجتمع وحماية الدولة ومواجهة الخطر او الاخطار التي تتعرض لها فان العلاقة بين الجانبين الشباب والمجتمع ستقوى وتزدهر وتتطور. بينما اذا وقف الشباب مكتوفي الايدي ازاء الاخطار التي تتعرض لها الدولة والمجتمع ولم يحركوا ساكناً في حماية الدولة والدفاع عنها، فان العلاقة بين الطرفين ستضعف وتتصدع لأن الشباب لم يردوا الدين الذي هو في اعناقهم ويدافعوا عن الدولة ساعة الشدة والضيق لاسيما وان الدولة قد قدمت لهم شتى انواع المساعدات والاعانات وامدتهم بالمقومات المادية وغير المادية التي جعلتهم يكونون في حالة قوة واقتدار.

ولكن عندما يهب الشباب في دعم الدولة والوقوف الى جانب الدولة والمجتمع في ساعة الخطر والشدة، فان العلاقة بين الطرفين ستقوى وتتعزز مما

يشجع الدولة مرة اخرى على تقديم المزيد من الدعم والمساعدة للشباب على اختلاف فئاتهم العمرية وشرائحهم الاجتماعية.

وهكذا يمكن تطبيق نظرية التبادل الاجتماعي على شتى الموضوعات التي تدور حول العلاقة التفاعلية بين شخصين او مؤسستين او جماعتين او مجتمعين. ذلك ان العلاقة تستمر وتزدهر وتتعمق اذا تعادلت كفتي التكاليف والارباح، بينما تتصدع هذه العلاقة وتنهار عندما يستغل طرف للطرف الآخر ويأخذ منه    اكثر مما يعطيه.

# مصادر الفصل

(1)Coser, Lewis A. Masters of Sociological Thought, New York, Harcourt Brace Publishers, 1983, P.574.

(2)Ibid., P.573.

(3)Ibid., PP.572-573.

(4)Thibaut, J. and H. Kelley. The Social Psychology of groups, New York, Wiely and Sons, 1989.

(5)Homans, George. Social Behavior : Its Elementary Forms, Routledge and Kegan Paul, London, 1981.

(6)يتماشيف، نيقولا. نظرية علم الاجتماع، القاهرة، دار المعارف، 1983، ص382.

(7)Zeitlin, Irving. Rethinking Sociology, New Jersey, Prentice-Hall, Englewood Cliffs, 1984, PP.92-94.

(8)Blau, P.M. Exchange and Power in Social Life, Wiley and Sons, New York, 1984, P.290.

(9)Thibaut, J. and H. Kelley. The Social Psychology of Groups, P.49.

(10)Homans, G. Social Behavior : Its Elementary Forms, P.317.

(11)Thibaut, J. and H. Kelley. The Social Psychology of groups, P.21.

(12)Ibid., P.57.

(13)Ibid., P.59.

(14)Blau, P.M. Exchange and Power in Social Life, P.292.

(15)Ibid., P.286.

(16)Thibaut, J. and H. Kelley. The Social Psychology of groups, P.15.

(17)Ibid., P.16.

(18)Ibid., P.40.

(19)Ibid., P.43.

(20)Homans, G. Social Behavior : Its Elementary Forms, P.112.

(21)Ibid., P.30.

(22)Ibid., P.75.

(23)Ibid., P.77.

(24)Blau, P. Exchange and Power in Social Life, P.296.

(25)Ibid., P.28.

(26)Ibid., P.31.

(27)Ibid., P.39.

(28)Ibid., P.40.

# الفصل الثالث عشر

# النظرية الشكلية

**مقدمة تمهيدية**

تعد النظرية الشكلية من اهم النظريات الاجتماعية التي ارتبط وجودها بعلم الاجتماع عند جورج زيمل. ذلك ان جورج زيمل هو المؤسس الاول للنظرية الاجتماعية الشكلية. فالنظرية الاجتماعية الشكلية تعتمد على علم الاجتماع الشكلي الذي اوجده جورج زيمل (1858-1918) في بداية القرن العشرين[1]. فعلم الاجتماع عند جورج زيمل هو العلم الذي يدرس شكل ومضمون العلاقات الاجتماعية اذ ان العلاقات الاجتماعية تكون على اشكال مختلفة كالعلاقات التعاونية والعلاقات التنافسية والعلاقات الصراعية والعلاقات الوفاقية والعلاقات المركزية والعلاقات غير المركزية، اما مضمون العلاقات الاجتماعية فهي المصالح والاغراض[2]. كما ان علم الاجتماع يدرس العلاقة بين الذرات الاجتماعية، اي الافراد، ويدرس العلاقة بين الجماعات الاجتماعية والمجتمع. ذلك ان الافراد هم الوحدات الاساسية لبناء الجماعة، والجماعات هي الوحدات الاساسية لبناء المجتمع. وان هناك علاقة جدلية تكاملية بين الفرد والجماعة من جهة والجماعة والمجتمع من جهة اخرى[3].

لذا يعتقد زيمل بأن علم اجتماع الشكلي الذي هو العلم الذي يدرس اشكال ومضامين العلاقات الاجتماعية في جميع مؤسسات المجتمع هو مصدر النظرية الشكلية الاجتماعية. ان زيمل يرفض التفسيرات البايولوجية او العضوية لدراسة المجتمع، تلك التفسيرات التي جاء بها كونت في فرنسا وسبنسر في انكترا وشافيل

في المانيا، ويرفض كذلك التفسيرات المثالية للتطور التاريخي للمجتمع كالتفسيرات التاريخية التي جاء بها المنظرون الاجتماعيون الالمان امثال هيجل وماركس وفريناند تونيز[4]، ويتبنى التفسيرات الشكلية التي تنظر الى شكل العلاقة الاجتماعية والظروف الموضوعية المؤدية الى ظهورها كالعلاقة الرئاسية والمرؤسية والعلاقة الموضوعية والذاتية والعلاقة المركزية واللامركزية[5].

ان النظرية الشكلية تتطرق الى عدة موضوعات هي ظهور النظرية الشكلية، واهم المؤلفات المنشورة حولها، واهم مبادؤها، مع دراسة النظرية الشكلية وصور العلاقات الاجتماعية ومحتواها. اضافة الى فحص اهمية النظرية الشكلية في دراسة النماذج الاجتماعية، واخيراً بحث موضوع النظرية الشكلية والدايلكتيكية. والآن علينا دراسة هذه الموضوعات بشيء من التفصيل والتحليل.


## المبحث الاول : ظهور النظرية الشكلية:

ظهرت النظرية الشكلية لاول مرة على يد عالم الاجتماع الالماني جورج زيمل في مطلع القرن العشرين. وكان ظهورها مقترناً بتحديد أهم الوظائف المحددة التي ينبغي ان يقوم بها علم الاجتماع[6]. فعلم الاجتماع ليس هو موضوعاً يريد التدخل والسيطرة على المواد العلمية الاساسية التي تدرسها السياسة او الاقتصاد او الانثروبولوجيا او الاسرة والقرابة او التربية والتعليم او الدين او العلوم العسكرية وغيرها، ولا هو علم يدرس عناصر ومركبات الحضارة كالقيم والعادات والتقاليد والاخلاق والمقاييس والفلسفة والعلم والفنون الجميلة والعبادات ونظم الزواج والحرب... الخ، بل هو علم يدرس شبكة العلاقات الاجتماعية والنسيج الاجتماعي للمجتمع كما يتجسد في اشكال او صور العلاقات الاجتماعية ومضمونها[7]. علماً بأن صور ومضامين العلاقات الاجتماعية تكون موجودة في

جميع مؤسسات ونظم المجتمع وموجودة ايضاً في عناصر الحضارة وتراكيبها[8]. وهذا هو موضوع اهتمام علم الاجتماع ولا شيء غيره كما يخبرنا جورج زيمل.

ان اشكال العلاقات الاجتماعية ومضامينها تكون موجودة في المؤسسات الاسرية والاقتصادية والعسكرية والدينية والتربوية والسياسية، وموجودة ايضاً في عناصر وتراكيب الحضارة كالاخلاق والقيم والفنون والفلسفة والتكنولوجيا والحرب... الخ. ووظيفة عالم الاجتماع هي دراستها دراسة اجتماعية من ناحية اشكالها المختلفة ومضامينها التي تنطوي على المصالح والاغراض والحاجات والدوافع.

اذاً ظهور النظرية الشكلية كان مربوطاً كما اشار جورج زيمل بالمهام التي يمكن ان يؤديها علم الاجتماع. وهذه المهام هي دراسة اشكال العلاقات الاجتماعية ومضامينها. علماً بأن اشكال ومضامين العلاقات الاجتماعية توجد في جميع مؤسسات المجتمع ومركبات الحضارة المادية وغير المادية. وعندما تكون مهام علم الاجتماع محددة بهذه الواجبات فقد اطلق عليه جورج زيمل وعلماء الاجتماع الذين عاصروه بعلم الاجتماع الشكلي (Formal Sociology) .

## المبحث الثاني : اهم المؤلفات المنشورة عن النظرية الشكلية :

هناك العديد من الكتب والمصادر المنشورة عن النظرية الشكلية في علم الاجتماع اهمها تلك التي نشرها جورج زيمل نفسه والاخرى نشرها آخرون عن جورج زيمل ونظرية الشكلية. ولعل من اهم هذه المؤلفات ما يلي:

1- علم الاجتماع تأليف جورج زيمل.

2- علم الاجتماع عند جورج زيمل تحرير وترجمة كيرت اج وولف.

3- الصراع ونسيج انتماءات الجماعة تأليف جورج زيمل وترجمة كيرت اج وولف.

4- فلسفة الحضارة تأليف جورج زيمل.

5- الغريب تأليف جورج زيمل.

6- الفقير تأليف جورج زيمل.

7- علم الاجتماع الشكلي تأليف اف . اج. تنبريك.

8- اساطين الفكر الاجتماعي تأليف لويس كوسر.

9- رواد الفكر الاجتماعي تأليف الدكتور احسان محمد الحسن.

10- رواد علم الاجتماع تأليف الدكتور احسان محمد الحسن.


## المبحث الثالث : اهم مباديء النظرية الشكلية:

تعتقد النظرية الشكلية  التي جاء بها جورج زيمل بالمبادىء الآتية:

1- الحياة الاجتماعية التي نعيش فيها لا يمكن تفسيرها تفسيـراً بايولوجيا عضوياً كما فعل كونـت في فرنسا وسبنسر في انكلتـرا، ولا يمكن تفسيرها بقوالب تاريخية مثالية كما فعل هيجل وماركس وفيرناند تـونيز، بـل يمكن تفسيـرها بشبكة معقـدة مـن العلاقـات الاجتماعيـة الموجـودة في جميـع مؤسسات ونظم المجتمع.

2- الحياة الاجتماعية التي نعيش فيها ما هي الا مجموعة من اشكال العلاقات الاجتماعية التي تكون بشكل ثنائيات متضادة كالعلاقات الرئاسية والمرؤوسية والعلاقات المركزية واللامركزية...الخ[9].

3- نسيج العلاقات الاجتماعية في المجتمع يكون على اشكال ثنائيات ست تتسم بالتناقض والتعاكس. وهذه الثنائيات المتعاكسة الست هي:

أ-الرئاسية والمرؤوسية.

ب-المركزية واللامركزية.

جـ-الخصوصية والعمومية.

د-التعاونية والتنافسية.

هـ-الصراعية والتوافقية.

هـ-الموضوعية والذاتية.

4- العلاقات الاجتماعية التي تكون على شكل ثنائيات لها اشكال مختلفة كالخصوصية والعمومية والصراعية والتوافقية والموضوعية والذاتية ولها مضمون يتجسد في المصالح والغايات والاهداف والرغبات.

5- لا تدرس النظرية الشكلية مؤسسات المجتمع دراسة تفصيلية كالمؤسسات الدينية والاقتصادية والسياسية والاسرية والعسكرية والتربوية...الخ بل تدرس اشكال ومضامين العلاقات الاجتماعية التي توجد في جميع هذه المؤسسات وتعبر عن نفسها بصورة متشابهة[10].

6- تعتقد النظرية الشكلية بدايلكتيكية العلاقة بين الفرد والمجتمع وبين الجماعة والمجتمع وبين ثنائيات العلاقات الشكلية كثنائية العلاقة بين التعاونية والتنافسية وثنائية العلاقـة بـين التوافقيـة والصراعيـة وثنائية العلاقة بين المركزية واللامركزية[11].

7- شكلية ومضمون العلاقات الاجتماعية لا تدخل في مؤسسات البناء الاجتماعي فحسب بل تدخل ايضاً في العناصر التركيبية للحضارة المادية وغير المادية[12].

8- النماذج الشكلية للعلاقات الاجتماعية التي اوجدها زيمل تسير جنباً الى جنب مع النماذج الاجتماعية التي اوجدها كنموذج الغريب ونموذج الفقير ونموذج المعزول والمنطوي على نفسه ونمـوذج البخيل ونمـوذج الكريم ونمـوذج الكسـلان ونمـوذج الشجاع ونمـوذج الاجتماعـي ونمـوذج اللااجتماعـي... الخ. وقد وضح زيمل هـذه النماذج بموجب المواقـف والانطباعـات التـي يكونهـا الافـراد ازاءهـا

وبموجب الادوار والمواضع الوظيفية التي تشغلها في المجتمع. علماً بأن لكل من هذه النماذج الاجتماعية مركزها وسمعتها[13].

9- تؤدي النظرية الشكلية دورها الفاعل في تحديد اثر بناء الجماعة (عدد افراد الجماعة) في العمليات والظواهر الاجتماعية التي تقع في اطارها. فالعلاقة الثنائية تختلف عن العلاقة الثلاثية او العلاقة الرباعية او الخماسية. ذلك ان حجم الجماعة يؤثر في طبيعة اشكال العلاقات الاجتماعية التي تقع فيها.

10- النظرية الشكلية تتأثر بحجم الجماعة التي توجد فيها العلاقة الاجتماعية. فكلما كبر حجم الجماعة ازدادت حدة المنافسة والصراع بين اعضائها، وكلما صغر حجم الجماعة خفت او انعدمت مظاهر المنافسة والصراع من الجماعة. كما ان المركزية تنتشر وتتأصل وسط الجماعة الصغيرة، في حين انها تتحول الى اللامركزية في الجماعة الكبيرة.

## المبحث الرابع: النظرية الشكلية وصور العلاقات الاجتماعية

من اهم مبادىء النظرية الشكلية تركيزها على دراسة اشكال او صور العلاقات الاجتماعية التي تقع بين الناس طالما ان المجتمع هو الوحدة الموضوعية التي تعبر عنها العلاقات المتبادلة بين عناصرها الانسانية كالافراد والجماعات. فدراسة المجتمع كما يعتقد جورج زيمل تتمحور حول دراسة شبكة العلاقات والتفاعلات الاجتماعية التي تقع بين الافراد والجماعات والمؤسسات على اختلاف انواعها واغراضها. والنظرية الشكلية تدرس انواع العلاقات والتفاعلات من ناحية الشكل كما تقع وتتكرر خلال فترات تاريخية مختلفة وفي موضوعات حضارية مختلفة. لهذا انتقد زيمل النظريات الاجتماعية العضوية او البايولوجية، التي جاء بها كونت وسبنسر ونبذ الاسلوب التاريخي المتداول في المانيا الذي يدرس ويحلل الحقائق والظواهر الاجتماعية تحليلاً تاريخياً مركزاً. ان زيمل لم يعتقد بأن المجتمع

هو كائن حي كما كان يعتقد كونت وسبنسر، ولا هو شيء ليس له وجود حقيقي، وانما هو شبكة معقدة من العلاقات المتبادلة بين الاشخاص وهم في حالة تفاعل واتصال دائم الواحد مع الآخر. ان الحقل الاساسي لعلم الاجتماع كما يعتقد زيمل انما هو دراسة الظاهرة الاجتماعية التي تعبر عن انواع واشكال الروابط والتفاعلات التي تقع بين البشر.

وينتقد زيمل كافة المفكرين الاجتماعيين الذين يعتقدون بأن علم الاجتماع هو سيد العلوم الاجتماعية والموضوع المختص في دراسة الظواهر الانسانية مهما تكن طبيعتها واغراضها. فعالم الاجتماع كما يعتقد زيمل يجب ان لا يختص بدراسة القانون واللغة والعلوم السياسية وعلم النفس والاقتصاد والتاريخ، بل يجب عليه دراسة الجوانب المشتركة للعلاقات والتفاعلات الانسانية التي تقع في هذه التخصصات الفرعية من الحياة الاجتماعية(14). لذا فعلم الاجتماع يتخصص في وصف وتحليل الاشكال الموضوعية للتفاعلات الاجتماعية التي تشهدها الجماعة والمؤسسة. فعلم الاجتماع يدرس اسباب ونتائج الحدث الاجتماعي كما يقع وسط الجماعة عندما يكون اعضاؤها في حالة تفاعل مستمر. لكن التفاعل بين الافراد وما ينطوي عليه من سلوك اجتماعي ظاهر لا يمكن تفسيره الا من خلال ظاهرة الجماعة وما يمكن ان تفرضه الجماعة على الافراد من شروط وقيود تحدد سلوكهم وتضعه في قالب معين. وبالرغم من اعتقاد زيمل بأن وظيفة علم الاجتماع هي دراسة التراكيب المؤسسية للمجتمع الا انه كان ميالاً الى دراسة التفاعلات التي تقع بين ذرات المجتمع، اي بين افراده طالما ان هؤلاء يكونون البنى المعقدة للمنظمات المؤسسية للمجتمع.

وتعد صورة المجتمع المفهوم الرئيسي في علم الاجتماع. ويقصد بالصورة او الشكل ذلك العنصر الذي يتحقق في الحياة الاجتماعية ويكتسب خاصية الاستقرار النسبي ويتخذ شكلاً نمطياً متميزاً عن المضمون او المحتوى الذي يخضع للتغير المستمر. فتحليل الصور او الاشكال تحليلاً مجرداً هو جوهر الدراسة لأنه

يقتضي دراسة البناء الواقعي للمجتمع. وتتضمن صور التنظيم المتشابهة محتويات مختلفة توجهها مصالح متضاربة، في حين ان المصالح الاجتماعية المتشابهة (المحتويات) تتحقق في اشكال مختلفة تماماً عن التنظيمات الاجتماعية. وهذا يعني ان الاشكال العديدة للعلاقات الاجتماعية كالرئاسية والمرؤسية والمنافسة وتقسيم العمل والتعاون انما هي اشكال متشابهة في كل مكان على الرغم من التباين الشديد في مضامينها.

وفي ضوء ذلك يصبح من الضروري بالنسبة لهذه الصور الاجتماعية العديدة ان نطرح التساؤلات التالية: ما الذي تشير اليه تلك الصور في شكلها الخاص ؟ وفي اية ظروف تتحقق ؟ وكيف تنمو وتتطور ؟ وماذا يدفع بعملياتها ويعجل منها او يعوقها ؟ واذا ما تمكنا من اقامة علم الاجتماع على اساس اجابتنا على تلك التساؤلات، اصبح من اليسير بعد ذلك ان نستخدم منهجاً مبتكراً في دراسة الظواهر المعروفة. فدراسة علم الاجتماع للظواهر الاجتماعية تشبه التحليل الهندسي لظواهر العلوم الطبيعية. ذلك ان الاشكال الهندسية يمكن ان تكون متنوعة المضمون مثل الصور الاجتماعية[15].

## المبحث الخامس : النظرية الشكلية ومضمون العلاقات الاجتماعية :

من اهم مبادىء النظرية الشكلية دراسة مضمون العلاقات الاجتماعية وليس شكلها او صورها فقط. وبمضمون العلاقات الاجتماعية يعني جورج زيمل المصالح والاغراض والاهداف والمقاصد التي تقبع خلفها وتكون بمثابة المحرك الحقيقي لها. ان علم الاجتماع الشكلي كما ترى النظرية الشكلية لا يدرس الاقتصاد وعلم الاخلاق والسياسة والدين والتربية والقانون، بل يدرس اشكال التفاعلات الاجتماعية التي تكمن خلف السلوك الاقتصادي والاخلاقي والسياسي والديني والتربوي والقانوني[16]. ذلك ان اختصاصي العلوم العسكرية يدرس موضوعات تختلف عن تلك التي يدرسها اختصاصي نظام الزواج. ومع هذا فان عالم الاجتماع

يستطيع استنتاج نفس الاشكال التفاعلية في دراسته للصراعات العسكرية والصراعات الزواجية. ذلك ان التفاعل الذي يتمخض عن هذه الصراعات يتميز بالرئاسية او المرؤسية. فالصراعات العسكرية التي تقع بين الدول تعبر عن رغبة دولة بالسيطرة على دولة اخرى، والصراعات الزوجية تعبر عن رغبة الزوج بالسيطرة على زوجته، او رغبة الزوجة بالسيطرة على زوجها.

ان النظرية الشكلية التي اوجدها جورج زيمل تتلخص بالتأكيد على ضرورة دراسة اشكال الحياة الاجتماعية ومضمونها. وهناك تمييز بين شكل ومضمون الاجتماعية الانسانية كما اطلق عليها زيمل (Human Sociation). ان للعلاقات الاجتماعية اشكال مختلفة تعبر عن نفسها بالثنائيات الست التي ذكرها في المبحث السابق، وان لها مصالح واغراض تدفع الافراد الى الدخول في علاقات معينة، ومع هذا فان الاشكال الاجتماعية للتفاعلات التي تنجز من خلالها هذه المصالح والاغراض تكون متطابقة. فالمصالح الاقتصادية يمكن تحقيقها بالمنافسة والتعاون. كما ان الدوافع العدائية يمكن اشباعها في اشكال مختلفة من الصراع كالصراع بين العصابات والصراع المسلح بين الدول. كما ان هناك العديد من المصالح السياسية يمكن تحقيقها عن طريق الوفاق والصراع. فالمصالح السياسية للدول التي تتجسد في السلام والوئام والاستقرار هي التي تقودها الى الوفاق، بينما الدوافع السياسية للدول التي تتجسد في الكراهية والعداوة والبغضاء والحقد هي التي تقودها الى الصراع.

اضافة الى ان مصالح الدولة في السيطرة والضبط وتنفيذ القوانين والضوابط هي التي تدفع السلطة الى اعتماد المركزية في الادارة. في حين ان دوافع الدولة في نشر الديمقراطية والحرية والعدالة بين الافراد والجماعات هي التي تدفعها الى اعتماد صيغ اللامركزية في الادارة والتنظيم. وهكذا نلاحظ بأن المصالح والدوافع غالباً ما تكون المحرك الاساس لأشكال العلاقات الاجتماعية كما يرى جورج زيمل[17].

من هنا لا يمكن فصل شكل العلاقة الاجتماعية عن مضمونها كما تؤكد النظرية الشكلية. ذلك ان لجميع اشكال العلاقات الاجتماعية دوافعها ومصالحها التي تحفز الافراد على تكوين التفاعلات باشكالها المختلفة كالتفاعلات الموضوعية والتفاعلات الذاتية وغيرها.

## المبحث السادس: اهمية النظرية الشكلية في دراسة النماذج الاجتماعية:

استطاع زيمل تكوين نظام متكامل من النماذج الاجتماعية ليسير جنباً الى جنب مع نظام النماذج الشكلية، الذي تكلم عنه في سياق نظريته الاجتماعية. فالنماذج الاجتماعية التي وصفها زيمل وحللها كثيرة ومتعددة اهمها نموذج الغريب ونموذج المغامر ونموذج الرجل الوسطي ونموذج المعزول والمنطوي على نفسه ونموذج البخيل ونموذج الكريم او المضياف ونموذج الكسلان ونموذج الاجتماعي ونموذج النشيط... الخ. وقد وضع زيمل هذه النماذج بموجب المواقف والانطباعات التي يكونها الافراد ازاءها وبموجب الادوار او المواضع الوظيفية التي تشغلها في المجتمع[18].

ان لكل من هذه النماذج الاجتماعية مركزها وسمعتها، وان ادوارها الوظيفية هي التي تحدد سلوك افرادها وتصبه في قالب معين. علماً بأن صفات وخصائص هذه النماذج الاجتماعية يمكن اضافتها للصفات العامة التي يتميز بها البناء الاجتماعي. فالغريب (Stranger) كما يخبرنا زيمل ليس هو ذلك الشخص المتجول الذي يأتي اليوم ويذهب غداً، بل انه الشخص الذي يتمتع بمركز اجتماعي لا بأس به. فهو قد يستقر في المجتمع او على الاقل يمكث فيه لفترة طويلة. اضافة الى انتمائه الى جماعة لها سمعة او مكانة معروفة، بيد ان هذه المكانة او السمعة قد لا تكون مرموقة نظراً لعدم انتماء الجماعة للمجتمع انتماءاً حقيقياً، واحتمالية مغادرة الغريب المجتمع الذي يتواجد فيه. لهذا يمنح المجتمع الغريب دوراً اجتماعياً شاذاً لا يمنحه لأي من افراده.

ونتيجة عدم انتماء الغريب للمجتمع انتماءاً حقيقياً وعدم مشاركته في ادارة شؤونه فانه يتميز بالموضوعية والحياد الادبي اكثر من اي فرد آخر من افراد المجتمع[19]. فعدم انسجام الغريب مع الجماعة وعدم تفاعله معها وعدم ايمانه بافكارها ومصالحها واهدافها يجعله شخصاً محايداً بمعنى الكلمة وقادراً على تقييم مواقفها وممارساتها اليومية. لكن قرب وبعد الغريب عن الجماعة يجعلان الاخيرة (الجماعة) تثق به وتتأثر بقراراته واحكامه وتحترمه اكثر من بقية اعضائها. ذلك ان الغريب لا يستطيع كشف امور الجماعة وفضحها وتعرية نوايا قادتها كما يفعل العضو الاعتيادي اذا عرف مشكلات الجماعة وملابساتها وطبيعة الازمات والتناقضات التي تعيش فيها. كما ان احكام الغريب الصادرة بشأن قضايا ومشكلات المجتمع تتسم بصفات التجرد والموضوعية اكثر من احكام عضو المجتمع طالما ان الغريب لا يتحيز لطرف واحد دون الطرف الآخر. لهذا يستطيع الغريب اتخاذ القرارات الناجحة بشأن حل وانهاء الخصومات ونبذ التناقضات التي قد تنشأ بين اعضاء الجماعة بصورة تتميز بالكفاءة والفاعلية.

اما نموذج المغامر الذي يتكلم عنه زيمل فهو من النماذج الاجتماعية التي يتسم بها بعض الافراد. فالمغامر هو ذلك الشخص الذي يتجرأ على اتخاذ مواقف سلوكية متسرعة لا تحسب حساباً للنتائج او العواقب المتمخضة عن السلوك المتهور. وقد يحتل المغامر مركزاً اجتماعياً عالياً اذا تمخض سلوكه عن تحقيق الاهداف التي يتوخاها لاسيما عندما تكون الاهداف ذاتية وخاصة. ومن جهة ثانية قد يتعرض المركز الاجتماعي الى الانحدار والتدني اذا فشل المغامر في تحقيق اهدافه واخفق في اعماله ومهامه لاسيما عند اعتدائه على الناس وغمطه لحقوقهم واثارته للفتن والقلاقل والمشكلات في المجتمع وتهديده لأمن الناس وطمأنينتهم[20].

ان سلوك المغامر في المجتمع قد يرفعه الى ذرى المجد والسؤدد او قد يوقعه في مشكلات خطيرة تحط من قيمته وتذله وتحطم مستقبله. ان المغامر لا

يعرف معنى الهدوء والاستقرار لانه لا يتكيف الى ظروف المجتمع ومعطياته ولا ينسجم مع الآخرين ولا يتكيف لاحوالهم وطبيعتهم. ذلك انه يميل الى التورط في احداث وقضايا يخلقها هو لنفسه ويحاول عن طريقها الظهور بمظهر البطل الثائر على المجتمع وظروفه ومعطياته.

## المبحث السابع: النظرية الشكلية والدايلكتيكية:

تؤكد النظرية الشكلية على دايلكتيكية عناصر البناء الاجتماعي كدايلكتيكية العلاقة بين الفرد والمجتمع وما يعتري هذه الدايلكتيكية من انسجام وصراع ومن تجاذب ونفور ومن حب وكراهية ومن رئاسية ومرؤسية. تعتمد النظرية الشكلية عند جورج زيمل حول الاسلوب الدايلكتيكي في فهم طبيعة العلاقة المتفاعلة بين عناصر البناء الاجتماعي. فالنظرية الشكلية تؤكد على اهمية دراسة العلاقة الجدلية بين الفرد والمجتمع واحتمالية وقوع التوترات والتناقضات بينهما[21].

يعتقد زيمل بأن الفرد المؤنس تأنيساً اجتماعياً غالباً ما يبقى متفاعلاً مع المجتمع اذ تربطه الصلات المستمرة والايجابية معه. وهذه الصلات سواء كانت ايجابية او سلبية تؤكد تضامن الفرد او صراعه مع المجتمع. فالفرد يجد نفسه في علاقة مع المجتمع وفي علاقة مع ذاته، لذا فهو يوجد من اجل المجتمع ومن اجل ذاته في آن واحد. ان الانسان الاجتماعي (Social Man) ليس هو اجتماعيا بصورة مطلقة ولا هو فردياً بصورة مطلقة، ذلك انه وحدة معقدة تجمع بين الاجتماعية والفردية طالما ان هذه الوحدة وليدة المجتمع ووليدة ذاتيتها بما تحمله من خصوصيات نادرة وفريدة[22].

ان تأكيد زيمل على اهمية العلاقة الدايلكتيكية بين الفرد والمجتمع يطغي على جميعكتاباته ويلون افكاره العلمية ويعطيها طابعها الشاخص. فالحياة الاجتماعية ما هي الا وليدة البشرية، لذا فهي تزول وتنعدم في ظل الفردية والذاتية

واستقلالية الانسان عن اخيه الانسان. لكن المجتمع ككائن حي يسمح ويعرقل في الوقت ذاته ظهور الفردية والاستقلالية. فانماط الحياة الاجتماعية تؤثر في الفرد وتجعله انساناً بمعنى الكلمة، بيد انها في الوقت نفسه تقيد الشخصية البشرية وتتعارض مع حريتها الذاتية. غير ان الانسان من خلال الاشكال المؤسسية يستطيع كسب حريته، ومع هذا فان حريته تتقيد الى حد ما بتواجد وفاعلية هذه الاشكال.

تعتقد النظرية الشكلية ان اجتماعية الانسان (Sociation) تتجسد في وجود وتكامل الاضداد كالانسجام والصراع والجاذبية والنفور والحب والكراهية والرئاسية والمرؤوسية. فالنظرية ترى بأن العلاقات الانسانية انما هي تعبير توازن صفتي الحب والكراهية، فالاصدقاء والاصحاب وحتى الاقارب غالباً ما يعبرون عن عاطفتي الحب والكراهية لبعضهم البعض.

لا يعتقد زيمل بوجود ما يسمى بالجماعة المتآلفة او المنسجمة (Harmonious Group) طالما ان هذه الجماعة لا يمكن ان تؤدي اية وظيفة اجتماعية، كما انها لا تستطيع تحقيق التغير والنمو. لذا فمن الخطأ اعتبار الصراع شيئاً غير مرغوب فيه واعتبار الوفاق شيئاً مرغوباً فيه. ذلك ان استمرارية العلاقات الاجتماعية تتطلب درجة من التناقض والصراع بين الافراد. فالتناقض والصراع غالباً ما ينفسان عن شدة الكبت والانقباض عند الانسان[23].

ويميز زيمل بين المظاهر الاجتماعية السطحية وبين اسسها الواقعية والموضوعية. فالعلاقة الصراعية قد تعتبر لأول وهلة علاقة سلبية بين اصحابها او بين الآخرين، ولكنها كما تدل الدراسات التحليلية لا تخلو من الجوانب الايجابية. كما يضيف زيمل بأن الصراع الاجتماعي يتضمن حدثاً مشتركاً بين الاطراف المتصارعة ولا يتضمن سيطرة طرف على الطرف الآخر او الاطراف الاخرى. غير ان الصراع الذي هو تعبير عن قيم ومواقف سلبية قد

يؤدي الى استمرار العلاقات بين الاطراف المتصارعة او تقوية مركز احد الاطراف بالنسبة للأطراف الاخرى، او تقوية العلاقات الانسانية بين الاطراف المتصارعة.

اذاً يؤدي الصراع في بعض الحالات الى تقوية عرى العلاقات بين الاطراف المتصارعة، وعليه يكون الصراع قوة بناءة وليست هدامة. كما يقول زيمل بـأن الصـراع انمـا هـو شيء جوهري للحيـاة الاجتماعيـة وعنصر لا يستطيع الكائن الاجتماعي الاستغناء عنه. علماً بـأن المجتمع الفاعل والحي هـو المجتمـع غـير المتحرر من ظاهرة الصراع، انه ذلك المجتمع الذي يتكون من عناصر متشابكة تطغي عليها اجواء المنافسـة والصراع، او اجواء التعاون والوفاق.

وفي مقالة عن الرئاسية والمرؤسية يوضح زيمل بأن السيطرة لا تكمن في فرض ارادة الرئيس عـلى المرؤوس بل تكمن في العلاقات المشتركة بينهما. فالقوة التي تكمـن في التفاعـل والتبـادل تستطيع تحويـل احادية العلاقة بين الرئيس والمرؤوس الى شكل اجتماعي يتجسد في ظاهرة التفاعل والاخذ والعطاء. لذا فـلا يمكن فهم سلوك الرئيس دون فهم سلوك المرؤوس والعكس بالعكس. ذلك ان سـلوك كـل طـرف لا يمكـن فهمه وتحليله دون الرجوع الى سلوك الطرف الآخر طالما ان الطرفين هما جزءان مـن نظام التفاعل الـذي يقيد حريتهما[24]. وجميع المحاولات التي تحلل السلوك الاجتماعي دون الرجوع الى نظام التفاعل المشـترك بين اطراف السلوك انما هي محاولات يرفضها جورج زيمل وترفضها النظرية الشكلية بعد ان تطلق عليهـا " كذبة الانفصالية " (The Fallacy of Separation) .

**الخلاصة والاستنتاجات:**

ان الافكار والطروحات التي جاء بها جورج زيمل عبر نظريته الشكلية وعلم اجتماعه الشكلي قد تركت آثارها وبصماتها الواضحة على النظرية الاجتماعية المعاصرة اذ اعطتها الواناً براقة لم تعرفها من قبل. ذلك ان زيمل من خلال نظريته الشكلية قد اثر في علم الاجتماع ورجاله تأثيراً كبيراً لا يقل عن التأثير الذي تركه دوركهايم وماركس وماركس فيبر في علم الاجتماع ومنظريه واساتذته. ذلك ان زيمل قد اضاف للنظرية الاجتماعية اضافات واضحة وملموسة لا يمكن تجاهلها او التقليل من قيمتها، اضافات طورت علم الاجتماع ونمته في ضروب شتى. ان زيمل هو الذي ابتدع النظرية الشكلية التي تدرس شكل ومضمون الظاهرة الاجتماعية دراسة علمية تحليلية. لقد اكد زيمل على اهمية النظرية الشكلية في فهم شكل ومضمون الظواهر والتفاعلات الاجتماعية. فالشكل يعبر عن نفسه في انواع التفاعلات والظواهر الاجتماعية كالصراع والوفاق والمنافسة والتعاون والمركزية واللامركزية والميانة والبعد والرئاسية والمرؤوسية... الخ. اما المضمون فيعني به زيمل الاغراض والمصالح التي يحملها الفاعل الاجتماعي عندما يكون جزءاً من الظواهر الاجتماعية التي تأخذ مكانها في المجتمع. فلو اخذنا ظاهرة التعاون لشاهدنا بأن الفرد يدخل في مجالها تلبية للمصالح التي يريد تحقيقها وهي اداء العمل بصورة كفوءة ومتقنة وزيادة الانتاج كماً ونوعاً والكسب المادي ومن ثم توسيع الطاقة او الكفاءة الانتاجية. وهكذا بالنسبة للظواهر الاخرى التي درسها زيمل كالمنافسة والمركزية والصراع والرئاسية والموضوعية والذاتية...الخ.

# مصادر الفصل

(1)Martindale, Don. Nature and Types of Sociological Theory, Houghton Mifflin, Boston, 1988, P.228.

(2)الحسن، احسان محمد (الدكتور). رواد الفكر الاجتماعي، بغداد، دار الحكمة للطباعة والنشر، 1991، ص270.

(3)المصدر السابق، ص265-266.

(4)Coser, Lewis A. Masters of Sociological Thought, New York, Harcourt Brace Jovanvich, 1993, P.178.

(5)Ibid., P.180.

(6)Ibid., P.179.

(7)The Sociology of Georg Simmel, ed. And trans. By Kurt H. Wolff, New York, the Free Press, 1980, P.10.

(8)Ibid., P.21.

(9)Tenbruck, F.H. Formal Sociology in Lewis A. Coser ed., Georg Simmel, Englewood Cliffs, New Jersey, Prentice-Hall, 1985, P.84.

(10)The Sociology of George Simmel, P.22.

(11)Coser, Lewis. Masters of Sociological Thought, P.179.

(12)Ibid., P.180.

(13)Ibid., P.182.

(14)تماشيف، نيقولا. نظرية علم الاجتماع. ترجمة محمود عودة وآخرون، دار المعارف، القاهرة، 1983، ص158.

(15)Martindale, Don. The Nature and Types of Sociological Theory, P.226.

(16)الحسن، احسان محمد (الدكتور). رواد الفكر الاجتماعي، ص270.

(17)المصدر السابق، ص271.

(18)Wolff, K. Sociology of Georg Simmel, P.402.

(19)Ibid., P.410.

(20)Ibid., P.412.

(21)الحسن، احسان محمد (الدكتور). رواد الفكر الاجتماعي، ص274.

(22)Simmel, Georg. Conflict and the Web of Group Affiliations, translated by K. Wolff and R. Bendix, New York, The Free Press, 1986, P.23.

(23)Ibid., P.24.

(24)الحسن، احسان محمد (الدكتور). رواد الفكر الاجتماعي، ص276.

# الفصل الرابع عشر

## نظرية التمثيل المسرحي: تأسيسها ، مبادؤها وتطبيقاتها العملية والبحثية

تعد نظرية التمثيل المسرحي من النظريات الحديثة في علم الاجتماع اذ انها تأسست في منتصف القرن العشرين، وقبل تأسيسها كانت جزءاً او فرعاً من النظرية التفاعلية الرمزية التي انشقت من نظرية الدور في العشرينات والثلاثينات من القرن العشرين[1]. ان هذه النظرية تعتقد باننا كلنا ممثلون ولكوننا ممثلين ندخل الى الحياة التي هي مسرح كبير من باب ونخرج من المسرح من الباب الاخرى[2]. وعندما نمثل على خشبة المسرح نقيّم الآخرين والآخرون يقيّموننا. علماً بأن التقييم سواء كان ايجابياً او سلبياً انما يعتمد على طبيعة التمثيل الذي نمثله على خشبة المسرح[3]. ان هذا الفصل الذي يتناول بالدراسة والتحليل نظرية التمثيل المسرحي يتكون من ثلاثة مباحث رئيسية هي ما يلي:

اولا: المبحث الاول: تأسيس نظرية التمثيل المسرحي.

ثانيا: المبحث الثاني: المبادىء التي ترتكز عليها نظرية التمثيل المسرحي.

ثالثا: المبحث الثالث: التطبيقات العملية والبحثية لنظرية التمثيل المسرحي.

والآن علينا دراسة هذه المباحث بشيء من التفصيل والتحليل وكما يلي:

## اولا: المبحث الاول: تأسيس نظرية التمثيل المسرحي:

ظهرت هذه النظرية عام 1959 عندما نشر مؤسس النظرية او المدرسة البروفسور ارفن كوفمن (Erving Coffman) مؤلفه الموسوم " عرض الذات في الحياة اليومية " ، والكتاب يحتوي على ما يتعلق بنظرية التمثيل المسرحي[4]. علماً بأن البروفسور كوفمن هو كندي الجنسية وسبق ان تلقى دراساته العليا في الولايات المتحدة الامريكية اذ حصل على شهادة الدكتوراه في علم الاجتماع عام 1950من جامعة شيكاغو الامريكية ويعد بالاساس من انصار المدرسة التفاعلية الرمزية والتي تعد جزءاً من نظرية الدور. غير ان كوفمن قد عارض التفاعلية الرمزية وانتقدها في دراسات منشورة وانشق على مؤسسيها امثال البروفسور جورج هيربرت ميد و أي. دبليو. توماس. وبعد انشقاقه وانتقاده وخروجه من التفاعلية الرمزية اسس مدرسة جديدة في علم الاجتماع وهي مدرسة التمثيل المسرحي التي تعد من المدارس الاجتماعية الحديثة في علم الاجتماع.

وعلى الرغم من اعتراضه على التفاعلية الرمزية وخروجه منها الا انه استمر بالاعتقاد ببعض المبادىء والطروحات التي تؤمن بها التفاعلية والتفاعلية الرمزية وبخاصة ما جاء به جارلس كوولي زعيم المدرسة التفاعلية. ذلك ان كوفمن قبل تأثره بالنظرية التفاعلية الرمزية سبق ان تأثر بطروحات ومبادىء واسس النظرية التفاعلية. ومع هذا فان المدرسة التي اسسها كوفمن تختلف كثيراً بأفكارها وطروحاتها عن ما جاءت به المدرستان التفاعلية والتفاعلية الرمزية من آراء وافكار ومبادىء.

ان الاختلافات الشاخصة بين نظرية التمثيل المسرحي والنظرية التفاعلية والنظرية التفاعلية الرمزية هي ان نظرية التمثيل المسرحي تعتقد بأن تمثيل الانسان لدوره على خشبة المسرح وخشبة المسرح هي الحياة الاجتماعية اليومية التي

نعيشها يكون بطريقة انه اي التمثيل يظهر الجوانب الايجابية للدور الذي يمثله الفرد امام مسؤوله الكبير كالاب او المعلم او رب العمل او رئيس الدائرة ويخفي الجوانب السلبية وغير المرغوبة عـن المسـؤول[5]. ومثل هذا النوع من التمثيل يجعل المسؤول راضياً ومقتنعاً بشخصية الممثل او الذي يعمل تحت امرته، وهنا يكون الاخير ناجحاً في حياته ومقيماً من المسؤول وان المسـؤول يحمـل عـن التابع المواقف والافكار الجيدة[6]. وعندما تصل هذه المواقف والافكار الى التابع فانه يقيم نفسه عالياً، اي ينظر الى نفسه في المـرآة نظرة مليئة بالرضا والقناعة والفخار[7].

اما التفاعلية فتختلف بافكارها عن التمثيل المسرحي والاختلاف هنا هو ان التفاعلية لا تنظر الى الدور الذي يمثله الفرد في الحياة اليومية امام الآخرين، بل تنظر الى عمليـة التفاعـل بـين الفـرد والآخـرين. فهذا التفاعل ينتهي بتقييم الفرد مـن قبـل الافـراد الـذين تفاعلوا معـه عـبر فـترة مـن الـزمن، والتقيـيم قد يكون ايجابياً او سلبياً. فاذا كان ايجابياً فان الفرد يقيـم نفسـه بصـورة ايجابيـة، اي ينظـر الى ذاتـه في المرآة. والعكس هو الصحيح اذا كان تقييم المجتمع له سلبياً[8].

والتفاعلية الرمزية تختلف عن التمثيل المسرحي بجوانب كثيرة منها انها لا تنظر الى الدور الـذي يمثله الفرد على خشبة المسرح او المجتمع بل تنظر الى التفاعل الذي يحدث بين الافراد لفترة مـن الـزمن، وبعد التفاعل تبدأ الجماعة المتفاعلة بتقييم كل فرد فيها على انه رمـز، وهـذا الرمز قد يكون محبباً او مستهجناً بناء على الصورة الذهنية التي كونها كل شخص في الجماعة نحو الشـخص الآخـر. وعنـدما يصـل التقييم الرمزي الى الشخص المعني فانه يقيم نفسه بموجب التقييم الذي حصل عليه مـن اعضـاء الجماعـة الذين تفاعل معهم[9].

وهكذا يمكن تحديد اوجه الشبه والاختلاف بـين نظريـة التمثيـل المسرحـي والنظريـة التفاعليـة والنظرية التفاعلية الرمزية.

ثانيـا: المبحـث الثـاني: المبـادىء التـي تعتقـد بهـا نظريـة التمثيـل المسرحي:

تعد نظرية التمثيل المسرحي من النظريات المهمة التي تضيف الى ميدان الميكروسسيولوجي (Micro Sociology) لانها تهتم بدراسة العلاقة بين شخصين احدهما يحتل مكانة رفيعة والآخر يحتل مكانة ادنى. والنظرية تضيف الى ميدان علم النفس الاجتماعي لانها تتطرق الى دراسة المواقف داخل الجماعـات الصغيرة، وانها تحلل الحياة الاجتماعية وفقاً للادوار التي يمثلها الفرد في الحياة الاجتماعية اليومية، اي يمثل ادواره في المسرح، اي الحياة الاجتماعية التي نعيشها. علماً بأن هذه الحياة تشهد نوعين من الافراد: النـوع الاول يتكون من افراد ناجحين يعرفون كيفية تمثيل الادوار امام الآخرين لاسيما امام المسـؤولين، والنـوع الثاني يتكون من افراد فاشلين لا يعرفون كيفية تمثيل ادوارهم مـع الكبـار والمسؤولين والمـدراء[10]. فالفرد الناجح في الحياة هو الذي يجيد تمثيله لدوره امام الكبار اذ يحصل على رضاهم واستحسانهم، بينما الفرد الفاشل في الحياة هـو الـذي لا يعـرف كيفية تمثيل دوره امـام مسؤوليه. فتمثيله الفاشل يثير سخط واستهجان مسؤوليه له، وبالتالي اخفاقه في الحياة وعدم تقدمه في مجالاتها[11].

اما المبادىء الاساسية التي ترتكز عليها نظرية التمثيـل المسرحي فيمكن اجمالها بعشرـ نقاط اساسية هي كما يلي:

1- ان الحياة الاجتماعية التي نعيش فيها ما هي الا مسرح كبير له باب يدخل من خلالها الممثلون وباب اخرى يخرج منها الممثلون بعد الانتهاء من فصول او مشاهد تمثيلهم. والممثلون هنا هـم الافراد الـذين يعيشـون في المجتمـع ويمثلـون ادوارهـم امـام الآخـرين سـواء كـانوا اعلـى او اوطأ منهم.

2- ان الافراد الذين يعيشون في المجتمع او في الحياة الاجتماعية هم عبارة عن ممثلين في هذا المسرح الكبير، اذ ان كل فرد هو ممثل امام الآخرين[12]. ولما كان ممثلاً فانه يدخل من باب ويخرج من الباب الاخرى للمسرح الذي يمثل فيه.

3- ان الممثلين الذين هم ابناء المجتم يمثلون ادواراً اجتماعية مختلفة منها ادوار رئاسية وادوار مرؤسية وادوار وسطية. ذلك ان الممثل اما يكون رئيسا او مرؤساً، وان دوره هو الذي يحدد مركزه التمثيلي[13].

4- يدخل الفرد الى المسرح للتمثيل في بدء حياته التمثيلية، اي بدء حياته الاجتماعية ويخرج الفرد من المسرح في نهاية حياته التمثيلية، اي في نهاية حياته الاجتماعية التي يعيشها[14].

5- يلعب الفرد ادواره في حياته اليومية كممثل، فاذا اجاد لعب الادوار فانه يلقي الاحترام والتقدير من الآخرين وبخاصة الاعلى منه. واجادة لعب الادوار تعني اظهار الجانب الجيد من سلوكه وشخصيته وعلاقاته واخفاء الجانب السيء[15]. اما اخفاق الفرد في لعب الادوار التي يقوم بتمثيلها في المجتمع فانه يلقي الرفض والاستهجان والتأنيب والمقاطعة من قبل ابناء المجتمع لانه اظهر لهم الجانب السلبي من شخصيته واخفى عنهم الجانب الايجابي.

6- يحاول الفرد عند تفاعله مع الآخرين لاسيما الافراد الاعلى منه درجة ان يظهر امامهم الوجه الجيد من شخصيته واخفاء الوجه السلبي والقبيح، لان اظهار الوجه القبيح امامهم سيدفعهم الى استهجانه ومقاطعته والوقوف ضده. وهذا ما يسبب فشل الفرد في مهامه واعماله. لذا فالفرد كلاعب او ممثل للادوار غالباً ما يظهر الوجه الجيد والايجابي لشخصيته ويخفي الوجه القبيح والمرفوض املاً في قبوله من لدن المجتمع مع تقييم سلوكه اليومي والتفصيلي.

7- في بعض الحالات يلعب الفرد دوره او يمثل دوره بطريقة تظهر امام المسؤولين الجوانب السلبية لذاته، ويخفي وراء المسرح الجوانب الايجابية. ان هذا الشخص لا ينجح في حياته العامة والخاصة لانه لا يعرف كيف يمثل ادواره امام الآخرين، اي لا يعرف كيفية تقمصه للشخصية المحببة والمفضلة من المجتمع، فيكون مرفوضاً من المجتمع ولا ينال رضاه وقبوله لانه لا يعرف كيفية التمثيل امامهم، اي لا يعرف كيفية عرض ذاته بجوانبها الايجابية امام الآخرين، بل على العكس يجيد عرض ذاته بجوانبها السلبية والمستهجنة والمرفوضة[16].

8- عندما يعرض الفرد خلال فترة التمثيل الجوانب الايجابية عن شخصيته ويخفي الجوانب السلبية فان الآخرين يكونون صورة ذهنية ازاءه، وهو نفسه يكون صورة ذهنية نحو الآخرين. وهذه الصورة هي التي تحدد تقييمه للآخرين وتقييم الاخرين له[17]. وهذه الحقيقة انما تتناغم مع ما جاء به جارلس كوولي في كتابه الموسوم " الطبيعة البشرية والنظام الاجتماعي ". علماً بأن جارلس كوولي هو من اقطاب النظرية التفاعلية التي تنص على ان الفرد يقيم ذاته وفقاً لتقييم المجتمع له.

9- ان الصورة التي يحملها الآخرون عن الفرد بعد قيامه بتمثيل الادوار التي يؤديها هي التي تدفعه الى تقييم ذاته وبالتالي تقييم الآخرين. ذلك ان تقييم الفرد من قبل الآخرين هو الذي يدفعه الى تقييم ذاته، لأن تقييم الذات يعتمد على تقييم الآخرين للفرد[18].

10- الحياة الاجتماعية التي نعيشها اذن هي رحلة يدخل فيها الانسان من باب ويخرج من الباب الآخر. وفي هذه المرحلة يمثل الفرد ادواره امام الآخرين والآخرون يمثلون ادوارهم امام الفرد. وهذا التمثيل الذي يقوم به طرف امام الطرف الآخر هو هو الذي يكون الصورة النمطية

(Stereotyped)التي يحملها كل طرف نحو الطرف الآخر. وهذه الصورة النمطية عندما تصل الى الفرد فانه يقيم نفسه بموجب طبيعتها وشكلها[19].

يمكن تطبيق نظرية التمثيل المسرحي على عدد من الابحاث الاجتماعية التي تدور حول العلاقة الانسانية بين الافراد والجماعات. ان هذه النظرية تعد جزءاً من النظرية التفاعلية، والنظرية التفاعلية الرمزية ولكنها تبحث الموضوع بطريقة ابعد واعمق مما تبحثه التفاعلية الرمزية، انها تبحثه من حيث تفسير النجاح او الفشل وفقاً لجودة الفرد في تمثيله الادوار المناطة به[20].

يمكننا تطبيق نظرية التمثيل المسرحي على عدة موضوعات بحثية في المبحث الثالث من الفصل.


## ثالثاً: المبحث الثالث: تطبيق نظرية التمثيل المسرحي على بعض الابحاث الاجتماعية:

يمكن تطبيق نظرية التمثيل المسرحي على العديد من الابحاث التي تتعلق بالصلة التي تربط طرفي العلاقة الانسانية، طرف يحتل مكانة عالية وطرف آخر يحتل مكانة متدنية او واطئة كدراسة العلاقة بين المعلم والطالب والعلاقة بين الضابط والجندي والعلاقة بين الاب والابـن. والآن علينا تطبيق النظريـة على هذه الابحاث الثلاثة وكما يلي:

### 1-تطبيق نظرية التمثيل المسرحي على العلاقة بين المعلم والطالب:

المعلم يمكن ان يمثل امام الطالب والطالب يمكن ان يمثل اما المعلم. فاذا أجاد كل طرف التمثيل ازاء الطرف الآخر، اي اظهر الجوانب الايجابية والمقيمة لشخصيته للطرف الآخر فان علاقته به تقوى وتتعمق وتستمر، بينما اذا اظهر كـل طرف ازاء الطرف الآخر الجوانب غـير المحببة لشخصيته ولم يعرف كيفية جذب الطرف الآخر له فان العلاقة بين الطرفين ستكون ضعيفة او متوترة. وهنا لا ينجح

الطالب في حياته العلمية والاجتماعية مع المدرس اي لا ينال التقييم الذي يستحق من المدرس. وهنا تفتر او تنقطع العلاقة بين الطرفين المتفاعلين. ان الطالب اذا اراد ان ينجح في علاقته مع المعلم فانه يجب ان يمثل امامه بطريقة تجذب نظر المعلم، اي يقوم الطالب باظهار الجوانب الايجابية لشخصيته واخفاء او تغطية الجوانب السلبية للشخصية. وهنا يكوّن المعلم الانطباع الايجابي والجيد نحو الطالب. واذا ما وصل هذا الانطباع الايجابي الى سماع الطالب فان الطالب يقيم نفسه بصورة ايجابية، اي ينظر لذاته نظرة مليئة بـالاحترام والتقدير لأن احترام الطالب لنفسه يـأتي مـن احـترام المعلـم واحـترام الآخـرين لـه. وهنـا يسـتطيع الطالـب تكييـف نفسـه للمحيـط الـذي يعيـش فيه ويتفاعل معه.

ومن جهة ثانية اذا لم يحسن الطالب تمثيل الدور الـذي يحتله امـام المعلـم، اي يظهـر للمعلم الجوانب السلبية وغير السلبية المستحبة لشخصيته ويخفي او يغطي الجوانب الايجابية فان المعلم لا يمكن ان يقرب الطالب له ولا يحترمه مطلقاً. وعندما يصل عدم احترام المعلم للطالب الى اسماع الطالب فـان الطالـب لا يحـترم ولا يقيـم ذاتـه، وبالتـالي لا يسـتطيع التكيف للمجتمـع الـذي يعيـش فيه ويتفاعل معه.

والشيء نفسه يكون صحيحاً في حالة تمثيل المعلم امام الطالب. فالمعلم يمكن ان يجذب الطالب اليه اذا مثل دوره تمثيلاً ايجابياً، اي اظهر في التمثيل الجوانب الايجابية من شخصيته امام الطالب واخفى او غطى عن الطالب الجوانب السلبية التي لا يريد كشفها امام الطالب. ان هذا الحال يجذب المعلم للطالب وبالتالي يكون المعلم شخصاً مرغوباً امام الطالب، فتقوى العلاقة الانسانية بينهما. وعندما يحمل الطالب الانطبـاع والصورة الذهنيـة الايجابيـة نحـو المعلم، وهـذه الصـورة تصـل الى اسماع المعلـم فان المعلم يقيم نفسه ايجابياً في المجتمع. وهنا يستطيع المعلم التكيف للبيئة او الوسط الاجتماعي الـذي

يعيش فيه، وبالتالي يكون معلماً ناجحاً مع الطلبة والمجتمع الكبير لانه يعـرف كيفيـة التفاعـل والتجـاوب مع الآخرين في بيئته سواء كانوا طلبة او مواطنين اعتياديين.

لذا فالعلاقة بين المعلم والطالب تقوى وتتطور اذا قـام كـل طـرف مـن اطـراف العلاقـة باظهـار الجوانب الايجابية من شخصيته واخفاء او تغطية الجوانب السلبية. بينما تضمحل او تنقطع العلاقـة بـين الطرفين الطالب والمعلم اذا لم يعرف كل طرف طريقة التمثيل التي يرغب بها الطرف الآخر. اذاً في التمثيل يمكن ان يكون الفرد ناجحاً اذا اظهر للطرف الآخر الجوانبوالسمات الايجابية للشخصية لأن هـذا يجـذب كل طرف الى الطرف الآخر ويقوي العلاقات بينهما.

**2- تطبيق نظرية التمثيل المسرحي على العلاقة بين الضابط والجندي:**

يمكن تفسير العلاقة بين الضابط والجندي وفقاً لنظرية التمثيل المسرحي اذ ان الجنـدي يمكـن ان يلقى الاستحسان والتأييد والمآزرة من الضابط اذا قام بتمثيل دوره على اسس ما يريده الضابط ويرغب به، اي انه يمثل امام الضابط بطريقة تجسد ذلك الجزء الايجابي والمستحب مـن شخصيته وذاتيتـه وتخفـي او تغطـي عـن الضـابط ذلـك الجـزء السـلبي والقبـيح مـن شخصيته اي مـن شخصـية الجنـدي، فاذا مثل الجندي امام الضابط بالطريقة التي تعجب الضابط وتغريه نحو الجندي فان الجنـدي يكـون ناجحاً في عمله امام الضابط اذ يلقى من الاخير الاستحسان والتقييم والمـدح والثنـاء. وهنـا يكـون الجنـدي مقرباً للضابط وناجحاً في عمله. وعند علم الجندي بهذا التقييم العالي الذي يحصل عليه من الضـابط فانـه اي الجندي يقيم نفسه عالياً لأن تقييم الفرد لذاته يأتي من تقييم الآخرين له كما تؤكد على ذلك النظريـة التفاعلية. وحالة كهذه تقود الى نجاح الجندي في مهامه وبالتالي حسن استقراره وتكييفـه في الوسـط الـذي يعمل فيه ويتفاعل معه.

اما اذا لا يعرف الجندي تمثيل دوره بصورة ايجابية امام الضابط، اي لا يظهر الجوانب السلوكية التي يستحسنها الضابط بل يظهر الجوانب التي يذمها الضابط وينتقدها فان الجندي يكون فاشلاً في علاقته مع الضابط، اي يكون مرفوضاً ومعاباً من الضابط. وعند وصول هذا التقييم الى الجندي فان الجندي لا يقيم نفسه بصورة ايجابية، الامر الذي يسيء الى حالة تكييف الجندي للوسط الذي يعيش فيه ويتفاعل معه. وهنا يكون الجندي فاشلاً في عمله وحياته لانه لا يعرف كيفية تمثيل دوره مع الآعلى منه.

والشيء نفسه ينطبق على تمثيل دور الضابط امام الجندي، فالضابط يستطيع كسب الجندي اليه اذا حسن تمثيل ادواره امام الجندي، اي تصرف وفقاً لما يريده الجندي. وهذا التصرف يملي عليه اظهار الجوانب الايجابية لسلوكه وشخصيته امام الجندي وتغطية الجوانب السلبية، مما يجذب ذلك الجندي الى الضابط وبالتالي تظهر العلاقة الحميمة والقوية بين هذين الشخصين. ذلك ان السلوك الايجابي للضابط امام الجندي يجعل الجندي منجذباً ومقيماً للضابط، وعندما يصل التقييم الايجابي الذي يحمله الجندي عن الضابط فان الضابط لابد ان يقيم نفسه بصورة ايجابية، اي ينظر لذاته بطريقة مليئة بالاحترام والتقييم. وهذا ما يمكن الضابط من التكيف للعمل الذي يمارسه او المحيط الذي يعيش فيه. وهنا يمكن القول بأن الاجادة في تمثيل الادوار امام الآخرين انما تقود الى انجذاب الافراد بعضهم الى بعض، وبالتالي نجاحهم في المهام التي يقومون بها واستقرارهم في الوسط الذي يعيشون فيه.

### 3- تطبيق نظرية التمثيل المسرحي على العلاقة بين الاب والابن:

يمكن تطبيق نظرية التمثيل المسرحي على العلاقة بين الاب والابن. فالابن يمكن ان يكون محبوباً من قبل ابيه اذا مثل دوره بطريقة يريدها ويرتضيها الاب. وهذا يكون عن طريق التقيد بالسلوك والممارسات التي يفضلها الاب ويرغب بها. وهنا يتطلب من الاب التعرف على ما يريده الاب ويرتضيه من ممارسات وعلاقات لكي يأخذ بها الابن، واذا ما اخذ بها فانه لا يكون مقرباً للاب ومحبوباً من قبله. وعندما يكون الابن مرغوباً من قبل ابيه ومقيماً من قبله فان هذا التقييم سرعان ما يصل الى الابن فيقيم الابن ذاته تقييماً عالياً لان تقييم الذات يعتمد على تقييم الآخرين لها. وعندما يقيم الابن نفسه تقييماً ايجابياً عالياً فانه يكون ناجحاً في حياته وبالتالي يكون في موقع يستطيع من خلاله التكيف للمجتمع الذي يعيش فيه او العمل الذي يمارسه. علماً بأن السلوك الذي يمكن ان يلتزم به الابن والذي يرضي ابيه يتكون من المفردات الآتية:

1- اطاعة الاب طاعة كلية والالتزام والتقيد بجميع اوامره ونواهيه بدون كلل او ملل.

2- احترام الاب وتقديره واعتباره مثلاً اعلى للسلوك والاخق والقيم والمبادىء.

3- تقمص شخصية الاب وتقليده في الصغيرة والكبيرة الى درجة ان الابن يكون صورة مجسدة ومعبرة عن شخصية ابيه.

4- توجه الابن لبناء شخصيته ومستقبله وفقاً لما يريده الاب ويطلبه. فاذا أراد الاب ان يكون ابنه مدرساً او طبيباً او ضابطاً فان الابن ينبغي ان يسعى من اجل الوصول الى هذه المهن والاعمال عن طريق الدراسة والتدريب والتحصيل العلمي.

5- ملازمة الابن لابيه في جميع الاحوال والظروف وعدم الابتعاد عنه او تركه مع استعداد الابن العالي على التضحية ونكران الذات في سبيل اسعاد ابيه وتحقيق طموحاته القريبة والبعيدة.

اذا تقيد الابن بمفردات المبادىء والممارسات التي يريدها الاب فان الاخير يحمل الانطباع العالي نحو الابن الى درجة ان الاخير يكون ناجحاً وموفقاً في حياته.

اما اذا لم يمثل الابن دوره كما يريد منه ابيه واظهر الابن الجوانب السلبية من شخصيته وسلوكه لابيه فان الاب سيرفض الابن ولا يحترمه وبالتالي لا يكون الابن ناجحاً في حياته لانه لا يحظى بتقدير وتقييم الاب له. وعند رفض الاب للابن وعدم تقييمه فان هذا الرفض سرعان ما يصل للابن فلا يقيم الابن ذاته تقييماً ايجابياً، اي ينظر نظرة دونية لذاته وبالتالي لا يستطيع التكيف لمحيطه ولا يكون محترما من قبل الآخرين.

لذا فاحترام الابن من قبل الاب انما يعتمد على تمثيل دوره امام ابيه، فاذا كان التمثيل بطريقة ترضي الاب وتقنعه فان الابن يكون مقبولاً ومقرباً من ابيه، وبالتالي يكون ناجحاً في علاقته مع الاب. اما اذا لا يعرف الابن تمثيل دوره بالطريقة التي يريدها الاب ويرتضيها، فان الابن لا يكون مقبولاً او مقرباً من ابيه، اي يكون فاشلاً في علاقته مع الاب وربما مع الآخرين. ومثل هذا الفشل لا يمكنه من اجراء التكيف الصحيح للوسط الاجتماعي الذي يعيش فيه ويتفاعل معه.

# مصادر الفصل

(1)Martindale, Don. The Nature and Types of Sociological Theory, Boston, Houghton Mifflin Co., 1981, P.362.

(2)Coser, Lewis A. Masters of Sociological Thought, New York, Harcourt, Grace, 1977, P.576.

(3)Goffman, E. The Presentation of Self in Everyday Life, New York, Doubleday Anchor, 1989, P.231.

(4)Ibid., See the Contents.

(5)Ibid., P.234.

(6)Ibid., P.235.

(7)Ibid., P.238.

(8)Cooley, C.H. Human Nature and the Social Order, New York, Schocken, 1984, P.182.

(9)Mead, G.H. Mind, Self and Society, Chicago, The University Press, 1974, P.73.

(10)Coser, Lewis A. Masters of Sociological Thought, P.576.

(11)Ibid., P.77.

(12)Ibid., PP.576-577.

(13)Fisher, A. The Principles of Dramaturgical Theory, London, The Strand Press, 1988, P.6.

(14)Ibid., P.10.

(15)Ibid., P.12.

(16)Ibid., P.23.

(17)Ibid., P.26.

(18)Ibid., P.30.

(19)Aczel, G. Man, Society and Drama Acting, Budapest, Academy Press, 1995, P.39.

(20)Sultan, Peter. The Use of Dramaturgical Analysis in Empirical Sociological Research, Budapest, Allami Kiado, 1992, P.74.

# الفصل الخامس عشر

# نظرية الوصم

**Labeling Theory**

اسس هذه النظرية العالمان لميرت (Edwin Lamert) وهوارد بيكر (Howard Becker)، وكلا العالمين هما من الولايات المتحدة الامريكية. فقد نشر لميرت نظريته عن الوصم في كتابه الموسوم " المرض الاجتماعي " الذي ظهر عام 1951[1]. اما هوارد بيكر فقد كتب عن نظرية الوصم في كتابه الموسوم "الفكر الاجتماعي من الخرافة الى العلم" الذي الّفه بالاشتراك مع بارنز ونشر عام 1961[2]، كما اضاف معلومات جديدة الى نظرية الوصم وطورها في كتابه الموسوم " الغرباء: دراسات في علم اجتماع الانحراف "[3]. ان نظرية الوصم هي جزء من نظرية الدور لانها تعالج نظرة المجتمع نحو الفرد ومبادرة الاخير بالسلوك والممارسة في المجتمع بناءً على النظرة التي يحملها المجتمع تجاهه. وهنا يحدث التفاعل بين الفرد والمجتمع بناءً على الانطباع الذي يحمله المجتمع نحو الفرد، وهذا الانطباع قد يكون انطباعاً ايجابياً او سلبياً بناءً على السلوك الذي قام به الفرد في المجتمع[4].

تستخدم نظرية الوصم عادة في تفسير الابحاث التي تتعلق بالانحراف والجريمة وجنوح الاحداث، فهي نظرية متخصصة في تفسير السلوك الاجرامي والسلوك المنحرف او المشكل[5]. اضافة الى قدرتها على تفسير ابحاث جنوح الاحداث والامراض النفسية والعقلية الناجمة عن اضطراب الوسط او البيئة الاجتماعية اذ ان المرض النفسي- او العصبي ما هو الا نتيجة حتمية لظروف الوسط الاجتماعي. لذا فنظرية الوصم تستطيع تفسير

جميع الابحاث الخاصة بالجريمة والانحراف وجنوح الاحداث والامراض النفسية والعقلية.

قبل ظهور نظرية الوصم كان علماء الاجرام يفسرون السلوك الاجرامي بموجب العوامل السببية للجريمة والجنوح وآثار الجريمة والجنوح على المجتمع[6]. بمعنى آخر انهم يدرسون السلوك الاجرامي بموجب العوامل السببية للجريمة وآثار الجريمة على البناء الاجتماعي. ولكن نظرية الوصم تعدت دراسة الاسباب والآثار واخذت تفسر السلوك الاجرامي لا بموجب الاسباب المحيطة بالمجرم او آثار الجريمة على المجتمع بل بموجب نظرة المجتمع الى المجرم او الجانح. بمعنى آخر ان نظرية الوصم خرجت عن موضوع دراسة الجريمة بموجب اسباب الجريمة ونتائجها وراحت تركز على نظرة المجتمع نحو المجرم واثر هذه النظرة في السلوك الاجرامي المست قبلي الذي يقوم به المجرم او المنحرف[7].

لقد صنفت نظرية الوصم الجرائم الى صنفين رئيسيين هما:

1- الجرائم الاولية.

2- الجرائم الثانوية.

فالجرائم الاولية هي الجرائم التي يرتكبها الفرد نتيجة توفر الاسباب الاولية للجريمة كالفقر والحاجة وسوء التنشئة الاجتماعية ووسائل الاعلام الجماهيرية وطبيعة الشخصية والمزاج والامراض النفسية... الخ[8]. وتتمثل هذه الجرائم بالقتل والسرقة والاختلاس والاحتيال والايذاء.

اما الجرائم الثانوية فهي الجرائم الناجمة عن الصاق جرائم السرقة والقتل والايذاء بالافراد الذين قاموا بهذه الجرائم سابقاً (اصحاب السوابق)[9]. وان الصاق التهم هذه بهم يكون طيلة فترة حياتهم، اي وصمهم بالجرائم لانهم في فترة من حياتهم قد ارتكبوها. وان ارتكابهم لها يجعلهم متهمين بالجرائم طيلة فترة حياتهم[10]. وعندما يجد الفرد نفسه متهماً طيلة فترة حياته وان المجتمع

ينظر اليه نظرة دونية لا يمكن ان تتغير نحو الاحسن، اي ان سمعته قد تدهورت وانحطت فان هذا الفرد لا يتردد عن ارتكاب ابشع الجرائم ضد المجتمع، اي يعود للجريمة مرة ثانية نتيجة للنظرة السلبية النمطية التي يحملها المجتمع نحوه[11].

اذاً سبب الجريمة كما ترى نظرية الوصم لا يرجع الى ظروف المجرم او المنحرف والاسباب المادية وغير المادية التي قد تقوده الى الجريمة، بل يرجع الى النظرة السلبية التي يحملها المجتمع نحوه لانه في وقت ما ارتكب جريمة او مخالفة، وهذه الجريمة او المخالفة بقيت عالقة في اذهان الآخرين، وان الآخرين ظلوا يوصمون ذلك الفرد بالجريمة التي ارتكبها سابقا[12]. لذا فالتفاعل يكون هنا بين المجرم او المنحرف وبين المجتمع الذي الصق به الجريمة وظلت الجريمة تلاحقه طيلة مدة حياته الى درجة انها دفعته الى ارتكاب جرائم اخرى. وهنا نستطيع القول بأن الجريمة لا ترجع الى الاسباب المحيطة بالفرد المنحرف او المجرم وانما ترجع الى طبيعة النظرة التي يحملها المجتمع نحوه، مع التفاعل غير المتكافىء بينه وبين المجتمع. ذلك ان الفرد ظل مجرماً نتيجة للنظرة السلبية التي يحملها المجتمع ازاءه حتى بعد توبته وعدم ارتكابه للجرائم والمخالفات. علماً بأن هذه النظرة السلبية التي يحملها المجتمع ازاءه لا تبقى محصورة به بل تمتد الى بقية افراد اسرته وجماعته[13].

ان نظرية الوصم تستند الى خمسة مبادىء رئيسية هي ما يلي:

1- ان وصم الفرد بالجريمة قد يكون صحيحاً او غير صحيح، الا ان المجتمع قد كوّن هذه النظرة عنه وبقيت النظرة مترسخة في المجتمع حياله[14].

2- وجود علاقة مليئة بالشكوك والشبهات بين المجرم والمجتمع الذي وصمه بالجريمة والانحراف[15].

3- ان وصم المجتمع للفرد بالجريمة قد جعله يشعر بانه مجرم اذ ان تقييم المجتمع للفرد يؤثر في تقييم الفرد لذاته. علماً بأن شعور الفرد بانه مجرم يهبط من قيمته ويجرح شعوره، مما يدفعه ذلك الى ارتكاب جرائم خطيرة ضد المجتمع[16].

4- الجرائم تصنف الى صنفين: جرائم اولية وهي جرائم قد افتعلها الفرد حقيقة كالقتل والسرقة والغش، والجرائم الثانوية وهي الجرائم التي يقوم بها الفرد نتيجة للنظرة السلبية التي يحملها المجتمع عنه ويبقى يحملها في فترة سابقة قد ارتكب جريمة معينة.

5- ان اسباب السلوك الاجرامي والانحراف السلوكي لا تتعلق بالمجرم نفسه او بالظروف الموضوعية التي يمر بها، وانما تتعلق بوصم المجتمع للمجرم بالجريمة، هذا الوصم الذي يدفع الفرد الى الجريمة والجنوح[17].

ان نظرية الوصم تساعدنا في تفسير انواع الجرائم والامراض النفسية والعصبية التي يتعرض لها الافراد في المجتمع. علماً بأن وصم الافراد من قبل المجتمع بالجريمة والمرض والانحراف قد يكون مبرراً او غير مبرر. ذلك ان هناك اشخاصاً في المجتمع قد ارتكبوا فعلاً جرائم حقيقية الا ان المجتمع لم يوصمهم بالجريمة لكون سمعتهم حسنة ومكانتهم الاجتماعية رفيعة. وهنا يستمر المجتمع بالنظر اليهم نظرة ايجابية لكونهم غير موصمين بالجريمة والجنوح. ولكن في الوقت نفسه هناك اشخاص وصمهم المجتمع بالجريمة على الرغم من عدم ارتكابهم الجرائم وبراءتهم من الجريمة. غير انهم بقوا بنظر المجتمع مجرمين لأن المجتمع قد وصمهم بالجريمة والجنوح وان الشكوك والشبهات لا تزال تحوم حولهم[18]. وسبب هذا يرجع الى ان هؤلاء الاشخاص منحدرون من وسط اجتماعي متدني او من عائلة قد ارتكب بعض افرادها الجرائم ضد المجتمع او كانوا ينتمون الى بيئة موبوؤة او انهم من اصول زنجية وملونة. ولا يوجد هناك من يدافع عنهم او يحمي حقوقهم او يكف عنهم الظلم والطاغوت،

لذا فهم يوصمون بالجرائم وتلصق بهم الجريمة سواء كانوا قد ارتكبوها او لم يرتكبوها[19]. لذا يضطر هؤلاء الى ارتكاب الجرائم ضد المجتمع للانتقام منه ورد اعتبارهم لان المجتمع هو الذي الصق بهم التهم والجرائم التي هم ابرياء منها[20].

ولكن قد يكون الوصم ايجابياً كأن يقيم المجتمع شخصاً معيناً تقييماً ايجابياً لا يستحقه. وهذا التقييم قد ناله الفرد بسبب شهرة اسرته او مدينته او طبقته او مركزه الاجتماعي او شهادته او وظيفته. لذا فنظرية الوصم لا تتقيد بوصم الشخص بالجريمة والجنوح فقط بل تذهب الى ابعد من ذلك اذ انها ربما تتحيز له لسبب من الاسباب المذكورة اعلاه. انها قد تعطي او تمنح الفرد تقييماً عالياً لاسباب خيالية او وهمية[21]. وحالة كهذه انما تؤثر تأثيراً سلبياً في مبدأ العدالة الاجتماعية. فالفرد قد ينعت ويوصم بالجريمة وهو لم يرتكبها. وقد ينال الفرد تقييماً عالياً لشيء لم يفعله بتاتاً لأن المجتمع ينظر اليه نظرة عالية لأسباب معينة[22].

ان نظرية الوصم يمكن تطبيقها على جميع الابحاث المتعلقة بالجريمة والانحراف والسلوك الاجرامي. ذلك ان النظرية تفسر تفسيراً عقلانياً مظاهر الجريمة والجنوح خارج موضوع دراسة الأسباب والنتائج لأن الجريمة او الانحراف هي علاقة غير متوازنة بين المجرم والمجتمع، المجتمع الذي وصم المجرم بالجريمة بعد ادانته وهذه الادانة تبقى تلازم الفرد طيلة حياته حتى وان لم يرتكب الجريمة او تخلى عنها كلية. فهو يوصم بالجريمة لأن المجتمع يحمل صورة ذهنية عنه تدور حول الفعل المنحرف الذي قام به في وقت سابق. وهذه الصورة النمطية الذهنية لا تتغير، لذا فهي تدفع الشخص الموصوم الى القيام بالجريمة عاجلاً ام آجلاً.

ان نظرية الوصم يمكن تطبيقها على العديد من الموضوعات التي اهمها ما يلي:

1-جنوح الاحداث كمشكلة اجتماعية.

2-اسباب السرقة وآثارها وعلاجها.

3-الرشوة بين موظفي الياقات البيضاء.

4-تحليل السلوك الاجرامي في مدينة الحرية او مدينة صدام.

5-الرشوة كمشكلة اجتماعية.

6-الاسباب غير المباشرة للجريمة والانحراف.

7-الاسباب المباشرة وغير المباشرة للجريمة والانحراف.

8-اسباب القتل ومحاولات القتل وآثارها.

9-بعض أسباب مشكلة البغاء.

10-الأسباب البيئية للأمراض النفسية .

11-ظاهرة العود الى الجريمة.

12-دور العوامل الاجتماعية في الامراض النفسية العصابية.

13-دور نظم العدالة الجنائية في مكافحة الجريمة.

14-التسول: الاسباب والآثار الاجتماعية.

**تطبيق نظرية الوصم على ظاهرة العود الى الجريمة:**

بعد ان ينال المجرم جزاءه بعد ارتكابه للجريمة ويطلق سراحه من المؤسسة الاصلاحية او العقابية، يفاجأ بأن المجتمع لا يزال يعامله كمذنب او مجرم او منحرف اذ يطلق عليه لقب (ارباب سوابق). ذلك انه يوصم بالجريمة والجنوح حتى بعد توبته واصلاحه واطلاق سراحه الى المجتمع، اذ تبقى الشبهات والشكوك تلاحقه جزافاً طيلة فترة حياته وفي كل مكان. وربما تسهم بعض التشريعات القانونية والاجراءات الادارية المعتمدة في المجتمع في تكريس الوصمة (Stigma)، كاعتبار المجرم المحكوم عليه ناقص الاعتبار كما كان الحال في قطرنا العراقي قبل ان تقدم قيادة الثورة على اصدار القرار رقم 997 في 1978/7/30 اذ كان لا يجوز تعيين المحكوم عليه سابقاً في دوائر الدولة الا بعد ان يستحصل على قرار

رد الاعتبار من الادعاء العام والمحكمة التي اصدرت الحكم عليه، وكان لا يسمح بالتعيين في الوظائف ولا يسمح بدخول الجامعات والمعاهد الا بشرط الحصول على شهادة عدم المحكومية.

ويرى البعض ان الاستخدام المتزايد للآلات الالكترونية والحاسبات الالكترونية في اجهزة الاحصاء والتسجيل الاجرامي سوف يجعل الوصمة اللاصقة بالشخص نتيجة القبض عليه ثم ادانته بمثابة سجل دائم في يد اجهزة الامن والشرطة، ويشيرون الى اجراءات تدوين بصمات الاشخاص المشبوهين كواحدة من الاجراءات التي تجعل المذنب يحوم في اطار اتهام المجتمع له بانه لا يزال مجرماً.

ان الشخص المطلق سراحه من السجن يجد ان الجريمة تبقى تطارده رغم انه بريء منها وتائب عنها، فيجد ان المجتمع قد شخصه (مجرماً) ولا سبيل للخلاص من هذه التهمة المنسبة اليه والتي قد يدفع ثمنها غالياً، فعندما يشعر ان الجريمة قد لصقت به وتبقى ملصوقة به ولا يمكنه التخلص منها، لذا فانه لا يتردد عن القيام بالفعل الاجرامي لانه موصوم بالجريمة وهو سواء ارتكب الجريمة او لم يرتكبها فانه (متهم) و (مدان) و (مشبوه). لذا نلاحظ انه نتيجة نظرة المجتمع السلبية والمتحيزة ضده يقدم على الجريمة ولا يتردد عن ارتكابها. وهكذا نجد ان وصم المجتمع للشخص بانه (مجرم) رغم انه ترك الجريمة وتخلى عنها منذ ايداعه السجن ونيل عقوبة عنها غالباً ما يدفعه الى العود الى الجريمة وبالتالي زيادة عدد المجرمين وعدم الاستفادة من البرامج الاصلاحية والتهذيبية التي تلقوها في المؤسسة الاصلاحية.

يمكن ان نتساءل في هذا الصدد ما جدوى الاصلاح الاجتماعي اذا كان النزيل المفرج عنه الذي ارتكب جريمة ما في فترة سابقة من حياته يبقى مداناً بالجريمة طيلة حياته. انه يتردد عن الانصلاح وعن الاندماج بالمجتمع فيرتكب

الجريمة مجدداً ليس بسبب الظروف والدوافع التي قادته الى الجريمة وانما بسبب نظرة المجتمع المتحيزة والظالمة تجاهه.

ان الرعاية اللاحقة، وهي متابعة اجراءات اعادة اندماج المفرج عنه من السجن، بالمجتمع وعودته عضواً نافعاً يفتح صفحة جديدة في التعامل مع المجتمع، سوف تفشل حتماً اذا بقيت النظرة المجتمعية تجاه المذنب المفرج عنه بهذه الصيغة المتحيزة. ان الدراسة العلمية لطبيعة العلاقة بين المجرم والمجتمع قبل وبعد ارتكابه الجريمة تستطيع ان تحدد الشكل الاكثر ايجابية بعد الافراج عن المذنب لعلاقته بالمجتمع. ان هذا يمتد الى مدى بعيد الى امكانية تغيير نظرة المجتمع الى المجرم وقبوله عضواً صالحاً نافعاً لكي ينسى الماضي ويفتح صفحة جديدة.

ان زيادة اعداد العائدين الى ارتكاب الجريمة مؤشر سلبي وخلل في سياسات وبرامج مكافحة الجريمة ينبغي على جميع مؤسسات المجتمع ان تركز جهودها نحوها. فوضع المطلق سراحهم تحت مراقبة الشرطة وفقاً لما ورد في قانون العقوبات العراقي وقوانين اخرى ضمن العقوبات والتدابير الاحترازية والتبعية والتكميلية يمكن ان تسهم في تعزيز وصم الشخص بالجريمة، الذي قرر مع نفسه قبل اطلاق سراحه من السجن ان يعود عضواً نافعاً في المجتمع، غير انه يفاجأ بوجوب الحضور والتسجيل في مركز الشرطة بين فترة واخرى لأنه من ارباب السوابق.

انه يفاجأ عند وقوع اية جريمة في منطقته السكنية بتوجيه اصابع الاتهام اليه لأنه من ارباب السوابق. وعندما يريد هذا الشخص العمل كالتوظيف او التعيين او ممارسة المهنة فانه يجد الابواب موصدة ضده لأن المجتمع يعده من ارباب السوابق. هذه هي نماذج من الوصم الرسمي او الوصم المجتمعي الذي غالبا ما يؤدي الى تكري حالة الاحباط والشعور باليأس والفشل عند الفرد الموصوم. وهذا لابد ان يدفعه الى ارتكاب الجرائم ضد المجتمع والعود الى الجريمة.

وهناك تطبيقات اخرى للوصم غير العود الى الجريمة. ذلك ان صفة الوصم لا تطبق على العائدين الى الجريمة فحسب بل تطبق على امثلة اخرى كالبغاء والتسول مثلاً. فجرائم البغاء مثلاً او اتهام امرأة ما بارتكاب جريمة البغاء او الزنا، فالادلة لا تثبت انها ارتكبت البغاء الا انها تبقى معرضة للتهمة لانها مرة في حياتها كانت لها علاقة مشبوهة مع رجل. وهذه العلاقة المشبوهة السابقة جعلتها توصم بالبغي طيلة فترة حياتها رغم عدم ممارستها للبغاء وتوبتها. ومثل هذه النظرة الظالمة التي يحملها المجتمع تجاهها تدفعها للانحراف وامتهان البغاء. وهكذا يكون عامل الوصم من العوامل الاساسية للبغاء وارتفاع معدلاته في المجتمع.

كما يمكن تطبيق نظرية الوصم على مشكلة التسول، فشخص ما قد يوصم بالتسول والاستجداء من قبل المجتمع لانه مرة في حياته سبق ان زاول التسول لفترة قصيرة عندما كان فقيراً ومعدماً. ولكن عندما تحسنت ظروف الشخص المادية والمعاشية واخذ يعمل في مهنة شريفة لم تتغير نظرة الناس تجاهه على انه متسول وشحاذ، اي ان وصمة التسول بقيت عالقة به رغم انقطاعه عن التسول وامتهانه للعمل الشريف. ومثل هذه النظرة القاسية والظالمة التي يحملها المجتمع عنه قد دفعته الى التسول ثانية او ارتكاب الجرائم بحق المجتمع اذ ان الفشل او الاحباط غالباً ما يولّد العدوان.

بيد ان الصورة المتحيزة التي يحملها المجتمع تجاه المجرم يمكن ان تتغير عن طريق علاج مشكلة الوصم. فالعلاج يكمن في اعادة المجتمع بكل مؤسساته لنظرته تجاه الاشخاص الذين اذنبوا بحقه وارتكبوا فعلاً نالوا جزاءهم عنه من قبل المؤسسة المختصة. ان المجتمع يجب ان يفسح المجال لهم لنسيان الماضي وطي صفحاته وفتح صفحة جديدة مع اعادة اندماجهم بالمجتمع اعضاءً نافعين.

وهنا يتطلب من جميع نظم ومؤسسات المجتمع المعنية بتوجيه الافراد والجماعات وتربيتهم وارشادهم بأن لا يتعصبوا ويتحيزوا ويحملوا الصور النمطية الخاطئة تجاه الافراد الذين ارتكبوا في يوم ما خطأً او جريمة ضد المجتمع. عليهم ان يصفحوا عن هؤلاء ويقبلوا توبتهم وندمهم وانضمامهم للمجتمع الكبير. ان المؤسسات الدينية والاعلامية والتربوية مدعوة لحث الناس على التهاون والتسامح والتعاطف بعيداً عن التعصب والعداوة والبغضاء. وهنا لا يكون مكاناً للوصم والتحيز والتمييز مما يسهل عملية تكييف الافراد الى الوسط الاجتماعي الذي يعيشون فيه ويتفاعلون معه.

# مصادر الفصل

(1)Lemert, E.M. Social Pathology, New York, McGraw-Hill, 1951.

(2)Becker, H. and H. Barnes. Social Thought From Lore to Science, New York, 3$^{rd}$ Ed., 1981, Vol.111.

(3)Becker, H. The Outsiders: Studies in the Sociology of Deviance, New York,1977.

(4)Coser, Lewis A. Masters of Sociological Thought, New York, Harcourt Brace, P.577.

(5)Ibid., P.578.

(6)Suchar, C.S. Social Deviance, New York, Holt, Rinehart and Winston, 1978, PP.103.

(7)Coser, Lewis A. Masters of Sociological Thought, P.578.

(8)Ibid., P.577.

(9)Ibid., P.578.

(10)Ibid., PP.578-579.

(11)Kitsuse, J. Crime and the Labeling Theory, New York, McGraw-Hill, 1990, P.7.

(12)Ibid., P.9.

(13)Ibid., P.21.

(14)Lilly, A. The Fundamentals of Labeling Theory, London, White Press, 1993, P.53.

(15)Ibid., P.54.

(16)Ibid., P.62.

(17)Ibid., P.69.

(18)Hills, F.M. The Merits of Labeling Theory, Glasgow, The University Press, 1991, P.12.

(19)Ibid., P.15.

(20)Ibid., P.19.

(21)Kitsuse, J. Crime and the Labeling Theory, P.57.

(22)Ibid., P.58.

# الفصل السادس عشر

## النظرية الاجتماعية عند أميل دوركهايم

**أ - مقدمة عن تاريخ حياته وأعماله:**

ولد أميل دوركهايم (1858-1917) في مدينة أبينال بمقاطعة اللـورين في الجنـوب الشـرقي مـن فرنسا عن عائلة متوسطة الحال(1). درس دوركهايم في المدارس الفرنسية وبعد تخرجه منها قبـل في مدرسـة المعلمين العليا بباريس للدراسة والتخصص في موضوع التربيـة والتعلـيم. وبعـد إكمالـه للدراسـة في هـذه المدرسة وحصوله على شهادة التربية والتعليم سافر الى المانيا لاكمال دراساته العليا. ذلك انه درس في المانيا الاقتصاد والفلكلور والانثروبولوجيا الحضارية. وبعد اكماله لدراساته العليا رجع الى فرنسا وعيّن في عـام 1887 استاذاً في جامعة بوردو(2). وفي عام 1902عيّن استاذاً لمادة علم اجتماع التربية في جامعة السـوربون في باريس. وقبل تعيينه في باريس اسس الحولية الاجتماعية عام 1896 والتي ظلت لسـنوات عديـدة الدوريـة الاساسية للفكر السسيولوجي والبحث في فرنسا. واستمر في اصدارها الى ان توقفت عـن الصـدور في بدايـة الحرب العالمية الاولى. غير ان اتباعه اخذوا ينشرونها قبل وبعد وفاته في عام 1917(3).

وفي هذه المجلة نشر دوركهايم بحوثاً اجتماعية على جانب كبير من الاهمية اجدرها بالتنويه طبقات المحارم في الزواج، الظواهر الدينية، التصنيف، التوتمية، نظم الزواج في مجتمعات استراليا... الخ. أما أهم المؤلفات التي اصدرها دوركهايم وآخرون بعد وفاته فهي كالآتي:

1-تقسيم العمل الاجتماعي/صدر عام 1893.

2-قواعد المنهج في علم الاجتماع/صدر عام 1895.

3-الانتحار " دراسة اجتماعية "/صدر عام 1897.

4-الاشكال الاولية للحياة الدينية/صدر عام 1912.

5-التربية وعلم الاجتماع/صدر عام 1923.

6-علم الاجتماع والفلسفة/صدر عام 1924.

7-التربية والاخلاق/صدر عام 1925.

8-الاشتراكية/صدر عام 1928 [(4)].

توفي أميل دوركهايم بتاريخ 1917/11/15 بعد الصدمة التي تلقاها بمقتل ابنه الوحيد في عمليات الحرب العالمية الاولى، الابن الذي خطط والده ان يكون وريثه العلمي. ذلك ان دوركهايم جعل ابنه يتخصص بموضوع علم اجتماع اللغة. وبعد مقتل ولده في الحرب فقد أميل دوركهايم أمل العيش في الحياة، فمات وهو يحمل الافكار المرة عن الحياة وويلاتها وعدم استقرارها[(5)].

يعتبر أميل دوركهايم احد دعائم الحركة العلمية في النصف الاخير من القرن التاسع عشر واوائل القرن العشرين. وهو مؤسس علم الاجتماع الحديث وزعيم المدرسة الفرنسية لعلم الاجتماع التي لا تزال قائمة حتى وقتنا الحاضر. ويرجع اليه والى اعوانه وتلامذته الفضل في ارساء الدراسات الاجتماعية بمختلف فروعها ومظاهرها على الاسسس والقواعد الرصينة حيث توصل هو وزملاؤه في هذا الصدد الى نتائج وقوانين لا تزال موضع التقدير. ومن الجدير بالذكر ان أميل دوركهايم هو تلميذ مخلص لأوكست كونت حيث التزم هو ومدرسته بالاسس والتعاليم والطروحات التي نادى بها كونت[(6)]. لقد اخذ دوركهايم من استاذه كونت الكثير من النظريات والافكار لاسيما النظرية الوضعية ومناهج البحث العلمي واهمية الجماعة في تحديد السلوك الانساني ومبادىء السكون والداينميكية الاجتماعية...الخ. لقد نحا دوركهايم بالبحث الاجتماعي نحو الوضعية الصحيحة وبذل جهداً نظرياً يكاد ينفرد به في تحقيق استقلالية علم الاجتماع عن العلوم

الاخرى وتحديد ميدانه ومناهجه ونظرياته وتطبيقاته والسير بالدراسات الاجتماعية نحو التكامل والرفعة[7].

**ب - الظاهرة الاجتماعية عند دوركهايم:**

اذا كانت الاسرة هي وحدة المجتمع فان الظاهرة الاجتماعية هي وحدة علم الاجتماع[8]. ان كل علم يختص بدراسة مجموعة من الظواهر التي تشكل منطقة نفوده. فعلم الاجتماع كما يعتقد دوركهايم هو علم يتخصص بدراسة الظواهر الاجتماعية، وتخصصه بدراسة هذه الظواهر يجعله مستقلاً عن العلوم الاخرى، ويجعل ميدانه واضحاً ومحدداً[9]. لقد شعر دوركهايم بأن شخصية علم الاجتماع قد تعرضت لعمليات تشويه متعددة كادت تقضي على هذا العلم. لهذا فقد خصص جانباً كبيراً من كتابه " قواعد المنهج في علم الاجتماع " لتحديد ماهية الظاهرة الاجتماعية وتفنيد كل ما اثير من شكوك حول استقلالية علم الاجتماع.

ففي الفصل الاول من كتاب " قواعد المنهج في علم الاجتماع " اتجه دوركهايم الى تحديد طبيعة الظواهر الاجتماعية قبل الشروع في تحديد قواعد المنهج الذي يستخدم في دراستها. فاذا لم تكن هناك ظواهر اجتماعية مستقلة عن الظواهر التي يدرسها علم النفس لما كانت هناك حاجة لانشاء علم جديد هو علم الاجتماع. لذلك نجده يحرص هنا على تعريف الظاهرة الاجتماعية وتبيان الخصائص التي تميزها. ان الظاهرة الاجتماعية كما يخبرنا دوركهايم ليست هي كل شيء يحدث في المجتمع، فالاكل والنوم والشرب والتأمل والهذيان ليست هي ظواهر اجتماعية. لذا يضرب دوركهايم الكثير من الامثلة في كتابه " قواعد المنهج " عن الظواهر الاجتماعية، فيقول بأن الطقوس والشعائر الدينية والتقاليد الاجتماعية ونظم الزواج والطلاق والقرابة والمصاهرة والاشباع الجنسي- وواجبات وحقوق الافراد في الاسرة والمجتمع هي نماذج مختلفة للظواهر الاجتماعية[10]. والظواهر الاجتماعية هذه تفرض على الافراد الالتزام بسلوك معين والتقيد بنصوصه وعدم الزيغان عن مفرداته واحكامه وقراراته.

نجد الافراد فيما يتعلق بشؤونهم الاقتصادية يسيرون على وتيرة واحدة تخص طرق التبادل والانتاج وتقدير قيم الاشياء وصياغة العقود والوفاء بما تنطوي عليه من التزامات. ونجدهم فيما يتعلق بحياتهم السياسية يخضعون لنظم ثابتة وقواعد معينة تتعلق بقيام الحكومات وتعاقبها وتقسيم مظاهر السلطة وعلاقة الفرد بالدولة... الخ. ومن الظواهر الاجتماعية الاخرى التي اشار اليها دوركهايم اللغة والنقود والمظاهر المورفولوجية للمجتمعات التي تتجسد بالتحضر واختيار مواقع المدن وتخطيطها ونشأتها واتساعها وتطورها وتوزيع افرادها على أحيائها السكنية والتخلخل والكثافة السكانية[11]، وكذلك نشأة القرى والهجرة منها الى المدن او الهجرة من المدن الى القرى والارياف. ان كافة هذه الامور تخضع لقوانين اجتماعية ثابتة، لهذا تعتبر من الظواهر الاجتماعية المهمة.

وتتميز الظاهرة الاجتماعية بعدة مزايا يمكن درج اهمها بالنقاط التالية:

1-الظاهرة الاجتماعية هي ظاهرة موضوعية لها وجود خاص خارج شعور الافراد الذين يلاحظونها ويحسون بها لأنها ليست من صنعهم بل انهم يتلقونها من المجتمع الذي تنشأ فيه[12].

2-الظاهرة الاجتماعية ليست هي وليدة التفكير الذاتي عند الافراد، بل ان التفكير الذاتي للافراد ينبع من طبيعة الظواهر الاجتماعية المحيطة بهم ابتداءاً منذ ولادتهم وحتى وفاتهم.

3-الظواهر الاجتماعية هي ظواهر شيئية (Materialized Phenomena) . وهذه الخاصية هي التي اعتمد عليها دوركهايم في تأسيس علم الاجتماع. ذلك ان شبه حقائق العالم الاجتماعي بحقائق العالم الخارجي[13].

4-ان الظواهر الاجتماعية هي اشياء خارجية بالنسبة لشعور الافراد. فالفرد يقبل الظاهرة الاجتماعية ويخضع لها ويستسلم لها كما لو كانت قوة خارجية. وهو لا حول ولا قوة له في تبديل الظاهرة او عكس تيارها طالما انها عامل موضوعي

يفرض ارادته على الافراد فيحملهم على التصرف بموجب احكامه ونصوصه كما هي الحالة في اللغة والدين والقانون.

5-ان للظاهرة الاجتماعية صفة الالزام او القهر. بمعنى انه لما كانت الزاهرة الاجتماعية ضرباً من الشعور او السلوك الذي يوجد خارج ضمير الفرد، فلابد من ان تفرض نفسها على شعوره وسلوكه. علماً بأن الفرد لا يشعر في كثير من الاحيان لهذا القهر لأنه يستجيب للظاهرة حسب العادات والتقاليد.

6-الظاهرة الاجتماعية هي ظاهرة انسانية تنشأ بنشأة المجتمع الانساني. وبهذه الصفة فانها تتميز عن الظواهر التي تدرسها العلوم الطبيعية كالرياضيات وعلم الفلك والفيزياء والكيمياء وعلوم الحياة وعلم الارض والجغرافية... الخ. ولما كان المجتمع الانساني بمثابة مملكة صغيرة داخل مملكة الكون الواسع، وان الكون يخضع لقوانين ثابتة وضرورية توصلت اليها طائفة من العلوم الطبيعية، فان المجتمع الانساني بالضرورة يخضع الى القوانين الاجتماعية التي تعبر عن نفسها بالظواهر الاجتماعية التي يعيشها أبناء المجتمع، وان علم الاجتماع هو العلم الذي يدرس هذه الظاهرة من حيث أصولها وتطورها واهميتها في ضبط السلوك وتنظيم العلاقات الانسانية.

7-تمتاز الظاهرة الاجتماعية بأنها عبارة عن اساليب وقواعد وأوضاع للتفكير والعمل الانساني. وهذه الخاصية تحدد لنا الصفة الانسانية كإطار للظاهرة الاجتماعية.

8-تمتاز الظاهرة الاجتماعية بأنها تلقائية، بمعنى أنها ليست من صنع فرد أو أفراد، وانما هي من صنع المجتمع ومن خلقه، وتظهر على مسرحه بصورة تلقائية ومن وحي العقل الجمعي[14].

9-الظاهرة الاجتماعية هي ظاهرة عامة. وعمومية الظاهرة ناجمة عن صفة القهر التي تتميز بها. فالظاهرة تصير عامة لأنها تفرض نفسها على الافراد في سائر انحاء المجتمع او في بعض قطاعاته[15].

10- تمتاز الظاهرة الاجتماعية بصفة الترابط. بمعنى ان كل ظاهرة اجتماعية مترابطة مع الظاهرة الاخرى في الزمن الحاضر كترابط الظاهرة الاقتصادية مع الظاهرة العسكرية والسياسية. كما تـترابط الظواهر الاجتماعية عبر الحقب التاريخية المختلفة التي يمر بها المجتمع[16].

## جـ - دور القوى الجمعية في الحياة الاجتماعية:

ترتبط معالجة دوركهايم للظواهر الاجتماعية ارتباطاً وثيقاً بمناقشاته العديدة للضمير الجمعي (Collective Conscience) الذي أوضح عناصره العقلية والاخلاقية عند دراسته لوظائف القوى الجمعية في الحياة الاجتماعية. لقد اراد دوركهايم تحويل علم الاجتماع من موضوع ادبي وفلسفي الى موضوع وصفي وعلمي. ومحاولته هذه الزمته الى اقتفاء منهجية وضعية تعالج الحقائق الاجتماعية وكأنها أشياء خارجية تقيد سلوكية وعلاقات الافراد، وان الافراد لا حول ولا قوة لهم في تبـديل أو تحوير الحقـائق والظواهر الاجتماعية كاللغة والدين والزواج والعادات والتقاليد الاجتماعية والقانون وهكذا.

ان الفرد منذ ولادته كما يخبرنا دوركهايم يجد نفسه محاطاً بأحكام وقوانين اجتماعية قسرية لا يستطيع تغييرها او التقليل من اهميتها، كما لا يستطيع انتقادها او التهجم عليها او التهرب منها. والشيء الوحيد الذي يستطيع الفرد القيام به هو إطاعة هذه القوانين والاستسلام لاوامرها ونصوصها دون أي تردد او تأخر والا لا يمكن ان يكون الفرد مقبولاً من الجماعة ومنطوياً تحت لوائها[17].

ويضيف دوركهـايم قـائلاً بـأن الفرد يكتسب لغتـه ودينه وعاداتـه وتقاليـده ومقاييسـه وطموحاتـه مـن الجماعـة أو الجماعـات التـي يحتـك بهـا ويتفاعـل معهـا. واكتسـابه لهـذه الظواهـر والتجارب الاجتماعية يكون من خـلال عمليـات التنشئة الاجتماعيـة التـي يتلقاهـا مـن العائلـة والمدرسـة والمجتمع المحلي. ومصادر التنشئة هـذه تصب في عروقه أخلاقيـة وقيم ومقاييس ومثل المجتمع بحيث تتبلور عنده شخصية المجتمع الكبير ويكون ممثلاً له تمثيلاً حقيقياً[18]. اذن يعمل المجتمع مـن

خلال جماعاته المؤسسية على صب السمات الاساسية للشخصية النموذجية في عروق الفرد منذ الصغر بحيث ينشأ وهو يحمل الشخصية النموذجية لمجتمعه. ومثل هذه الآراء ان دلت على شيء فإنما تدل على ان الفرد يذوب وسط الجماعة والمجتمع المحلي بحيث لا يستطيع التأثير فيهما أبداً.

ومن الجدير بالذكر أن الفرد حسب تعاليم دوركهايم لا يمكن دراسته دراسة موضوعية وتحليلية طالما انه يحمل مزايا وصفات المجتمع، فلغته ودينه وأفكاره وقيمه ما هي بالحقيقة الا لغة ودين وأفكار المجتمع. لذا ينبغي علينا دراسة المجتمع وعدم دراسة الفرد. ولما كان علم الاجتماع هو علم دراسة المجتمع، وعلم النفس هو علم دراسة الفرد فإن علم الاجتماع هو العلم الذي يجب ان يضطلع بدراسة المجتمع والجماعة ووحدتها التكوينية[19]. أما علم النفس فليس له مكاناً بين العلوم الانسانية والطبيعية كما يعتقد دوركهايم[20]. لذا يجب الغاءه وتعويضه بعلم الاجتماع، العلم الذي يدرس المجتمع وعناصره التكوينية وأدواره الوظيفية. ان مثل هذه الافكار التي يحملها دوركهايم جعلته ينكر وجود علم النفس وينفي وظائفه وأغراضه.

ويعتقد دوركهايم بأن الحقائق الاجتماعية لا يمكن تفسيرها الا بالحقائق الاجتماعية التي تعززها وتكتمل معها. كما لا يمكن اختزال الحقائق الاجتماعية بالظواهر النفسية ابداً بل العكس هو الصحيح[21]. فظاهرة الانتحار مثلاً لا يمكن تفسيرها بعوامل نفسية بحتة كتعرض الفرد الى التوتر والقلق والخوف... الخ، بل يمكن تفسيرها بعوامل إجتماعية شاخصة كفشل الفرد في الدراسة أو السياسة او الحب، أو تعرض جماعته الى كارثة أو أزمة تحز في نفسه أو انعزاله عن المجتمع لسبب من الاسباب، او تبدل اساليب المعيشة وقيم الحياة... الخ. جميع هذه الاسباب أو بعضها تدفع الفرد الى انهاء حياته بنفسه.

كما أن الزواج كظاهرة اجتماعية لا يمكن تفسير وجوده بعوامل نفسية كالعاطفة والرغبة والارادة... الخ، بل يمكن تفسيره وتعليل وجوده بعوامل اجتماعية بحتة كتوليد العلاقات الاجتماعية الصميمية

مع الجنس الآخر والحفاظ على الجنس البشري من الانقراض وزيادة حجم السكان والتعاون والتآزر بين البشر وتكوين الاسرة التي تعتبر أساس الاستقرار والهدوء والطمأنينة...الخ[22]. وتكامل الحقائق والظواهر الاجتماعية يدلل على تكامل المؤسسات البنيوية، اذ يشير دوركهايم الى ان المؤسسات تكمل بعضها البعض وأي تغيير يطرأ على احداها لابد أن يؤثر على بقية المؤسسات وبالنهاية يحدث ما يسمى بالتغيير الاجتماعي (Social Change) .

أما الدراسات التي انجزها دوركهايم عن التضامن الاجتماعي فتتجسد في كتابه " تقسيم العمل الاجتماعي " الذي كان فاتحة أعماله السيسيولوجية لاحظ دوركهايم عند مقارنته بين المجتمعات القديمة والمجتمعات الاكثر تطوراً ان الأولى تتميز بوجود نوع من التضامن الميكانيكي (Mechnical Solidarity) . أما الثانية فيسود فيها التضامن العضوي (Organic Solidarity) . يعتمد التضامن الميكانيكي على التماثل والتجانس بين أعضاء المجتمع، بينما يستمد التضامن العضوي أسسه من التباين والاختلاف[23]. وعندما يسود في المجتمع التضامن الميكانيكي فإن الضمير الجمعي يتميز بالقوة والفاعلية. ويعني دوركهايم بالضمير الجمعي المجموع الكلي للمعتقدات والعواطف العامة بين الناس والتي تشكل نسقاً له طابع متميز. ويكتسب هذا الضمير العام واقعاً ملموساً فهو يستمر خلال الزمن ويدعم الروابط بين الأجيال.

ويؤكد دوركهايم أن الضمير الجمعي يعيش بين الافراد ويتخلل حياتهم، الا انه يكتسب مزيداً من القوة والتأثير والاستقلال حينما يتحقق نوع من التماثل الواضح بين أفراد المجتمع. ذلك ان الضمير الجمعي يعد نتاجاً للتماثل الانساني[24]. ولعل هذا هو الموقف السائد في المجتمعات التقليدية التي تتميز بالتضامن الميكانيكي حيث يسيطر هذا الضمير العام على عقول الافراد واخلاقياتهم. لكن لكل فرد ضميرين: الاول هو الذي تشارك فيه الجماعة (وهو الذي تعبر عنه فكرة المجتمع يعيش بداخلنا). أما الثاني فهو خاص بالفرد ذاته. وحينما يسود التضامن

الميكانيكي في المجتمع تتجلى فعالية القوى الجمعية واضحة عندما تنتهك نظم الجماعة.

ويصاحب نمو تقسيم العمل في المجتمع ظهور التضامن العضوي. فتقسيم العمل وما يترتب عليه من تباين بين الافراد يعمل على تدعيم التعاون المتبادل بين الافراد. وينعكس هذا التعاون المتبادل على العقلية الانسانية والاخلاق ويؤثر في ظاهرة التضامن العضوي ذاتها. وكلما ازداد هذا التضامن رسوخاً كلما قلت أهمية الضمير الجمعي. وهكذا يستبدل القانون الجنائي القائم على العقوبات الرادعة بقانون مدني واداري يهدف الى الحفاظ على حقوق الافراد بدلاً من العقوبة. ويزداد التضامن العضوي رسوخاً بإزدياد تقدم المجتمعات وبدعم المجتمعات للتقدم الاخلاقي الذي يؤكد على القيم العليا والحرية والأخاء والعدالة. وهنا ترتفع أهمية التعاقد وتزداد قيمته في المجتمع بحيث يطلق على المجتمع اسم المجتمع التعاقدي.

أما دراسة دوركهايم عن " التمثيل الجمعي والفردي (Collective and Individual Representations) والتي اعتبر فيها الضمير العام نتاجاً اجتماعياً للتفاعل الانساني، فهي وان كانت تضيف قليلاً لمناقشاته السابقة، الا انها مع ذلك تكشف على ازدواجية استمرت تؤكدها دراسات دوركهايم اللاحقة[25]. وتتمثل هذه الازدواجية في تعبير الجماعة عن المجتمع من جهة، وتأملاته حول الأصل الاجتماعي للأخلاق والقيم والدين والمعرفة من جهة اخرى. ونستطيع ان نجد هذين الاتجاهين بوضوح في مقالته الموسومة " أحكام الواقع وأحكام القيمة " حيث ربط دوركهايم الضمير الجمعي بالمثل الاجتماعية. فالمثل الاجتماعية تجعل الضمير الجمعي حقيقة قائمة، كما ان الضمير بدوره يدعم هذه المثل التي تنبع أساساً من الواقع وان كانت تبدو بعيدة عنه.

ان كلاً من الدين والقانون والاخلاق والاقتصاد هي أنساق اجتماعية اساسية، ولما كانت أنساقاً اجتماعية فانها في جوهرها أنساق قيم ومثل[26]. زد على

ذلك ان المثل الاجتماعية تشكل الضمير الجمعي لانها توجد مستقلة عن التصورات الفردية. أما القيم فهي تجليات للضمير العام يمكن ملاحظتها على الافراد ذاتهم. والواقع ان هـذه الافكار تكشف عـن مرحلـة جديدة في تفكير دوركهايم حين يتحول الضمير الجمعي من المستوى النفسي للجماعـة الى عـالم الافكـار، في الوقت الذي يكون فيه الضمير الجمعي عاملاً حاسماً في تكوين أفكار الأفراد.

**د - قواعد المنهج عند دوركهايم :**

ان منهجية دوركهايم في الدراسة والبحث تتكون الى حد بعيد مـن صياغة القواعـد التـي تعـين اتباعها لتمييز الظواهر الاجتماعية وتحديدها. لقد اهتم دوركهايم باستكمال الثغرات الموجـودة في منـاهج البحث التي اعتمدها علماء الاجتماع السابقون أمثال كونت وسبنسر وماركس، وحدد بصورة دقيقة منهجـاً وضعياً في علم الاجتماع. هذا المـنهج الـذي يطلب فيه مـن الباحـث الاجتماعـي ضرورة دراسـة الظواهر الاجتماعية باعتبارها (أشياء)، أي على أساس أنها أشياء تخضع للملاحظة كنقطة بداية للعلم[27]. أما قواعـد المنهج التي اكد عليها دوركهايم وطلب من الباحثين الاجتماعيين المتخصصين الالتزام بها والتقيـد بأحكامهـا عند إجراء الدراسات والبحوث السسيولوجية فيمكن درجها بالنقاط الجوهرية التالية:

1- ضرورة تحرر الباحث الاجتماعي بصورة كلية من كل فكرة سابقة يعرفها عن الظاهرة موضوع الدراسـة والبحث[28]. وهذه هي قاعدة الشك عند ديكارت وفكرة التحرر من الاصنام عند بيكون.

2- ضرورة تخصيص مبحـث أو فصـل مـن البحـث لتحديـد معنـى المصطلحات والمفـاهيم العلميـة التـي يستخدمها الباحث في دراسته العلمية. وهذه المصطلحات تعبر عن الظواهر الاجتماعيـة التـي يدرسـها الباحث كظاهرة الجريمة والاسرة والعشيرة والعائلة الأبوية...الخ.

3-عند قيام الباحث بدراسة الظواهر الاجتماعية المحددة في دراسته عليه ملاحظة هـذه الظـواهر. وهذا شرط ضروري حتى يمكن التوصل الى الصفـات الثابتـة التـي تتيـح لنـا الكشـف عـن حقيقـة الظواهر الاجتماعية، ومن ثم تسمح لنا بالكشف عن القانون الذي تخضع له[29].

هذه هي القواعد الثلاث التي أشار اليها دوركهايم كأساس لمنهجه العلمي في علم الاجتماع.

أما خطوات منهج دوركهايم في علم الاجتماع فيمكن درجها بالنقاط التالية:

1-دراسة مكونات الظاهرة وتحديد عناصرها الاساسية لكي يتمكن الباحث من فهمها.

2-دراسة أشكال الظاهرة في كل مرحلة من مراحل تطورها لربط ماضي الظاهرة بحاضرها بطريقة منطقية.

3-دراسة علاقة الظاهرة بالظواهر الاخرى المشابهة وغير المشابهة لها.

4-الاستفادة من منطق المقارنة بين الظاهرة والظاهرة الاخرى[30].

5-التعرف على الوظيفة التي تؤديها الظاهرة الاجتماعية وتطوير تلك الوظيفة في مختلف المراحل التـي تمـر بها الظاهرة الاجتماعية.

6-تحديد القوانين التي يتم استخلاصها من الدراسة بصورة دقيقة باعتبارها الهدف الرئيسي للعلم.

وقد تصاغ هذه القوانين في صـور كميـة تعبر عـن الظاهرة بالارقـام، او في صـور كيفيـة تحـدد الخواص والصفات العامة والدعائم الاساسية التي تقوم عليها الظاهرة. وهـذا كلـه لابـد أن يـؤدي الى رفع قيمة وفاعلية علم ما بين غيره من العلوم.

وكما يهتم المنهج عند دوركهايم بالطريقة التاريخية فانـه يهتم ايضاً بطريقـة المقارنـة. ان دوركهـايم يـرى ضرورة توسيع نطاق المقارنة بين المجتمعات المتشابهة والمجتمعات المختلفة وبين نفس المجتمعات في فترات تاريخيـة

متباينة[31]. وهنا لابد أن تأتي القوانين الاجتماعية في صورة شاملة ودقيقة ومعبرة عن ظروف الظاهرة او الظواهر الاجتماعية قيد الدراسة والبحث. وتتخذ المقارنة عند دوركهايم ثلاث صور اساسية هي:

1-ان تكون المقارنة لظاهرة ما كالانتحار مثلاً خلال فترات زمنية متباينة وبين أوضاع اجتماعية وحضارية مختلفة كالاقاليم الجغرافية والطبقات الاجتماعية والمناطق السكنية الريفية والحضرية، إضافة الى الحالات العمرية والجنسية والشخصية المتباينة.

2-ان تكون المقارنة بين نظم سائدة في مجموعة من المجتمعات المتجانسة في درجة نموها الحضاري ونضجها التاريخي.

3-ان تكون المقارنة بين نظم سائدة في مجتمعات متمايزة وغير متشابهة في درجة نضجها الحضاري والتاريخي.

من هذه المقارنة يستطيع الباحث تحديد أعمار المدن وأسباب تحضرها مثلما فعل دوركهايم في تحديد أعمار مدن روما وأثينا وأسبارطة من خلال تتبع المراحل التي مرت بها العائلة الأبوية.

ويعتقد دوركهايم بأن البحث عن العلاقات السببية بين الظواهر الاجتماعية ليس الا جانباً مهماً من الجوانب التي يهتم بها علم الاجتماع. لذلك حاول ان يطور منهجاً وظيفياً يلائم دراسة الظواهر الاجتماعية، هذا المنهج الذي يحظى بإهتمام علماء الاجتماع في الوقت الحاضر[32]. علماً بأن النزعة الوظيفية عند دوركهايم هي بديل للمنهج الغائي الذي تكشف عنه كتابات كونت وسبنسر. ويفترض هذا المنهج انه يكفي لتفسير الظواهر الاجتماعية ان نقف على قدرتها على اشباع الرغبات الانسانية. لهذا يقول دوركهايم بأن علم الاجتماع يعني بالبحث عن الوظيفة التي تؤديها الظاهرة الاجتماعية، الى جانب إهتمامه بالكشف عن أسبابها الكافية. ويلجأ دوركهايم في تفسيره لمفهوم الوظيفة الى استعارة بعض المفاهيم والافكار البايولوجية. ان الوظيفة بالنسبة لدوركهايم هي نوع من الارتباط بين واقعة معينة

وحاجات الكائن العضوي. وبعبارة اخرى ان وظيفة الظاهرة الاجتماعية هي خلق نوع من التقابل بينها وبين الحاجات العامة للمجتمع. فوظيفة تقسيم العمل مثلاً هي تحقيق التكامل في المجتمع الحديث، لكن ذلك لا يعني ان تقسيم العمل قد وجد اساساً لتحقيق هذا الدور، كما انه ليس من الضروري ان تنطوي هذه الوظيفة على منفعة او فائدة تعود على الفرد مباشرة. فالمهمة الاساسية للتحليل الوظيفي إنما هي الكشف عن الكيفية التي يسهم بها نظام معين او ظاهرة اجتماعية معينة في تحقيق واستمرار الكيان الاجتماعي.

لقد رسم لنا دوركهايم منهجاً علمياً واضح الاسس والمعالم لدراسة شؤون الاجتماع وصحح كثيراً من الاخطاء المنهجية التي وقع فيها كونت وسبنسر ونبه في كتابه " قواعد المنهج " الى الاسس التي ينبغي ان يلتزم بها الباحث في دراساته والتي هي:

1-يجب دراسة الظواهر بوصفها أشياء خارجية منفصلة عن الشعور الذاتي للباحث او العالم.

2-يجب ان يتحرر الباحث من كل فكرة سابقة يحفظها عن الظاهرة حتى لا يقع اسيراً لأفكاره الخاصة.

3-يجب على الباحث ان لا يقيم وزناً لظروفه الذاتية في بحث ظواهر الاجتماع.

4-ينبغي دراسة الظواهر والنظم للكشف عن طبيعتها ونشأتها وتطورها والعلاقات المتبادلة فيما بينها والوصول الى القوانين المنظمة لها. ويجب صياغة هذه القوانين بدقة لأنها هي التي تكون مادة العلم، وبفضل دقتها وضبطها يتعين مركزه بين سائر العلوم. وقد تصاغ هذه القوانين في صور كمية تعبر عن سير الظاهرة بالأرقام والرسوم البيانية او في صور كيفية تحدد الخواص والصفات العامة في قضايا كلية.

**هـ - أقسام علم الاجتماع عند دوركهايم:**

يصنف دوركهايم علم الاجتماع الى ثلاثة أقسام هي:

1-المورفولوجية الاجتماعية (Social Morphology) وتتشعب هذه الى:

أ-جغرافية البيئة الطبيعية وعلاقتها بالتنظيم الاجتماعي,

ب-دراسة السكان وعلاقته بالبيئة[33].

2-الفيزيولوجية الاجتماعية (Social Physiology) وتتشعب هذه الى العلوم التي تـدرس مؤسسـات ونظـم المجتمع، وهذه يمكن درجها على النحو التالي:

أ-علم الاجتماع الديني

ب-علم الاجتماع العائلي

جـ-علم الاجتماع السياسي

د-علم الاجتماع العسكري

و-علم الاجتماع الاقتصادي

ي-علم الاجتماع القانوني

ز-علم الاجتماع التربوي

ل-علم الاجتماع الحضري

ك-علم الاجتماع الريفي

3-علم الاجتماع العام (General Sociology) ويشمل هذا الفرع على فلسفة العلم[34].

والآن نود دراسة هذه الأقسام الثلاثة لعلم الاجتماع بالتفصيل:

**1-المورفولوجية الاجتماعية:**

كان أول ما لفت نظر دوركهايم ان البيئة المحيطة بالانسان بما تشمل عليه من بشر وماء وجماد وهواء تؤثر في الانسان بصورة واضحة وجلية. ومـن الضـروري أن يكـون هنـاك علـم مـن بـين فـروع علـم الاجتماع لدراسة هذه الموضوعات وعلاقتها بأساليب التنظيم الاجتماعي التي تعتمدها المجتمعات. لذلك

اقترح دوركهايم اسم المورفولوجيا الاجتماعية على مثل هذا الموضوع. وتهتم هذه الدراسة بالتركيز على العوامل الجغرافية والبيئية وتوضيح أثرها في طبيعة وشكلية وداينيميكية المجتمع كدراسة آثار المناخ والتضاريس الارضية الطبيعية على نوعية الحياة الاجتماعية المتوفرة في الاقليم الجغرافي. كما تهتم هذه الدراسة بالتوزيع الجغرافي والمهني للسكان والعلاقة بين حجم السكان وحجم الموارد الطبيعية من جهة، وبين حجم السكان وطبيعة التسهيلات الخدمية التي يحتاجها من جهة اخرى. إضافة الى إهتمامها بدراسة العوامل الموضوعية والذاتية لنمو السكان وتوازنه وحركته. وتهتم الدراسة ايضاً بتقسيم المجتمعات البشرية الى أنواع مختلفة حسب درجة تقدمها الحضاري مع الاشارة الى حركة المجتمعات وانتقالها من مرحلة حضارية معينة الى مرحلة اخرى كتقسيم المجتمعات في العالم الى مجتمعات حضرية ومجتمعات ريفية، أو تقسيمها الى مجتمعات اقطاعية ورأسمالية واشتراكية، أو تقسيمها الى مجتمعات رعوية وزراعية وصناعية وتجارية وهكذا.

**2-الفيزيولوجية الاجتماعية أو التشريح الاجتماعي:**

وهذا الموضوع يدرس مظاهر الحياة الاجتماعية بصورها المتباينة ووجوده أنشطة الافراد وتكاملها وعلاقتها بتحقيق الأهداف العليا للمجتمع. علماً بأن الفيزيولوجية الاجتماعية تنطوي على موضوعات كثيرة تشكل التخصصات الفرعية الدقيقة لعلم الاجتماع[35]. فعلم الاجتماع الديني يدرس العلاقة التفاعلية بين المبادىء والقيم والطقوس والشعائر الدينية وبين المجتمع من حيث بنائه ووظائفه وأهدافه وعلاقاته الداخلية والخارجية. وعلم الاجتماع السياسي يدرس العلاقة بين الظواهر والنظم السياسية وبين بنى ووظائف المجتمع، أو يدرس الفعل ورد الفعل بين الدولة كمؤسسة سياسية والمجتمع. أما علم الاجتماع الاقتصادي فيدرس العلاقة بين الظواهر الاقتصادية في المجتمع كالانتاج والتوزيع والاستهلاك وبين طبيعة المجتمع بصفتها الستاتيكية والداينيميكية.

ومن الجدير بالذكر ان دراسة الفيزيولوجية الاجتماعية تعني التخصص في موضوعات تهتم بدراسة جوانب معينة من حياة المجتمع كالجوانب الدينية والاخلاقية والاسرية والسياسية والاقتصادية والقانونية والعسكرية والتربوية...الخ. الا ان مثل هذه الدراسة لجوانب وأنشطة المجتمع تركز على الاعتبارات الانسانية والقيمية والتفاعلية باعتبارها حجر الاساس في ظهور واستمرارية وداينميكية المجتمع. لكن موضوعات الفيزيولوجية الاجتماعية التي تهتم بهذه الدراسات كثيرة ومتنوعة أهمها علم اجتماع الدين وعلم اجتماع التربية وعلم اجتماع القانون وعلم الاجتماع الاقتصادي وعلم الاجتماع السياسي...الخ. ان جميع هذه العلوم تحاول فهم بنى ووظائف المجتمع في ضوء فرضيات ونظريات وقوانين علم الاجتماع.

## 3-علم الاجتماع العام:

لاحظنا ان علم الاجتماع لا يقتصر على موضوع واحد كما تصور ذلك كونت وانما ينطوي على الكثير من الموضوعات التي تجعل منه دائرة من المعارف الاجتماعية التي يتطلب من طالب علم الاجتماع الاحاطة بها والتخصص في احد موضوعاتها. من هنا كان من الضروري ان يكون هناك ما يسمى بعلم الاجتماع العام (General Sociology) أي العلم الشامل الذي يجمع النتائج والقوانين العامة التي تصل اليها فروع علم الاجتماع مهما تباينت مقدمات تلك النتائج واساليب استنباط تلك القوانين[36].

ومن الجدير بالذكر ان وظيفة علم الاجتماع العام تتلخص بجمع النتائج التي توصلت اليها العلوم الاجتماعية الاخصائية كالسياسة والتربية والقانون والاقتصاد وعلم الأخلاق والدين، ثم بعد ذلك تشخيص الحقائق الاجتماعية المشتركة التي تكمن فيها، وبالتالي كشف احتمالية وجود القوانين العامة التي تفسر ـ الظواهر والعمليات الاجتماعية تفسيراً علمياً عقلانياً[37]. ويمكننا في هذا الصدد تشبيه علم الاجتماع العام بعلم البايولوجي العام حيث ان العلم الاخير يهدف الى دراسة القوانين العامة

التي تفسر علوم الحياة، في حين يهدف علم الاجتماع الى جمع وتصنيف الحقائق الاجتماعية التي تكتنفها العلوم الانسانية الاخصائية واشتقاق قوانين شمولية منها لها القابلية على تفسير الواقع الاجتماعي بشقيه الموضوعي والذاتي. وفي هذا الصدد لابد من القول أن لعلم الاجتماع مدلولين: مدلول شامل يعني دراسة جميع العلوم الاجتماعية دراسة اخصائية موضوعية بعيدة كل البعد عن الاهواء والنزعات النفسية، ومدلول خاص يعني دراسة الحقائق والظواهر الاجتماعية المشتركة التي تكمن في العلوم الاجتماعية مع فهم أنماط الايديولوجيات والممارسات والعلاقات الاجتماعية ومعرفة الظروف التي تحكم شكلية ومسارات ومتطلبات التنمية والتقدم الاجتماعي.

**و - التفسير الاجتماعي للانتحار عند دوركهايم:**

تناول دوركهايم ظاهرة الانتحار من خلال دراساته الاخلاقية والقيمية، فقد حاول استخدام المنهج الكمي (الاحصائي) في دراسة الجوانب المختلفة لظاهرة الانتحار، وانتهى من دراسته الى استنباط قانون اجتماعي عن الانتحار مفاده ان الميل الى الانتحار يتناسب تناسباً عكسياً مع درجة التكامل في المؤسسة الدينية، ومع درجة التماسك في الاسرة، ومع درجة الوحدة التي بلغتها المؤسسة السياسية[38]. فكلما كانت هذه المؤسسات الثلاث (الدين والاسرة والدولة) قوية وفاعلة كلما اشتدت سلطتها على الافراد الذين ينتمون اليها وكلما انخفض عدد المنتحرين من أعضائها. ولكن اذا ضعف كيان هذه المؤسسات ووهنت سلطتها وأضمحل نفوذها وتحرر الافراد من رقابتها وانهار الشعور الجمعي في نفوسهم وتغلبت الروح الفردية والانانية عليهم وغاب عندهم الوازع الديني والاسري والسياسي، فانهم يتصرفون حسب ارادتهم الخاصة. وهذا التصرف غير الملتزم والبعيد عن المعايير الاخلاقية والقواعد الاجتماعية ينتج في زيادة معدلات الأنتحار وظهور موجات الأنتحار التي تخيم على المجتمع.

تعتبر دراسة الانتحار التي قام بها دوركهايم من أهم الدراسات التي نشرها خلال فترة حياته. فدراسته للأنتحار كانت توضح طبيعة منهجيته العلمية (السسيولوجية) التي اعتمدها في دراسة الظواهر الاجتماعية ومشكلات الحضارة والمجتمع، وتشير في الوقت ذاته الى عقم علم النفس العام أو علم النفس الطبي في تفسير الظاهرة وملابساتها[39]. اضافة الى تعريف الدراسة لمفهوم الأنتحار وتصنيف أنواعه وتحليل عوامله السببية على نحو من العلمية والموضوعية.

ظهرت دراسة دوركهايم عن الأنتحار في كتابه الموسوم " الانتحار " الذي نشر في عام 1897 والذي ترجم الى اللغة الانكليزية في عام 1952. وقد بدأ دوركهايم دراسته هذه بقوله ان الحقائق الاجتماعية يجب النظر اليها ودراستها كظواهر اجتماعية خارجة عن إطار وشخصية ومقاصد وميول وإتجاهات الفرد. وإن النظم الاجتماعية كالأسرة والدين والدولة والزواج والعادات والتقاليد ونظام تقسيم العمل والمؤسسات التربوية والاقتصادية هي قوى اجتماعية تعلو على الفرد وتقيد حرياته الشخصية وقواه التفكيرية والادراكية. وعلم الاجتماع ينبغي ان يكون موضوعاً علمياً يهتم فقط بدراسة الحقائق والادلة الموضوعية كما هي ويبتعد عن الاهواء والنزعات والمقاصد الذاتية التي تفسد درجة مصداقية وثبات الحقائق الاجتماعية. والانتحار انما هو ظاهرة اجتماعية ينبغي ان يهتم بدراستها العالم الاجتماعي وليس المحلل النفسي أو الاختصاصي النفسي او الاختصاصي بالامراض الفيزيولوجية او العقلية لأنها أقرب الى اختصاصه (اختصاص عالم الاجتماع) طالما انها تتعلق بالمحيط الذي يعيش فيه الفرد ويتفاعل معه[40]. وبالرغم من عملية الانتحار هي عملية شخصية بحتة الا أنها لا تخرج عن نطاق المجتمع الذي يعيش فيه المنتحر اذ ان القوى الاجتماعية المحيطة به وليس حالته النفسية هي التي تدفعه الى قتل وتدمير ذاته.

يقول دوركهايم بأن لكل مجتمع ميل او اتجاه جمعي يدفع بعض أفراده الى الانتحار. وهذا الميل أو الأتجاه يعبر عنه بواسطة معدلات الانتحار في المجتمع

والتي لا تتغير الا بتغير طبيعة وظروف ذلك المجتمع. ويضيف دوركهايم قائلاً بأن التناقضات والأخطاء التي قد تظهر في البناء الاجتماعي لابد ان تكون عاملاً من عوامل تفاقم مشكلة الانتحار[41]. فكلما كان الأفراد منسجمين مع المجتمع ومتكيفين لعاداته وتقاليده وظروفه وملابساته كلما تنخفض فيه نسبة الانتحار. والعكس هو الصحيح اذا كان الافراد غير متكيفين مع المجتمع ويعانون من مشكلات عدم التكامل وعدم الانسجام. لهذا السبب نرى بأن نسب الانتحار عالية في المجتمعات الصناعية المعقدة وواطئة في المجتمعات الزراعية البسيطة التي تتكون من جماعات تربط أفرادها علاقات ايجابية ومتكاملة. لهذا يشير دوركهايم الى ان نسب الانتحار تكون عالية في المدن ومنخفضة في القرى والأرياف، وتكون عالية بين العزاب وواطئة بين المتزوجين لاسيما هؤلاء الذين لديهم اطفال. وتكون عالية بين المسيحيين البروتستانت ومنخفضة بين اليهود والمسلمين. وأخيراً تكون نسب الانتحار بين العسكريين أعلى من نسب الانتحار بين المدنيين[42].

ويقوم دوركهايم بتمييز ثلاثة أنواع من الانتحار، وهذا التمييز يعتمد على طبيعة اختلاف التوازن الذي يطرأ على العلاقة بين الفرد والمجتمع. وأنواع الانتحار الثلاثة التي يدرسها دوركهايم هي كالآتي:

1-انتحار الوحدانية أو العزلة الاجتماعية  (Egoistic Suicide) :

يظهر هذا النوع من الانتحار نتيجة لانعزال الفرد عن المجتمع لسبب أما يتعلق بالفرد نفسه او يتعلق بالمجتمع الذي ينتمي اليه الفرد ويتفاعل معه. فهذا الفرد لا يستطيع تكوين علاقة طبيعية مع المجتمع لعدم تذوقه لقوانين وعادات وتقاليد المجتمع وسخطه على نظامه ووضعه العام. والمجتمع من جانبه لا يعطي المجال للفرد بالتفاعل معه والانسجام مع مؤسساته البنيوية نظراً لتناقض ميوله واتجاهاته ومصالحه وأهدافه وقيمه مع تلك التي يتمسك ويؤمن بها الفرد. لذا يشعرالفرد بالبعد والاغتراب عن المجتمع. وهنا يفقد آماله وطموحه ويضيع كل شيء له علاقةبالمجتمع ويفشل في تذوق ثمرة عمله وجهوده، لذا تنعدم عنده معاني الحياة السامية

ويفقد مثله وقيمه ومقاييسه. بعد ذلك يصاب بمرض نفسي خطير قد يؤدي به الى الانتحار[43]. وهذا النمط من الانتحار غالباً ما يصيب الاشخاص المعدمين والمحرومين والذين يعانون من الامراض النفسية والعقلية.

**2-انتحار التضحية في سبيل الآخرين (Altruistic Suicide):**

يعتبر انتحار التضحية في سبيل الآخرين مناقضاً من حيث أسبابه ودوافعه لانتحار الوحدانية او العزلة الاجتماعية. فهو ناتج عن شدة تماسك وانسجام الفرد مع جماعته وقوة علاقته الاجتماعية معها[44]. ذلك ان جماعته كما يعتقد لها أهميتها وفاعليتها في وجوده وكيانه فهو لا يستطيع العيش دون وجودها ويكون معتمداً عليها ومتأثراً بتعاليمها وفلسفتها وأساليبها السلوكية، كما يكون مستعداً على التضحية بماله ونفسه من أجل بقائها واستمرارها اذا تعرضت للخطر والتهديد. وعندما تتعرض الجماعة هذه لخطر العدوان أو التفكك فانه يقوم بالدفاع عنها بكل ما يملك من قوة وبأس، وفي أحيان كثيرة ينتهج الصيغ الانتحارية لانقاذها من مأزق التشتت والانهيار والفناء. واذا فشل في انقاذ الجماعة من الخطر فانه يقدم على الانتحار علماً منه بأنه لا يستطيع العيش بدونها ولا يريد مشاهدة وضعها البائس والمتشتت بعد عجزها في درء الأخطار والتحديات عنها. وما العمليات الانتحارية التي يقوم بها بعض أفراد القبائل عندما تتعرض قبائلهم للغزو والاحتلال والسبي من قبل القبائل الاخرى الا مثال حي على هذا النوع من الانتحار.

**3-انتحار التفسخ الاجتماعي (Anomic Suicide) :**

يظهر هذا النوع من الانتحار عندما يفشل المجتمع في السيطرة على سلوك وعلاقات أفراده، وعندما تتفسخ الاخلاق والآداب والقيم وتضعف العادات والتقاليد وتعم الفوضى والفساد في ربوع المجتمع[45]. وهنا يفقد الفرد آماله وطموحاته وتضعف أو تنعدم عنده الرغبة في التفاعل مع الآخرين والانسجام معهم. وعندما يشعر الفرد بعدم قدرته على وضع حد لهذه الحالة المتفسخة والشاذة وعجزه عن

تغيير المجتمع نحو الأحسن فانه يصاب باليأس والقنوط وانعدام الآمال والاهداف. ومثل هذه الحالة تلحق به المرض النفسي والكآبة والاشمئزاز من الحياة. وجميع هذه العوامل قد تقوده الى قتل نفسه والتخلص من الحياة[46]. اذن التفسخ الاجتماعي (Anomie) الذي يعبر عن نفسه في ارتباك موازين الحياة واضطراب قيمها ومقاييسها وتشتت آمال وأهداف الفرد وتناقض مصالحه مع مصالح المجتمع لابد أن يدفع عدداً غير قليل من أبناء المجتمع الى الانتحار. أما الأفراد الذين يتعرضون لهذا النمط من الانتحار فهم المطلقون والمطلقات والمسنون والمسنات الذين يعتقدون بقيم ومقاييس ومثل معينة اكتسبوها من وسط المجتمع الذي عاشوا فيه وتفاعلوا معه. وعندما تغير هذا المجتمع وتغيرت معه القيم والمقاييس والمثل لم يستطع الافراد المسنون مثلاً تغيير قيمهم ومثلهم القديمة وادخال القيم والمثل الجديدة التي دخلت المجتمع مؤخراً. وهنا يتعرض هؤلاء الى عدم التكيف والانسجام مع المجتمع الجديد، فيفقدوا طموحاتهم وأهدافهم ويصبحوا من نقاد المجتمع والحاقدين عليه. وعندما يفشلون في تغييره أو اصلاحه وفق أفكارهم وقيمهموميولهم واتجاهاتهم فانهم سرعان ما يصابون بخيبة الأمل واليأس. ومثل هذه الحالة المأساوية قد تدفع بعضهم الى الانتحار للتخلص من الحياة ومنغصاتها وهمومها.

ي - نظرية التغير الاجتماعي عند دوركهايم :

تستند نظرية التغير الاجتماعي التي طرحها دوركهايم في العديد من مؤلفاته لاسيما كتاب " تقسيم العمل " على دراسته لتصنيف المجتمعات الى مجتمعات ميكانيكية لا تعتمد على نظام تقسيم العمل ومجتمعات عضوية تعتمد على نظام دقيق من التخصص وتقسيم العمل[47]. وبموجب طبيعة التماسك الاجتماعي المسيطر على المجتمع (التماسك الميكانيكي أو التماسك العضوي) يصنف دوركهايم المجتمعات الى مجتمعات ضيقة النطاق ومجتمعات واسعة النطاق. ذلك ان المجتمعات ضيقة النطاق تتحول تاريخياً وحتمياً الى مجتمعات واسعة النطاق. علماً بأن المجتمعات

ضيقة النطاق هي المجتمعات التي تخلو من التراكيب الاجتماعية المتداخلة، كما تخلو من تقسيم العمل والتخصص فيه[48]. أي ان الأفراد في هذه المجتمعات لا يتخصصون في أعمال معينة بـل يـؤدي كـل واحـد منهم عدة أعمال في آن واحد. ونتيجة لهذه الحالة نلاحظ بأن المجتمـع برمته يتحرك ككتلة واحـدة مـن خلال أدائه لأنشطته.

ويذهب دوركهايم الى القول بأن أول شكل اجتماعـي يمكن تصوره او افتراضه لنشأة الحيـاة الاجتماعية هو الرابطة (Horde) ثم العشيرة (Clan) ثم الاتحاد (Fraternity) أو الاخـوة واخيراً القبيلـة (Tribe) . وتعتـبر كافـة هـذه التنظيمـات الاجتماعيـة بدائيـة لأنهـا لا تعتمـد عـلى مبـدأ تقسـيم العمل والتخصص فيه.

أما المجتمعات واسعة النطاق فهي المجتمعات التي تتميز بالتركيب المعقد وبالخضوع لقاعدة تقسيم العمل. ومن امثلة هذا النمط من المجتمعات المدن اليونانية والرومانية والامبراطوريات القديمـة. وتغلب على هذه المجتمعات سيادة الاعراف والتقاليد والخضوع لسلطان العادات الاجتماعية.

ويخبرنا دوركهايم بأن المجتمعـات شيقة النطاق ذات التماسك الميكـانيكي تتحول تاريخيـاً الى مجتمعات واسعة النطاق، هذه المجتمعات التي تتسم بالتماسك العضوي المبني على مبادىء التعاقد والقانون والنزعة الفردية. فالتماسك الميكانيكي يقوم على أساس التماثل. ذلك ان الأفراد في المجتمعات التي يسود فيها التماسك الميكانيكي يتماثلون تماثلاً كبيراً لأنهم يشعرون بنفس المشاعر ويعتزون بـنفس القيم ويتمسكون بالعقائد المقدسة والطقوس الاجتماعية المتوارثة. لذا فوحدة هذه المجتمعـات تنبع مـن عـدم تباين أفرادها. أمـا التماسك العضوي فيعتمـد عـلى اجمـاع واتحـاد يعبران عـن وجودهما في حالة مـن الاختلاف، اذ لا يكون الافراد في هذا الصنف من المجتمعات متماثلين بل يتباينون، وانهـم نتيجـة اختلافهم هذا يتحقق للمجتمع اجماع تضامني عام[49].

ان نظرية دوركهايم عن التغير الاجتماعي وتقسيم المجتمعات انما تأخذ بعين الاعتبار العامل الاساسي الذي يكمن خلف حركة التغير والمراحل الحضارية التاريخية التي تمر بها المجتمعات البشرية. فالمجتمعات حسب تعاليم دوركهايم تتحول من مجتمعات ميكانيكية الى مجتمعات عضوية. علماً بأن المجتمعات الميكانيكية تتميز بصفات اجتماعية وحضارية تختلف عن تلك التي تتميز بها المجتمعات العضوية. ويعتمد دوركهايم على مبدأ تقسيم العمل والتخصص فيه عند قيامه بتصنيف المجتمعات. فالمجتمع الميكانيكي هو المجتمع البسيط الذي لا يعتمد على نظام التخصص في العمل، بينما المجتمع العضوي هو المجتمع المعقد الذي يعتمد على نظام التعاقد وتقسيم العمل.

وهنا يدخل دوركهايم الى دراسة العامل المسؤول عن عملية التغير الاجتماعي. ان التغير من المجتمع الميكانيكي او البسيط الى المجتمع العضوي او المركب يعتمد على عامل زيادة معدلات السكان بالنسبة لمساحة الأرض وكميات الموارد الطبيعية المتاحة. ان الزيادة السكانية التي لا تقابلها زيادة مماثلة في كمية الموارد والخيرات الطبيعية تؤدي الى زيادة حجم الطلب على البضائع والخدمات. وزيادة حجم الطلب على المواد تفرض على السكان اعتماد نظام تقسيم العمل والتخصص فيه، هذا النظام الذي تتمخض عنه زيادة في الانتاج وبالتالي ارتفاع المستوى المعاشي والاجتماعي للسكان. لكنه عندما يتحول المجتمع من مجتمع غير متخصص الى مجتمع متخصص في العمل فان التماسك الاجتماعي فيه يتحول من نمط التماسك الميكانيكي الى نمط التماسك العضوي[50].

بعد هذه الحقائق التي يزودنا بها دوركهايم عن تصنيف وتحول المجتمعات يقوم بتحديد السمات التي تميز المجتمعات الميكانيكية عن المجتمعات العضوية. ذلك انه يقول بأن المجتمعات الميكانيكية هي المجتمعات البسيطة والصغيرة الحجم التي لا تعتمد على نظام تقسيم العمل. وهذا يشير الى ان مستوياتها الانتاجية والمادية واطئة ودرجة تقدمها العلمي والتكنولوجي متخلفة. وان العلاقات الاجتماعية فيها

قوية ومتماسكة ووسائل ضبطها الاجتماعي تتمحور حول العـادات والتقاليـد والأديـان والأعـراف والضـمير والرأي العام. كما ان العاطفة والانفعال وروح المودة والشفقة مسيطرة على عقول أبناءها.

أما المجتمعات العضوية فهي المجتمعات المركبة او المعقدة التي تتشعب الى أجزاء متباينة لكنها متكاملة بعضها مع بعض. وهذه المجتمعـات تعتمـد عـلى مبـدأ تقسـيم العمـل والتخصـص فيـه وتتمتع بمستوى انتاجي ومعاشي عال، وتكون فيها مهن الزراعة والصناعة والتجارة والخدمات متطورة وعلى جانب كبير من التقدم والنهوض. أما درجة التقدم العلمـي والتكنولـوجي في هـذه المجتمعـات فتتميـز بالنضـوج والفاعلية. في حين تتحدد وسائل ضبطها الاجتماعي في قنـوات عـدة أهمهـا الشرائـع والقـوانين والمحـاكم وقوات الشرطة والأمن. ويكون المجتمع العضوي مجتمعاً تعاقدياً بعيداً عن العاطفة والانفعـال، اذ تسـود فيه العلاقات الاجتماعية الرسمية وتضمحل فيه الروح الجماعية والعشـائرية. ويعطـى الفـرد في مثـل هـذا النمط من المجتمع حريات العمل والاجـتماع والعقيـدة والتفكير واتخـاذ القـرار بمـا يـتلاءم مـع مصـالحه وميوله واتجاهاته واهدافه القريبة والبعيدة. وأخيراً تسـود الحريـة والديمقراطيـة والعدالـة الاجتماعيـة في المجتمع العضوي نظراً لأرتفاع المستوى الثقافي والتعليمي لأبنائه.

# الهوامش والمصادر

(1)Coser, L.A. Masters of Sociological Thought, New York, Harcourt Brace, 1977, P.143.

(2)Ibid., P.145.

(3)Ibid., P.146.

(4)Martinedale, Don. The Nature and Types of Sociological Theory, Boston Houghton Mifflin Co., 1981, P.100.

(5)Coser, L. Masters of Sociological Thought, P.148.

(6) الخشاب، مصطفى (الدكتور). علم الاجتماع ومدارسه، الكتاب الثالث، القاهرة، مكتبة الانجلو المصرية، 1978، ص9.

(7) نفس المصدر السابق، ص10.

(8) عبدالباقي، زيدان (الدكتور). التفكير الاجتماعي: نشأته وتطوره، القاهرة، مطبعة دار نشر ـ الثقافة، 1991، ص214.

(9)Parsons, T. " Emile Durkheim, International Encyclopedia of the Social Sciences, New York, Macmillan, 1979.

(10)Durkheim, Emile. The Rules of Sociological Method, New York, the Free {ress, 1980, P.2.

(11)Ibid., P.5.

(12)Coser, L.A. Masters of Sociological Thought, P.129.

(13)Ibid., P.130.

(14)Ibid., P.132.

(15)Durkheim, Emile. The Rules of Sociological Method, P.2.

(16)Ibid., P.110.

(18) الحسن، احسان محمد (الدكتور). علم الاجتماع: دراسة تحليلية في النظريات والنظم الاجتماعية، بغداد، مطبعة التعليم العالي، 1988، ص148.

(19) نفس المصدر السابق، ص148-149.

(20) نفس المصدر السابق، ص149.

(21)Martindale, D. The Nature and Types of Sociological Theory, PP.102-103.

(22)الحسن، احسان محمد (الدكتور). علم الاجتماع: دراسة تحليلية في النظريات والنظم الاجتماعية، ص149.

(23)تيماشيف، نيقولا: نظرية علم الاجتماع: طبيعتها وتطورها، ترجمة الدكتور محمود عوده وآخرون، القاهرة، دار المعارف، 1983، ص172.

(24) نفس المصدر السابق، ص173.

(25) نفس المصدر السابق، ص176.

(26) نفس المصدر السابق، ص177.

(27)Martindale, D. The Nature and Types of Sociological Theory, P.101.

(28)Ibid., P.102.

(29) عبدالباقي، زيدان (الدكتور). التفكير الاجتماعي: نشأته وتطوره، ص231.

(30) نفس المصدر السابق، ص232.

(31) نفس المصدر السابق، ص232-233.

(32)Durkheim, Emile. Rules of Sociological Method, P.97.

(33)Ginsberg, M. Sociology, London, Oxford University Press, 1980, P.14.

(34)Ibid., P.15.

(35)Ibid., PP.14-15.

(36)Ibid., P.16.
(37)Ibid., PP.15-16.
(38)Durheim, Emile, Suicide, New York, the Free Press, 1981, P.209.
(39)Coser, L.A. Masters of Sociological Thought, PP.129-130.
(40)Ibid., PP.130-131.
(41)Ibid., PP.132-133.
(42) الحسن، احسان محمد (الدكتور). علم الاجتماع: دراسة تحليلية في النظريات والنظم الاجتماعية، ص152.
(43) نفس المصدر السابق، ص152-153.
(44) نفس المصدر السابق، ص153.

(45)Durkheim, Emile, Suicide, P.212.

(46)Ibid., P.215.

(47)Durkheim, Emile, Division of Labour in Society, New York, The Free Press, 1986, P.130.

(48)Ibid., P.132.

(49)عبدالباقي، زيدان (الدكتور). التفكير الاجتماعي: نشأته وتطوره، ص235.

(50)Durkheim, Emile. Division of Labour in Society,  PP.129-131.

# الفصل السابع عشر

# النظرية الاجتماعية عند ماكس فيبر

**أ-مقدمة تمهيدية:**

ماكس فيبر هو من اشهر علماء الاجتماع الالمان بل ومن اشهر علماء الاجتماع الذين ظهروا في الغرب. ولد في المانيا عام 1864 وتعلم في جامعاتها وحصل على شهادتي دكتوراه من جامعة برلين هما دكتوراه الفلسفة في عام 1889 على رسالته " تاريخ الجمعيات التجارية في القرون الوسطى " ، ودكتوراه هابيل (دكتوراه علوم) في عام 1891 على رسالته " التاريخ الزراعي الروماني "، هذه الشهادة التي مكنته من التعيين في جامعة فريبرك بمرتبة استاذ[1]. ولشهرته العلمية نتيجة لمؤلفاته ومؤهلاته العلمية وتدريسه الجيد انتقل الى جامعة هايدليبرك كاستاذ ثم الى جامعة فرانكفورت وبرلين التي كان يدرس فيها موضوعات علم الاجتماع والتاريخ الاقتصادي والاجتماعي والقانون. وخلال فترة بقائه في الجامعة استطاع نشر عدة مؤلفات مهمة في علم الاجتماع أدت دورها الكبير في تنمية وبلورة النظرية الاجتماعية المعاصرة[2]. ومن اهم مؤلفاته الاجتماعية والاقتصادية ما يلي:

1-نظرية التنظيم الاقتصادي والاجتماعي.

2-تاريخ الاقتصاد في اوربا.

3-التاريخ الاجتماعي في اوربا.

4-منهجية العلوم الاجتماعية.

5-المدينة.

6-الاخلاق البروتستانتية وروح الرأسمالية.

7-الدين في الهند.

8-الدين في الصين.

9-الدين في اليابان.

10-علم اجتماع الدين.

11-الاقتصاد والمجتمع والدين.

12-السلطات السياسية.

13-المفاهيم الاساسية في علم الاجتماع.

14-الاتجاهات الرئيسية في الفكر الاجتماعي.

ومن خلال هذه المؤلفات المهمة عالج العديد من الموضوعات الاجتماعية وبرهن على كفاءته التحليلية ونظرته العلمية الثاقبة الى الظواهر والعمليات الاجتماعية وقدرته على الفصل بين الحقائق والقيم واستقامة منهجيته واصالة استنتاجاته وحسن ربطه بين المتغيرات واستنباطه للقوانين الشمولية عن المجتمع وتاريخه القديم والمعاصر[3].

ان الاضافات الفكرية والعلمية والمنهجية التي قدمها ماكس فيبر لعلم الاجتماع والتي ساهمت مساهمة مجدية في تنمية واتساع افقه وتعاظم قدراته التحليلية والبحثية يمكن اجمالها بالنقاط التالية:

1-دراسته لمفهوم علم الاجتماع وانماط الحدث والسلوك الاجتماعي.

2-العلاقة بين الدين والاقتصاد.

3-منهجيته العلمية في البحث والتحليل.

4-دراسته للبيروقراطية.

5-دراسته للسلطات السياسية.

6-دراسته للطبقات الاجتماعية والصراع الطبقي.

والآن نود شرح وتحليل هذه المحاور بالتفصيل لكي نفهم نظرية فيبر الاجتماعية ونلم بطروحاته السياسية، ونفهم منهجيته العلمية، ونستوعب تعاليمه في الادارة والبيروقراطية، ونتعرف على نظرته للعلاقة بين الدين والاقتصاد، واخيراً ندرك ما قاله عن الطبقية والصراع الطبقي.

**ب-مفهوم علم الاجتماع والسلوك الاجتماعي:**

يعرف ماكس فيبر علم الاجتماع في كتابه " نظرية التنظيم الاجتماعي والاقتصادي " بالعلم الـذي يفهم ويفسر السلوك الاجتماعي[4]. وبالسلوك الاجتماعي يعني فيبر اية حركة او فعالية مقصودة يؤديها الفرد وتأخذ بعين الاعتبار وجود الافراد الآخرين[5]. وقد يكون سببها البيئة او الاحداث التـي تقـع فيهـا او الاشخاص الذين يلازمون الفاعل الاجتماعي (The Social Actor) الذي يقـوم بعمليـة الحـدث او السـلوك. والسلوك الاجتماعي يعتمد عادة على ثلاثة مقاييس اساسية هي:

أ-وجود شخصين او اكثر يتفاعلان معاً ويكونان السلوك او الحدث الذي نريد دراسته في هذا المقام.

ب-وجود ادوار اجتماعية متساوية او مختلفة يشغلها الافراد يقومون بالسلوك.

جـ-وجود علاقات اجتماعية تتزامن مع عملية السلوك.

بيد ان سلوك الفرد يتغير من وقت لآخر تبعاً لطبيعة وأهميـة الادوار الاجتماعيـة التـي تتفاعـل مع دوره الوظيفي. فسلوك الطفل، الذي يتجسد في كلامه مع دوره وسكناته، ازاء اخيه الطفل يختلف عـن سلوكه ازاء والده او والدته. كذلك يختلف سلوك الطالب عنـدما يكـون باتصـال مـع الطالـب عـن سـلوكه عندما يكون باتصال مع المعلم او مدير المدرسة. اذن يعتمد السلوك الاجتماعي للفرد عـلى طبيعـة الادوار الوظيفية التي يشغلها، ونستطيع تنبؤ سلوك الفرد من معرفتنا لدوره الاجتماعـي[6]. فنحن نستطيع تنبؤ سلوك الطبيب او سلوك المريض او سلوك الضابط او الجندي من معرفتنا لادوارهم.

وبفهم وتفسير السلوك الاجتماعي يعني فيبر الاسباب الدافعة للسلوك وانماطه الاساسية. فالسلوك الاجتماعي قد يكون سببه العاطفة او الانفعال او العادات والتقاليد الاجتماعية او العقل والمنطق والبصيرة والادراك الواعي. لهذا يمكن تقسيم السلوك الاجتماعي حسب السبب او الدافع الى ثلاثة أنواع اساسية هي:

أ-السلوك الاجتماعي الانفعالي او الغريزي [7]. وهو السلوك الانفعالي والعاطفي من ناحية الواسطة (Means) والغاية (End) . ومصدره الغريزة او العاطفة التي غالباً ما تتناقض مع العقل والحكمة والبصيرة وما تقره الحياة الواقعية التي يعيش فيها الافراد. والغريزة هي ميل او اندفاع حيواني او بايولوجي ينبعث من منطقة اللاشعور ويدفع صاحبه الى العمل من اجل اشباع متطلباته وحاجاته الحيوانية والشهوانية دون التفكير بالنتائج او العواقب التي تتبع الحدث الغريزي [8].

وللانسان حسب آراء البروفسور مكدوكل (Professor McDougall) غرائز كثيرة اهمها غريزة حب التملك والخوف والهرب والغريزة الجنسية وغريزة الاستسلام والخضوع وغريزة الامومة وغريزة الموت والدمار وغريزة حب الاستطلاع... الخ [9]. تقع هذه الغرائز الحيوانية حسب رأي فرويد في منطقة الأنا السفلى (The Id) . والغرائز التي تخرج من هذه المنطقة تدفع صاحبها لتكوين العلاقات والتفاعل مع الآخرين والتجاوب او التصادم معهم من اجل اشباع حاجاتها ودوافعها. لكن الفرد لا يكون خاضعاً خضوعاً تاماً للحاجات والدوافع الحيوانية، فهناك منطقة الذات (Ego) الموجودة في العقل الظاهري (Conscious Mind) التي تهذب وتضبط وتهيمن على الدوافع الغريزية غير المهذبة وتمنعها من جلب الضرر بالانسان والمجتمع [10].

ان الدوافع الغريزية تريد الانطلاق واشباع نزواتها وحاجاتها الحيوانية، لكن الانسان السوي يمنع انطلاق الغرائز بفضل وجود العقل الظاهري الذي يمتلكه، هذا العقل الذي يكبت الغرائز ويمنع خروجها ويهذبها لخير وسعادة الانسان وتقدم

ورفاهية المجتمع. لكن الغرائز تسبب لحاملها المنازعات والمشكلات والقلاقل التي تكدر راحته وصفوّ حياته، لهذا ينبغي السيطرة عليها وتوجيه دوافعها نحو تحقيق اهدافه وطموحاته بصورة عقلانية ومهذبة تتنافى مع صيغ العمل الغريزي. ان السلوك الاجتماعي الغريزي كما يشير فيبر يتمثل في النزاع والصراع بين الاصدقاء والدول وفي الغيرة والحسد والنميمة والنفاق وولوج الانسان في عالم الخلاعة والمجون والملذات وانطوائه الى الخمول والكسل واللامبالاة. كما يتمثل هذا السلوك بالجرائم التي يرتكبها الافراد كالسرقة والقتل والاغتصاب والتزوير والاحتيال.

ب-السلوك الاجتماعي التقليدي. يتأتى هذا السلوك من عادات وتقاليد وقيم ومثل واخلاق المجتمع[11]. وهذه الضوابط الاجتماعية التقليدية تحدد سلوك الانسان وتنظم علاقاته بالآخرين وترسم اهدافه وطموحاته ومصالحه التي غالباً ما تنطبق مع تلك التي يعتمدها المجتمع ويؤمن بها. ويكتسب الفرد هذا النمط من السلوك منذ حداثة حياته من المؤسسات والمنظمات البنيوية التي يحتك بها ويتفاعل معها كالعائلة والقرابة والمجتمع المحلي وجماعة اللعب والمدرسة والجامع او الكنيسة.... الخ. ان هذه المؤسسات والمنظمات تزرع عند الفرد بذور هذا النمط من السلوك وتصب في عروقه النموذج التقليدي للسلوك الاجتماعي السوي الذي ينسجم ويتفق مع اخلاقية وسلوكية المجتمع، هذه الاخلاقية والسلوكية التي تمرر عبر الاجيال وتشارك مشاركة فعالة في تحقيق وحدة المجتمع وقوته. ويتجسد هذا النوع من السلوك بطقوس السلام والتحيات التي يمارسها الافراد في حياتهم اليومية، كما يتجسد في مراسيم الاعياد والمناسبات الوطنية والدينية وحفلات الزواج والختان ومآتم التشييع والحزن.

جـ-السلوك الاجتماعي العقلي. وهو السلوك الذي يتميز بالتعقل والحكمة والمنطق والبصيرة والادراك الثاقب للامور والقضايا والمشكلات[12]. ويخرج هذا السلوك من منطقة الذات التي تعبر عن ماهية وحقيقة العالم الخارجي والحياة الاجتماعية

التي يعيشها الافراد والجماعات. وعند الاقتداء بهذا النمط من السلوك يعتمد الفاعل الاجتماعي (Social Actor) في احتكاكه مع الآخرين وتفاعله مع المجتمع اللغة الرفيعة والكلام المهذب والاخلاق العالية والحجج والمسوغات الموضوعية للافعال التي يمارسها. كما يتظاهر بالرقة والوداعة والعفة والطهارة عند مقابلته للآخرين لكي يكسب ثقتهم وينال استحسانهم. وهنا يستطيع الفرد بذكائه وقابلياته وحسن سلوكه تحقيق مآربه وطموحاته التي قد تكون مشروعة او غير مشروعة. وقد يلبي هذا النمط من السلوك دوافع ورغبات وشهوات العقل الباطني بعد ان يستعمل اساليب المنطق والحكمة والدراية والفطنة في تحقيق نزوات الفرد وحاجاته والتي تنبعث من الميول والاتجاهات الغريزية الكائنة في منطقة اللاشعور.

ويقسم فيبر هذا النمط من السلوك الى ثلاثة انواع حسب طبيعة الواسطة والغاية علماً بأن لكل سلوك مهما يكون نوعه واسطة وغاية كما اسلفنا سابقاً.

1-سلوك اجتماعي عقلي ذو واسطة عقلية وغاية غير عقلية[13]. بالواسطة او الغاية العقلية نعني الواسطة او الغاية الاخلاقية والشريفة والمهذبة التي تنسجم مع اخلاقية وتعاليم ومثل المجتمع وتتكيف بمجالها وتسير في فلكها. اما الواسطة او الغاية غير العقلية فهي الواسطة او الغاية غير الشريفة واللا اخلاقية التي تتنافر وتتناقض مع تعاليم ومثل واهداف وتراث المجتمع. ويتمثل هذا النوع من السلوك بحالة المنتج الرأسمالي المحتكر الذي يستعمل الآليات الميكانيكية الحديثة ويعتمد الخبرات العلمية في الانتاج والتنظيم من اجل خلق البضاعة التي يحتاجها المجتمع. واستغلال الافراد لاسيما عندما يفرض اسعاراً عالية عليهم. اذن الواسطة اخلاقية وهي الانتاج الآلي وتهيئة البضاعة المطلوبة، ولكن الغاية هي لا اخلاقية اذ انها تحتكر بيع السلعة وتستغل الافراد.

2-سلوك اجتماعي عقلي ذو واسطة غير عقلية وغاية عقلية. وهذا النوع من السلوك العقلي انما هو معاكس للنوع الاول من ناحية الواسطة والغاية. ويتمثل

بحالة رب الاسرة الذي يرغب بامتلاك دار للسكن، لكن عدم حوزته على الاموال اللازمة التي تؤمن شرائه لهذا الدار قد تدفعه الى سرقتها او اختلاسها. اذن الغاية هي اخلاقية وعقلانية لانها تتجسد في رغبة رب الاسرة في امتلاك دار لاسرته، والواسطة هي لا اخلاقية وغير شريفة لانها تتجسد في سرقة او اختلاس الاموال لشراء او بناء مثل هذا الدار.

3-سلوك اجتماعي عقلي ذو واسطة عقلية وغاية عقلية. يسمى هذا النوع من السلوك العقلي بالنوع او النموذج المثالي للسلوك الاجتماعي[14](Ideal Type). والنوع المثالي للسلوك الاجتماعي انما هو ذلك السلوك الذي يبتعد كل البعد عن العاطفة والتحيز والتعصب والتشنج ويكون سلوكاً محايداً من حيث ادوات تنفيذه واغراضه. والسلوك هذا يكون عقلانياً من ناحية الواسطة التي ينفذ من خلالها والغاية او الهدف الذي يرمي الى تحقيقه[15]. ويتجسد هذا النمط من السلوك بسلوك الجندي الذي يدافع عن وطنه، فالجندي وقت المعركة يستعمل الاسلحة والفنون القتالية وينفذ الخطط العسكرية الموضوعة امامه. وهذه هي واسطة السلوك. لكن الهدف من استعمال الاسلحة والخبرات القتالية والخطط العسكرية هي تحقيق النصر على الاعداء والدفاع عن تربة الوطن. وهذا الهدف انما هو هدف عقلي ايضاً. اذن سلوك الجندي في المعركة هو سلوك يأخذ طابع النموذج المثالي. كما ان سلوك طالب المدرسة او الجامعة هو سلوك يتميز بالنموذج المثالي طالما ان واسطته عقلية واخلاقية (الدوام المنتظم والسعي والاجتهاد) وان غايته عقلية واخلاقية ايضاً (الحصول على الشهادة العلمية وخدمة المجتمع من خلالها).

**جـ - اثر الدين في الاقتصاد كما يفهمه فيبر :**

ان الغاية من قيام ماكس فيبر بتأليف كتابه الموسوم " الاخلاق البروتستانتية وروح الراسمالية " تكمن بالتأكيد على دور العامل الديني او الروحي في التخلف او التقدم الاقتصادي الذي يشهده المجتمع[16]. فالدين بالنسبة لفيبر هو المحرك الاساس

للانشطة الاقتصادية والانتاجية التي يمارسها المجتمع[17]. ومثل هذه المفاهيم والطروحات تتناقض كل التناقض مع افكار وتعاليم كارل ماركس التي تؤكد على اهمية وفاعلية العامل الاقتصادي في التأثير على التراكيب الفوقية للمجتمع كالتراكيب الدينية والقيمية والسياسية والفلسفية. ان جميع مؤلفات ماركس خصوصاً كتابه " رأس المال " تشير الى الدور المؤثر الذي تلعبه وسائل الانتاج وعلاقات الانتاج والملكية في افكار ومعتقدات ومثل وقيم الافراد. ذلك ان الافكار والمعتقدات تتلون بالقوى المادية للمجتمع، فاذا تغيرت هذه القوى تغيرت معها الافكار والمعتقدات والقيم. ومقولة ماركس الشهيرة " الواقع الاجتماعي يؤثر على الوعي الاجتماعي وليس الوعي الاجتماعي يؤثر على الواقع الاجتماعي " توضح دور العوامل الاقتصادية والاجتماعية في الفكر والاديولوجية والقيم[18].

ان الافكار المادية التي طرحها ماركس خلال القرن التاسع عشر قد ولدت ردود فعل كثيرة كان بعضها يتسم بالموافقة والقبول والتأييد وبعضها الآخر يتسم بالحياد والتجرد والبعض الآخر يتسم بالمعارضة والرفض والاحتجاج. وكان ماكس فيبر يمثل المدرسة التي تزعمت حركة المعارضة والاحتجاج ضد الافكار والطروحات المادية التي وضحها ماركس في سياق حديثه عن التفاعل بين عناصر وقوى المجتمع وعن حركة التغير والصيرورة التي تنتابها بين حين وآخر.

لذا يتوخى كتاب " الاخلاق البروتستانتية وروح الراسمالية " ابراز نقطتين اساسيتين الاولى هي الرد على اقاويل وادعاءات ماركس المادية التاريخية، والثانية الاشارة الى ان العوامل الدينية والروحية هي التي تؤثر في الانشطة الاقتصادية من حيث تحديد مساراتها الانتاجية ورسم اهدافها وخططها[19]. يقول ماكس فيبر في كتابه الاخلاق البروتستانتية بأن ماركس بالغ في تضخيم وتهويل العامل المادي وأثره في الوجود والصيرورة الاجتماعية كما بالغ فرويد في تهويل دور العامل الجنسي في السلوك والعلاقات والحضارات البشرية. ومع هذا يعترف ماكس فيبر

بأهمية العامل المادي كأحد العوامل التي تتأثر فيها التراكيب الاجتماعية والحضارات. لكنه يضيف بأن هناك عواملاً تفوق بأهميتها العامل المادي تؤثر في بنية المجتمع وتحوله الحضاري، ومن أهم هذه العوامل العامل الديني او الروحي الذي اراد فيبر توضيح فاعليته في تنمية وتقدم المجتمع اقتصادياً وحضارياً.

يعتقد ماكس فيبر بأن ظهور الراسمالية الاوربية وما رافقها من نظم انتاجية وتوزيعية متطورة أبان عصر الثورة الصناعية قد اعقب حركة الاصلاح الديني التي قام بها لوثر وكالفن في المانيا وسويسرا خلال القرن السادس عشر- الميلادي[20]، هذه الحركة التي تمخض عنها ظهور المذهب البروتستانتي المسيحي، وفصل الكنائس في انكلترا والمانيا (الكنائس البروتستانتية) عن السلطة البابوية في روما التي تتزعم المذهب الكاثوليكي في العالم. ولكن كيف اثرت التعاليم الدينية البروتستانتية في ظهور وبلورة وتطور النظام الاقتصادي الرأسمالي في العالم ؟ يجيب فيبر على هذا السؤال في كتابه الاخلاق البروتستانتية بالقول ان المذهب البروتستانتي يراعي الامور الاقتصادية والعلمية والانتاجية اكثر من اي مذهب او دين آخر. فتعاليم لوثر وكالفن الدينية تؤكد على القضايا التالية:

1-الاعتقاد بالله سبحانه وتعالى والايمان بالحياة الثانية التي تأتي بعد الموت والبعث والنشور.

2-التقشف والاقتصاد في النفقات وعدم التبذير؟

3-جمع الاموال والمحافظة عليها وتنميتها واستثمارها في المشاريع الانتاجية التي تعود مردوداتها الاقتصادية والاجتماعية للجميع[21].

4-النظافة والطهارة والالتزام بأخلاقية الدين التي تتمحور حول الصدق في القول والاخلاص في العمل وحب الآخرين وعدم الحاق الضرر بهم وتحمل المسؤولية... الخ.

5- تشجيع استقلالية الفرد وتنمية قدراته ومواهبه المبدعة والخلاّقة ومنحه حرية التفكير والاستنباط والاستنتاج دون تدخل السلطة الدنيوية او الدينية في شؤونه الخاصة.

6- تحديد مصير ومستقبل الانسان من قبل الله سبحانه وتعالى منذ ولادته. فالله هو الذي يقرر من هم اغنياء ومن هم فقراء المجتمع[22]. والاغنياء عندما أرادهم الله ان يكونوا أغنياء ينبغي عليهم تشغيل أموالهم من أجل خدمة الجميع وتطور المجتمع.

ان تمسك المجتمعات الاوربية البروتستانتية بهذه المبادىء والقيم الدينية ادى دوره الكبير في ظهور وشيوع النظام الرأسمالي حسب آراء وتعاليم فيبر. فترجمة المبادىء الدينية الداعية الى الاقتصاد في النفقات والتقشف والحفاظ على رؤوس الاموال وتنميتها واستثمارها الى ممارسات سلوكية يومية نتجت في تراكم رؤوس الاموال عند الافراد واستخدامها في المشاريع الزراعية والصناعية والتجارية. مما ادى الى قيام الثروات الزراعية والصناعية في الدول التي اعتنقت المذهب البروتستانتي خصوصاً انكلترا والمانيا. وقد تمكنت هذه الثروات من تبديل أسس الانتاج وصيغ العمل الزراعي والصناعي وتحسين مستويات المعيشة وتراكم رؤوس الاموال وتطوير المجتمع في شتى ميادين الحياة المادية منها والروحية. لهذا يعتقد فيبر بأن الافراد والمجتمعات التي تعتنق المبادىء البروتستانتية تتميز باليسر والرفاهية والتقدم المادي والحضاري. اذن يؤثر الدين في العلم والاقتصاد والانتاج، وهذه الحقيقة تتناقض مع ما يعتقد به ماركس والماركسيون.

**د - منهجية فيبر في البحث والتحليل:**

يشير فيبر في كتابه " منهجية العلوم الاجتماعية " الى ان علم الاجتماع يختلف اختلافاً كلياً عن العلوم الطبيعية من ناحية مضمونه وأبعاده وأهدافه وطريقته المنهجية[23]. فالباحث او المختص في العلوم الطبيعية كالفيزياء والكيمياء وعلم

الفلك يهتم بدراسة الظواهر دراسة علمية واشتقاق القوانين الشمولية منها ولا يبحث عن دافع الظاهرة ولا مدلولاتها ومضامينها النفسية والسلوكية كما يفعل العالم الاجتماعي. ذلك ان العالم الاجتماعي يدرس الظواهر والتفاعلات الاجتماعية مركزاً على اسبابها ودوافعها ونتائجها ومضامينها الانسانية والحضارية. كما يتوخى فهم وتفسير السلوك الاجتماعي، ومثل هذا العمل لا يمكن القيام به دون معرفة العقل الظاهري والعقل الباطني للفاعل الاجتماعي ومعرفة العوامل والقوى الموضوعية والذاتية التي تؤثر فيه وتحدد مسارات سلوكه في اتجاهات معينة[24]. اذن لما كان علم الاجتماع يهتم بدراسة ظواهر وتفاعلات اجتماعية معقدة تتأتى من سلوكية وعلاقات الافراد، وهذه السلوكية والعلاقات تتأثر بقوى العقل الظاهري والباطني وبقوى اجتماعية وحضارية متشعبة فان على العالم الاجتماعي استعمال منهجية خاصة تتلاءم مع طبيعة العلم ومضامينه وحدوده الاكاديمية. والمنهجية التي يعتمدها فيبر في دراساته الاجتماعية تعتمد على مذهب النموذج المثالي للظاهرة او الحادثة الاجتماعية[25].

ان مذهب النموذج المثالي الذي اعتقد بصلاحية استعماله العالم ماكس فيبر في تفسير الظواهر والتفاعلات الاجتماعية المعقدة يعتمد على دراسة موضوعات المجتمع وظواهره دراسة حيادية متجردة يستطيع العالم من خلالها الفصل بين اهوائه ونزعاته ومصالحه وبين حقيقة الوجود الاجتماعي التي يروم العالم كشف حقيقتها وتعرية جوانبها الموضوعية والذاتية[26]. ولا يعني فيبر باسلوب او طريقة النموذج المثالي دراسة الحالة النموذجية للظاهرة الاجتماعية او دراسة انماط تكرار وقوعها، بل يعني دراستها دراسة موضوعية وذاتية في آن واحد، اي دراسة القوى الخارجية المؤثرة فيها ودراسة جوهرها الداخلي وعناصرها النفسية.

وبعد اجراء مثل هذه الدراسة يبدأ العالم بصياغة القوانين والنظريات الشمولية التي تفسر ـ الظاهرة او الظواهر المترابطة بجوانبها الموضوعية والذاتية

مع استعمال اساليب الاستنباط والاستنتاج والاساليب الاحصائية التي تدعم الظاهرة او الظواهر وتعزز مضامينها وابعادها. وقوانين ونظريات علم الاجتماع كما يفسرها فيبر هي احتمالات موضوعية لتفسير طبيعة واتجاه السلوك الاجتماعي عن طريق فهم دوافعه النفسية ومؤثراته الخارجية بالاعتماد على طريقة النموذج المثالي (Ideal Type) .

اذن تتجسد طريقة علم الاجتماع بتكامل ووحدة التعميمات الاستنتاجية والاحصائية التي تفسر ـ السلوك وتفهمه من خلال اعتماد طريقة النموذج المثالي. اما الدراسات والابحاث الاجتماعية التي قام بها فيبر فتعتمد على معرفة دقيقة للأحداث الاقتصادية والاجتماعية والقانونية التي شهدتها المجتمعات الاوربية كدراسة الاخلاق البروتستانتية وروح الرأسمالية ودراسة نظرية التنظيم الاجتماعي والاقتصادي. وتعتمد على بيانات وحقائق تتعلق بالتطورات السياسية والدينية والعسكرية والفكرية التي شهدتها المجتمعات الشرقية. ودراساته عن الأديان الشرقية وعلاقتها بطبيعة المجتمعات التي تعتقد بها توضح مثل هذه الدراسات[27].

ان علم الاجتماع بالنسبة لفيبر ليس هو موضوعاً علمياً بحتاً كالعلوم الطبيعية مثل الفيزياء والكيمياء وعلم الفلك، ولا هو موضوع أدبي بحت كالفلسفة والآداب والدين واللاهوت، وانما هو علم يجمع بين الصفات او الجوانب العلمية والانسانية في آن واحد. لهذا ينبغي على علم الاجتماع كما يعتقد فيبر استعمال طريقة خاصة به، وهذه الطريقة هي طريقة النموذج المثالي التي تدرس الظاهرة الاجتماعية دراسة موضوعية تجريدية لا تعطي المجال للباحث او العالم ادخال أهوائه ونزعاته ومصالحه الذاتية في الدراسة، وتفصل بين الحقائق والقيم،وتدرس ما هو كائناً ولا تهتم بما ينبغي ان يكون[28]. كما تعير انتباهها في الوقت ذاته الى دراسة الظاهرة دراسة ذاتية قيمية تتوخى الولوج الى

العقل الباطني للفاعل الاجتماعي وتفهم دوافع الحدث الذي يقوم به وأبعاده النفسية والاجتماعية.

**هـ - البيروقراطية :**

انكب ماكس فيبر على دراسة ظاهرة البيروقراطية دراسة علمية تحليلية واعتبر الظاهرة سر نجاح المنظمات الانتاجية والتجارية والخدمية في المجتمع الصناعي الذي يعتمد على نظام تقسيم العمل والتخصص فيه[29]. فعن طريق النظام البيروقراطي تحدد طبيعة العلاقات الاجتماعية بأنواعها العمودية والافقية والرسمية وغير الرسمية، هذه العلاقات التي يقوم بها شاغلو الادوار الوظيفية في المنظمات الانتاجية والخدمية عند قيامهم بتنفيذ واجباتهم، والبيروقراطية تحدد الواجبات والحقوق لكل عامل او موظف يعمل في جهازها وتحصر المسؤولية في يد الاشخاص الذين يترأسون شعب وأقسام ومديريات المؤسسة البيروقراطية كالمصنع مثلاً. كما انها تعتمد على نظام التفاضل والتكامل الوظيفي في أداء أعمال مؤسساتها[30]. ذلك ان المؤسسة البيروقراطية تتكون من أدوار وظيفية مختلفة، كل دور يؤدي عملية انتاجية معينة. الا ان الادوار المختلفة والواجبات المتباينة التي تؤديها مكملة بعضها لبعض بحيث لا يستطيع اي دور منها الاستغناء عن أدوار الآخرين. لهذا يمكن القول بأن البيروقراطية هي ظاهرة اجتماعية يعتمد وجودها وفاعليتها على مبدأ التعاون والتكامل بين الادوار.

ان المؤسسة البيروقراطية انما تكون على شكل هرم او مثلث تتوزع عليه الادوار الوظيفية، فالادوار التي تحتل قمة المثلث تكون قليلة العدد ولكنها تتحمل مسؤولية اتخاذ القرار وتطوير المؤسسة وتحديد أهدافها وسياساتها. لهذا تفوق اهميتها وفاعليتها بقية الادوار الموجودة في المؤسسة. وهذه الادوار تتمثل برئيس المشروع او اعضاء المجلس الاداري او المدراء العامين... الخ. أما الأدوار التي تشغل منتصف او سفوح الهرم او المثلث فهي الأدوار الادارية والروتينية التي

تتلقى الاوامر من الادوار القيادية وتوصلها الى الادوار القاعدية او بالعكس تستلم المعلومات مـن الأدوار القاعدية وتوصلها الى الادوار القيادية. وليس لهذه الادوار الحق باتخاذ القرارات او اصدار التعليمات التي تسيّر المؤسسة البيروقراطية في ضوئها.

وأخيراً هناك الأدوار القاعدية، أي الأدوار الوظيفية التي تقـع في قاعدة المثلـث، وهذه الأدوار تشكل غالبية أدوار المؤسسة. انها أدوار مأمورة ومسـؤولة عـن تنفيذ العمليات الانتاجية والخدمية في المشروع. لكن الادوار الوسطية أو الوسطى في المؤسسة البيروقراطية تتمثل بأدوار مدير الشعبة والمشرف والرقيب والملاحظ ومعاونه ... الخ. بينما تتمثل الادوار القاعدية بـأدوار العامـل والفلاح وكاتب الطابعة والرزام ورئيس العمال...الخ. وتربط هذه الادوار نوعين من العلاقات هي العلاقات العمودية التي تقع بين دورين او اكثر يحتلون مراكزاً اجتماعية متفاوتة من ناحية الجاه والسمعة والمسؤولية كالعلاقات التي تربط مدير المصنع بالمهندس والعلاقات التي تربط المهندس برئيس العمال. وهناك العلاقات الاجتماعية الافقية التي تربط بـين دورين او اكثر يحتلون مراكـزاً اجتماعية متساوية ومتكافئة مـن ناحية المركز والسمعة ودرجة تحمل المسؤولية كالعلاقة التي تربط مدير الانتاج بمدير الذاتية والعلاقة التي تربط المهندس بالمهندس والعلاقة التي تربط العامل بالعامل وهكذا.

والبيروقراطية هي نظام علمـي عقلاني يعتمد عـلى مبدأ الشمولية والقانونية وينسجم كـل الانسجام مع طبيعة المجتمع الصناعي وروح العصر ـ الحديث الـذي يتميـز بسـمات التحديث والتنمية والتخصص في العمـل[31]. لهـذا ينبغـي عـلى الادوار الوظيفيـة في المؤسسة البيروقراطيـة ان تتـوفر فيهـا الشروط التالية التي يؤكد على اهميتها ماكس فيبر في كتابه " نظرية التنظيم الاجتماعي والاقتصادي ".

1-تفاضل الأدوار الوظيفية في المؤسسة البيروقراطية حسب أهمية العمل ودرجة المسؤولية ودقة الأداء[32].

2-اشغال المراكز الوظيفية لا يعتمد على الحسب والنسب بل يعتمد على الكفاءة والموهبة والمؤهلات العلمية.

3-يواظب شاغلو الادوار الوظيفية في مؤسساتهم ساعات معينة من كل يوم ما عدا أيام العطل الاسبوعية والموسمية.

4-يؤدي صاحب كل دور العمل الذي ينطبق مع مركزه ومؤهلاته وكفاءته العلمية، ولا يجوز تدخل عامل او موظف بواجبات عامل او موظف آخر الا اذا كان هذا التدخل منبعثاً من مهام الرقابة والاشراف.

5-لا يمتلك شاغل الدور الوظيفي في المؤسسة البيروقراطية أثاث او أدوات عمله ولا السلع المنتجة[33].

6-يخضع جميع أعضاء المؤسسة لقانون واحد ينظم واجباتهم وحقوقهم وعلاقاتهم المهنية والاجتماعية.

7-يتقاضى شاغلو الأدوار رواتباً وأجوراً تنطبق مستوياتها مع مهامهم الوظيفية والانتاجية.

8-يحق لصاحب المؤسسة البيروقراطية فصل أو طرد أي موظف لا يتميز بالكفاءة والجدية في أداء العمل.

9-يرفع العمال والموظفون من درجة الى درجة أعلى اذا كانت أعمالهم وواجباتهم مرضية ومقنعة.

لكن للبيروقراطية فوائد وأضرار كثيرة. فمن فوائدها أنها تحدد مسؤولية أداء الأعمال وتساعد رئيس المؤسسة في السيطرة على مؤسسته وادارتها بصورة مقنعة. وتساعد ايضاً في اتباع قواعد تقسيم العمل والتخصص فيه، علماً بأن تقسيم العمل يمكّن المؤسسة البيروقراطية من زيادة انتاجيتها كماً ونوعاً[34]. وأخيراً يتسم

النظام البيروقراطي بالعلمية والعقلانية والقانونية ويتناقض مع الذاتية والانفعالية والعلاقات الشخصية.

أما أضرار البيروقراطية فتتجسد في التقيد بالقانون وترجمته ترجمة حرفية دون النظر الى الحالات الخاصة والاجتهاد بها عند حسمها واتخاذ القرار أزاءها. وتسبب البيروقراطية تأخر المعاملات وبطء الانتاج وضعف الشعور بالمسؤولية عند العمال والموظفين[35]. اضافة الى انعدام الحوافز ومساواة العامل او الموظف النشيط مع العامل او الموظف الكسول. وأخيراً تسبب البيروقراطية نتيجة للقوانين المتصلبة والمتحجرة التي تعتمدها عدم قدرة المؤسسة التي تدخل فيها على النمو والتطور السريع، مع عجزها في تكييف نفسها الى الاوضاع المستجدة او المتبدلة التي تشهدها المؤسسة البيروقراطية.

**و - تقسيم السلطات السياسية:**

يقسم ماكس فيبر السلطات السياسية في العالم الى ثلاثة أقسام حسب طبيعة نظام الحكم والمبررات التي ترتكز عليها السلطة ونوعية العلاقة التي تربط الحاكم بالمحكوم. والسلطات هذه هي:

1-السلطة التقليدية

2-السلطة الشرعية – العقلية

3-السلطة الكرزماتيكية

**1-السلطة التقليدية:**

وهي السلطة التي ترتكز على قوة التقاليد السابقة والماضي التليد والتراث الحضاري والسياسي للمجتمع[36]. فالتقاليد والتراث والاعراف الاجتماعية التي يسير المجتمع على ضوئها هي التي تعطي حق الحكم الى رجل او عائلة او عشيرة تتميز بالقوة والهيبة والجاه والاحترام. وقد استطاع الحاكم الذي يمثل العائلة أو العشيرة ان يبرهن كفاءته ومقدرته في الحكم وان يجلب للمجتمع الخير والسعادة

والرفاه وان يحقق طموحاته وأهدافه. وحكم المجتمع من قبل الحاكم وسلالته او من قبل العائلة او العشيرة وأبنائها على مر السنين يصبح تقليداً يقره المجتمع ويعترف به ويريد استمراريته مهما تكن الظروف[37]. والحاكم او السلطان في ظل هذا النمط من السلطة يعتبر رمز البلاد وسر وحدتها وأصل قوتها ومصدر تقدمها وشموخها. لهذا ينبغي على الافراد اطاعة الحاكم والامتثال لأوامره وتعزيز مواقعه وحماية سلطاته.

ومن الجدير بالذكر أن السلطة التقليدية لا تعتمد على القوانين الشرعية ولا على الانتخابات الدستورية ولا على الشخصية الجذابة للحاكم والرئيس، بل تعتمد على نفوذ وقوة العادات والتقاليد والأعراف التي تلزم المواطنين على الاستجابة لحكم السلطان أو الملك الذي وصل الى الحكم عن طريق تأثير التقاليد والأعراف التي يقرها المجتمع. والسلطات التقليدية تتمثل بمعظم الانظمة الملكية في العالم بالرغم من أن بعض هذه الانظمة تقر حق الافراد في الانتخابات الدستورية لأختيار الحكومة التي تمثلهم وتدافع عن حقوقهم كما هي الحال في بريطانيا والسويد والدانمارك وبلجيكا واسبانيا.

2-السلطة الشرعية - العقلية :

وهي السلطة التي يرتكز هيكلها على المبادىء الدستورية والديمقراطية وتستمد قوتها من ارادة الشعب الحرة وتشتق قوانينها من واقع المجتمع ومن معطياته الفكرية والمادية[38]. وتطغي على هذه السلطة الصفة العلمية نتيجة لالتزامها بالأحكام والقوانين الوضعية وابتعادها عن الذاتية والانفعالية والتعصب واعتمادها على قيم التعاقد والمصلحة المشتركة بين الفئة الحاكمة وأبناء الشعب[39]. ان مبررات شرعية السلطة العقلية تتجسد في حكم الشعب لنفسه من خلال اتاحة المجال له بانتخاب من يمثل فئاته في المجالس النيابية. وهؤلاء الممثلون يدافعون عن حقوق الشعب ويعملون من أجل سد حاجاته وتلبية طموحاته. وفي حالات كثيرة تشكل الحكومة وينتخب رئيسها من بين الممثلين.

ان اختيار الحكومة ورئيسها بطريقة الانتخابات الديمقراطية الحرة هي التي تضفي صفة الشرعية للسلطة، وان اعتماد الاخيرة على صيغ العدالة والقانون والاحكام الموضوعية هي التي تمنح السلطة صفتها العلمية. لذا فصفة الشرعية غالباً ما تلازم الصفة العلمية للسلطة طالما ان عقلانية السلطة تتجسد في الاساليب العلمية التي تنتهجها في عملية الحكم، وان الاساليب العلمية لا يمكن ان تتجسد في السلطة اذا كانت الصفة الشرعية مفقودة منها. وتتمثل السلطة الشرعية - العقلية في انظمة الحكم الدستورية والنيابية والشعبية في العالم التي يلعب فيها الشعب الدور الكبير في حكم نفسه بنفسه كأنظمة الحكم في فرنسا والمانيا والولايات المتحدة الأمريكية وسويسرا وفنلندا وأيرلندا...الخ.

**3-السلطة الكرزماتيكية:**

ترتكز شرعية السلطة الكرزماتيكية على الصفات القيادية النادرة والشخصية الجذابة والقدرات غير المحدودة التي يتمتع بها القائد الكرزماتيكي[40]. يتميز القائد الكرزماتيكي بسجايا قيادية فريدة من نوعها تلزم أتباعه على الخضوع لسلطانه والاستسلام لأدارته وعدم معصية اوامره مهما تكن الظروف. والكرزمة هي مصطلح اجتماعي وسياسي يطلق على الصفات الايجابية الملهمة التي يتمتع بها القائد، وتعني سحر شخصيته وقابليتها الخارقة على الحكم والقيادة[41]. غير ان الصفات التي يتمتع بها قائد السلطة الكرزماتيكية تتمحور حول الذكاء الخارق والبصيرة الثاقبة والادراك السليم والقدرة على حل المشكلات والازمات التي تتعرض لها الجماعة وكمال العقل والجسم واللباقة في الكلام... الخ.

اذن تعتمد شرعية السلطة الكرزماتيكية على الصفات الشخصية النادرة التي يتمتع بها القائد. ومثل هذه الصفات تجعل كلاً من اصدقائه وأعدائه يعترفون بقابلياته وحنكته ومقدرته على قيادة دفة الحكم. لذا يطيعونه طاعة عمياء ويمتثلون

لأوامره مهما تكن قاسية وينفذون أحكامه وتوجيهاته ونصائحه. وكرزمة القائد كما يعتقد ماكس فيبر تتبلور عنده وتصبح جزءاً من شخصيته عندما ينجح في انقاذ المجتمع من الكوارث والأزمات والتحديات التي يتعرض لها ويوفي بالوعود التي قطعها على نفسه عندما أيدته الجماهير ووضعت ثقتها به ومنحته حق حكم المجتمع والتصرف بمقدراته. عندما ينجح القائد في هذه المهام ويجلب السعادة والتقدم والرقي للأمة فان الجماهير تثق به، وهذه الثقة التي توليها الجماهير للقائد توطد صفاته الكرزماتيكية بحيث يستطيع حكم المجتمع حكماً مطلقاً لا يقيده الشرع ولا القانون. والعكس هو الصحيح اذا فشل القائد في تحقيق أماني الجماهير وتطلعاتها المنشودة ووقف ضد الوعود التي قطعها على نفسه أمام الجماهير. وهنا يتجرد القائد من صفة الكرزمة التي كان يحملها ويتحول بعد ذلك الى شخص اعتيادي غير مؤهل على حكم المجتمع وقيادته.

وتتمثل السلطة الكرزماتيكية في انظمة الحكم التي قادها الأسكندر الكبير ونابليون وهتلر وموسليني وستالين وتيتو وغاندي. كما تتمركز عند الأنبياء والرسل.

**ي - الطبقات الاجتماعية والصراع الطبقي عند فيبر:**

لا يعتقد ماكس فيبر بوجود طبقتين اجتماعيتين متخاصمتين كما يعتقد ماركس، بل يعتقد بوجود طبقات اجتماعية متعددة يعتمد وجودها على معايير معينة وثابتة أهمها التربية والتعليم والمهنة والدخل والملكية وأسلوب الحياة اليومية[42]. ان الصنوف الطبقية التي يرسمها ماكس فيبر في كتابه " نظرية التنظيم الاجتماعي والاقتصادي " تعتمد بالأساس على متغير المهنة، فالمهنة كما يعتقد فيبر هي التي تحدد الانتماءات الفئوية او الطبقية للأفراد بالرغم من أنها تعتمد على التربية والتعليم والتخصص والمهارة والموهبة في أداء العمل الانتاجي أو الخدمي. ان هناك طبقة القادة والاداريين وطبقة أصحاب المصانع والتجار وطبقة المزارعين وطبقة الصناع وطبقة الكتبة

والطبقة الكادحة التي تمثل البائع المتجول ومنظف الشوارع وسائق العربة والأسكافي...الخ.

ان هذا التصنيف للطبقات إنما ينبعث من نظرية فيبر عن الأدوار الاجتماعية. وهذه النظرية تعتقد بأن المواطن يشغل دوراً اجتماعياً وظيفياً، ولهذا الدور واجبات وحقوق علماً بأن الحقوق التي يتمتع بها شاغل الدور تعتمد على طبيعة الواجبات التي يؤديها[43]. وكمية الحقوق المادية والمعنوية التي يحصل عليها الفرد بعد أدائه للواجبات هي التي تحدد مكانته ومركزه الاجتماعي. واذا عرفنا مكانة ومركز الفرد نستطيع معرفة سمعته ثم فئته او طبقته الاجتماعية.

وهناك نقطة ثانية يختلف فيها ماكس فيبر عن كارل ماركس، وهي العامل الاساس لنشوء النظام الطبقي. فماركس يعتقد بأن العامل المادي هو العامل الجوهري لتقسيم طبقات المجتمع الى صنفين أساسيين هما طبقة أصحاب العمل وطبقة العمال في المجتمع الرأسمالي، بينما يعتقد ماكس فيبر بأن التصنيفات الطبقية لا ترجع الى عامل واحد وانما ترجع الى عوامل متعددة أهمها التربية والتعليم والمهنة والدخل ولقب العائلة وانحدارها الاجتماعي...الخ. اضافة الى العوامل النفسية التي تؤدي الى التنافر والتناقض الطبقي.

أما الصراع الطبقي (Class Conflict) فلا يحدث بين الطبقات بالنسبة لفيبر وانما يحدث بين الأدوار الاجتماعية الوظيفية. فالصراع لا يكون بين الطبقة المتوسطة والطبقة العمالية كما يدعي ماركس خصوصاً وان الحدود الاجتماعية والمادية والنفسية بين الطبقات ليست واضحة بسبب عامل الانتقال الاجتماعي (Social Mobility) ، وبسبب تحسن الأوضاع الثقافية والمادية والاجتماعية للطبقة العمالية لاسيما بعد شيوع ظواهر التحضر والتصنيع والتنمية الشاملة في المجتمعات الأوربية. ان الصراع الطبقي كما يعتقد ماكس فيبر يكون بين أبناء الطبقة الواحدة للوصول الى المراكز القيادية الحساسة[44]

كالصراع الموجود بين العامل والعامل أو بين المهندس والمهندس أو بين الضابط والضابط أو بين الطبيب والطبيب للوصول الى المراكز المهنية العليا. ولا يكون بين ابن الطبقة العاملة (العامل) مثلاً وابن الطبقة المتوسطة كالمهندس. ذلك ان العامل لا يستطيع التنافس مع المهندس بسبب الهوة المهنية والثقافية والاجتماعية والمادية الكبيرة بينهما. ولكنه يستطيع التنافس مع العامل الآخر للوصول الى درجة رئيس عمال. وهكذا بالنسبة للمهنيين الآخرين.

ومن الجدير بالذكر ان ماكس فيبر لم يكمل دراساته حول البناء الطبقي في المجتمع بسبب مرضه ثم وفاته. فملاحظاته التي تعبر عن أفكاره حول الطبقات كانت قليلة وغير متكاملة. فهو لم يتطرق الى موضوع الانتقال الاجتماعي ولم يربط بين البناء الطبقي والبناء الاجتماعي ولم يعالج فوائد ومضار الطبقية ولم يدرس العلاقة المتفاعلة بين البيئة الاجتماعية والطبقة. ومع هذا فالباحث يستطيع فهم آراء فيبر الطبقية من سياق نظريته الاجتماعية العامة التي تتميز بالعلمية والموضوعية والعقلانية والشمولية.

# الهوامش والمصادر

(1)Martindale, D. The Nature and Types of Sociological Theory, Boston, Houghton Mifflin Co., 1981, P.375.

(2)Ibid., P.376.

(3)Coser, L. Maters of Sociological Thought, New York, Harcourt Brace, 1977, P.244.

(4)Weber, Max. The Theory of Social and Economic Organization, New York, the Free Press, 1981, P.88.

(5)Ibid., P.89.

(6)Parsons, T. and E. Shils. Toward A General Theory of Action, Cambridge, Harvard University Press, 1982, P.19.

(7)Weber, Max. The Theory of Social and Economic Organization, P.90.

(8)McDougall, W. Character and the Conduct of Life, London, Methuen, 1989, P.10.

(9)McDougall, W. An Introduction To Social Psychology, London, Methuen, 1977.

(10)Munn, N.L. Psychology: the Fundamentals of Human Adjustment, London George Harrap, 1989, P.302.

(11)Weber, M. Theory of Social and Economic Organization, P.116.

(12)Ibid., P.117.

(13)Ibid., P.119.

(14)Ibid., P.13.

(15)Ibid., P.14.

(16)Zanden, J. Sociology, New York, John Wiley and Sons, 1999, P.463.

(17)Weber, Max. The Protestant Ethics and the Spirit of Capitalism, New York, 1988, See the Introduction.

(18)Marx, K. Selected Writings in Sociology and Social Philosophy, A Pelican Book, Middle sex, England, 1997, P.39.

(19)Zanden, J. Sociology, P.464.

(20)Ibid., P.464.

(21)Ibid., P.465.

(22)Ibid., P.465.

(23)Coser, L. Masters of Sociological Thought, P.219.

(24)Shils, E. and H. Finch, Max Weber on the Methodology of the Social Sciences, New York, The Press, 1989, P.72.

(25)Ibid., P.73.

(26)Coser, L. Masters of Sociological Thought, P.221.

(27)Ibid., P.222.

(28)Ibid., P.223.

(29)Ibid., P.230.

(30)Bendix, R. Max Weber: An Intellectual Portrait, New York, Doubleday,1980, P.421.

(31)Coser, L. Master of Sociological Thought, P.232.

(32)Bendix, R. Max Weber : An Intellectual Portrait, P.293.

(33)Ibid., P.294.

(34)Ibid., P.421.

(35)Coser, L. Masters of Sociological Thought, P.421.(36)Weber, Max, The Theory of Social and Economic Organization, P.130.

(37)Ibid., P.130.

(38)Ibid., P.131.

(39)Ibid., P.131.

(40)Ibid., P.132.

(41)Ibid., P.132.

(42)Gerth, H. and C.W. Mills. Max Weber: Essays in Sociology, New York, Oxfor University Press, 2000, P.181.

(43)Ibid., P.184.

(44)Coser, L. Master of Sociological Though, PP.229-230.

# الفصل الثامن عشر

## النظرية الاجتماعية عند كارل منهايم

**مقدمة تمهيدية:**

يعتبر كارل منهايم من أهم علماء الاجتماع في العالم وذلك للاضافات النظرية والتطبيقية التي وهبها الى علم الاجتماع بصورة عامة وعلم اجتماع المعرفة بصورة خاصة. فنظريته عن علم اجتماع المعرفة، وربطه بين المعرفة والواقع الاجتماعي والحضاري والتاريخي، ودراسته للأوضاع الاجتماعية للطبقة المثقفة ودورها في تغيير المجتمع تعتبر من أهم الدراسات الاكاديمية التي من خلالها استطاع تطوير علم الاجتماع النظري[*]. أما أبحاثه عن تشخيص أمراض العصر وكيفية معالجتها ودور التخطيط الاجتماعي الغائي في اعادة بناء الانسان والمجتمع على أسس العدالة والديمقراطية فتعتبر من اهم الابحاث التطبيقية التي انجزها والتي تركت آثارها الواضحة المعالم على السياسة الاجتماعية لمجتمع ما بعد الحرب، تلك السياسة التي نظمت الخدمات الاجتماعية والتنموية التي كانت تحتاجها المجتمعات الاوربية بعدما انهكت الحرب العالمية الثانية مواردها المادية والبشرية.

تهدف هذه الدراسة الى وصف وتحليل أربعة موضوعات تتعلق بعلم الاجتماع عند كارل منهايم، وهذه الموضوعات هي:

أ-تاريخ حياة كارل منهايم والعوامل المؤثرة في فكره الاجتماعي.

ب-علم اجتماع المعرفة عند كارل منهايم.

جـ-العلاقة بين الفكر والبناء الاجتماعي عند كارل منهايم.

د-علم اجتماع اعادة البناء المخطط عند كارل منهايم.

والآن نود تحليل هذه الموضوعات بالتفصيل.

**أ - تاريخ حياة كارل منهايم والعوامل المؤثرة في فكره الاجتماعي:**

كارل منهايم هو من أشهر علماء الاجتماع المجربين (الهنكاريين)، ومن المؤسسين الاوائل لعلم الاجتماع المجري (الهنكاري)[1]. ولد في مدينة بودابست (عاصمة المجر) عام 1893 من أبوين مختلفي الجنسية، فقد كان والده مجرياً وأمه المانية. وكانت عائلته تنحدر من طبقة متوسطة. أكمل منهايم الدراسة الثانوية (الفرع الادبي) في بودابست، بعدها قُبل في جامعة بودابست للدراسة والتخصص في موضوع الفلسفة[2]. وبعد اكماله لدراسته الجامعية في بودابست وحصوله على شهادة البكالوريوس في موضوع الفلسفة والاجتماع، سافر الى المانيا عام 1912 لدراسة علم الاجتماع في جامعة برلين، وكان من أشهر اساتذته هناك العالم الاجتماعي الألماني جورج زيمل. وبعد قضاء سنة في المانيا عاد الى بودابست وانتمى الى جمعية فكرية مجرية كان يتزعمها الفيلسوف المجري لوكاش.

وكانت هذه الجمعية تعقد الاجتماعات الاسبوعية التي تناقش فيها الكثير من المسائل والمشكلات الفلسفية والاجتماعية والانسانية. اما أعضاء الجمعية هذه فكانت تطغي عليهم الميول والاتجاهات اليسارية على الرغم من عدم انتماءهم الى أية حركة سياسية. ترك لوكاش آثاره الفكرية الواضحة على أعضاء الجمعية ومنهم منهايم. وقد أنعكست هذه الأفكار في المحاضرة التي ألقاها منهايم على عدد كبير من الطلبة والشباب في بودابست والتي كان عنوانها : الروح والحضارة ". ان المحاضرة هذه تبدأ بمقدمة تؤكد على ضرورة احياء الجوانب الروحية للمجتمع الاوربي وتحثه على الابتعاد عن الأفكار الوضعية التي انتشر تداولها خلال القرن التاسع عشر والعودة الى المثالية الميتيفيزيقية التي اعتمدها الفلاسفة الألمان أمثال هيجل وفختة ونيتشه. كما وضح منهايم في المحاضرة عقم ومحدودية علم الاجتماع الماركسي وعدم دقة واضطراب علم الاجتماع العضوي الذي طوره علماء الاجتماع الفرنسيون والانكليز[3]. ودعا الى ضرورة التقيد بالتعاليم الفلسفية

والاجتماعية التي طرحها كلٌّ من دوزتوفيسكي وكيركارد وكانت وأكرات وجورج زيمل. واختتم منهايم محاضرته قائلاً بأن الجيل الجديد يحتاج الى تحديث الحضارة الانسانية وبلورة كرامة الانسان وحماية الروح الانسانية من الهزات المادية والعلمية والوضعية.

وفي عام 1918 انتمى لوكاش ومعظم أعضاء جمعيته عدا منهايم الى الحزب الشيوعي المجري. وبدأت الجمعية تؤيد الأفكار والطروحات والأهداف التي تبنتها الجمهورية الهنكارية - السوفيتية التي سيطرت على دفة الحكم في المجر عام 1919[4]. وهنا اخذ أعضاء الجمعية يتجهون الى دعم الأفكار الثورية بعد أن أعلنوا ضرورة التأكيد على الجوانب الروحية والقيمية. وهنا عينت الحكومة المجرية الموالية للنظام السوفييتي اعضاء الجمعية اساتذة في الجامعات المجرية لتدريس الفلسفة وعلم الاجتماع والسياسة والاقتصاد وعلم النفس. الا ان كارل منهايم لم ينتم قط الى الحزب الشيوعي المجري. ومع هذا فقد عُين محاضراً في الفلسفة وعلم الاجتماع في جامعة بودابست نتيجة لصلاته الوثيقة بالشيوعيين من أعضاء جمعيته خصوصاً لوكاش[5].

وبعد مضي سنة على تشكيل الحكومة المجرية الموالية للنظام السوفيتي سقطت هذه الحكومة بعد وقوف الفلاحين ورجال الصناعة والأعمال ضدها. وبعد سقوط الحكومة المجرية الموالية للسوفييت وتشكيل حكومة يمينية محلها هاجر معظم المفكرين المجريين الى الخارج بضمنهم منهايم خوفاً من بطش وارهاب الحكومة الجديدة. وهنا هاجر كارل منهايم الى المانيا بعد أن قرر عدم التدخل في السياسة مرة ثانية[6]. ومع هذا فقد تأثر بتعاليم لوكاش وكان يعتبر نفسه من المفكرين اليساريين والتقدميين. وعند وصوله الى المانيا أظهر تعاطفه وتأييده للحركة العمالية الألمانية وزامل الكثير من المفكرين الاشتراكيين الألمان أمثال بول تيليج وأميل ليدرر. وبعد سنتين من مكوثه في ألمانيا بدأ يلعب دوره الاكاديمي حيث واصل دراسته العليا في جامعة هايدليبيرك التي حصل منها على شهادة

الدكتوراه في عام 1922 بعد دفاعه عن رسالته الموسومة : التحليل البنيوي للمعرفة " ، تلك الرسالة التي تعتبر اضافة علمية لتطوير موضوع فلسفة المعرفة[7].

وبعد تخصص كارل منهايم في الفلسفة أخذ يدرس أسس ونظريات علم الاجتماع خصوصاً بعد تأثره بأفكار وتعاليم كلٌ من الفريد فيبر وماكس شيلر. ويعتبر مؤلف منهايم الموسوم " الفكر المحافظ " الذي نُشر في عام 1927 من أهم طروحاته في علم الاجتماع. عُين منهايم محاضراً في جامعة هايدليبيرك في عام 1925، وسنتان بعد تعيينه في هذا المنصب رُقي الى مرتبة أستاذ في علم الاجتماع والفلسفة ونُقل الى جامعة فرانكفورت. وهناك تزوج العالمة النفسانية المجرية يولساكلانك، وزواجه منها أثار عنده الرغبة في دراسة علم النفس والتحليل النفساني والاطلاع على طرقهما ونظرياتهما الأكاديمية والتطبيقية. وخلال تعيينه أستاذاً في جامعة فرانكفورت ازداد انتاجه العلمي ونشطت عنده روح البحث وتقصي الحقائق حيث ألف كتابين شهيرين هما " الاديولوجيا والطوبائية " و " علم اجتماع المعرفة "[8].

وبعد تصاعد المد النازي في المانيا ووقوف الحزب النازي ضد المفكرين والمثقفين أضطر منهايم الى ترك المانيا والنزوح الى انكلترا عام 1933 والتي فيها عُين محاضراً في مدرسة لندن للأقتصاد والعلوم السياسية (جامعة لندن) ثم أستاذاً في علم اجتماع التربية في جامعة لندن. وبعد وصول منهايم الى انكلترا جابه عدة صعوبات تتعلق باللغة والتكيف لنمط الحياة الانكليزية وجذب العديد من المؤيدين والانصار لأفكاره وتعاليمه الاجتماعية والفلسفية. غير انه سرعان ما هضم اللغة الانكليزية وتكيف لأنماط الحياة الجديدة وكوّن المعارف والأصدقاء وجذب مئات الطلبة والباحثين والمفكرين[9]. ان المجال التربوي والحضاري الجديد الذي دخل اليه منهايم أضطره الى تبديل اهتماماته الأكاديمية والفكرية والمبدئية. فقد ترك منهايم حال وصوله الى المجتمع الانكليزي الكتابة والتفكير في موضوعات علم

اجتماع المعرفة واخذ يركز على تنمية وتطوير علم اجتماع التخطيط الديمقراطي واعادة البناء الاجتماعي[10].

لقد استطاع كارل منهايم خلال فترة وجيزة من بقائه في انكلترا تبديل مناهجه وطروحاته الدراسية المتأثرة بأفكار هيجل وماركس وادخال المناهج والافكار والمفاهيم الاجتماعية التي طرحها كلٌ من كونت ودوركهايم. ذلك ان المجتمع الانكليزي لا يتقبل أفكار ونظريات هيجل وماركس بقدر ما يتقبل أفكار ونظريات كونت ودوركهايم. وفي آخر حياته دعا منهايم الى ضرورة نشوء علم اجتماع يهتم بوضع دين اجتماعي يكرس الحرية والديمقراطية وينبذ التحيز والتعصب والديكتاتورية والعنجهية[11]. وقد توفى منهايم في لندن عام 1947 عن عمر يناهز الرابعة والخمسين عاماً.

أما أهم المؤلفات التي نشرها كارل منهايم في المجر والمانيا وانكلترا فهي:

1-الاديولوجية والطوبائية.

2-علم الاجتماع النظامي.

3-الفكر المحافظ.

4-علم اجتماع المعرفة.

5-مشكلة الأجيال.

6-دراسات في علم الأجتماع وعلم النفس الاجتماعي.

7-الأنسان والمجتمع في عصر اعادة البناء.

8-تشخيص عصرنا.

9-الحرية والقوة والتخطيط الديمقراطي.

10-مقالات في علم اجتماع الحضارة.

**ب - علم اجتماع المعرفة عند كارل منهايم:**

على الرغم من اهتمام منهايم بعدة حقول دراسية في علم الاجتماع الا انه اشتهر بالاضافات الفكرية والمنهجية التي قدمها لحقل علم اجتماع المعرفة

(Sociology of Knowledge) اكثر من أي عالم اجتماعي آخر[12]. وحقل علم اجتماع المعرفة يدرس العلاقة بين الفكر والمجتمع ويهتم بتوضيح الظروف الاجتماعية والواقعية للمعرفة[13]. لقد اهتم منهايم في كافة اوجه اعماله العلمية والاكاديمية بربط الأفكار بالهياكل الاجتماعية التي تنبع منها وتتكيف لظروفها وتعالج مشكلاتها. فمبدأ العلاقة بين البناء والفكر هو مبدأ مركزي في فكره الاجتماعي حيث يوجه كافة طروحاته ونظرياته وكتاباته الاجتماعية الاكاديمية منها والتطبيقية.

لقد حاول منهايم في بداية دراسته لعلم اجتماع المعرفة توضيح التوجه المهني لكارل ماركس الذي يربط بين الفلسفة والواقع ويحلل نظرية المنظومات الفكرية المستندة الى الواقع الاجتماعي والطبقي للفرد[14]. وفي هذه المحاولة نجح منهايم في تحويل نظرية علم اجتماع المعرفة من نظرية تهاجم الطبقة البرجوازية الى نظرية ووسيلة يمكن استعمالها في دراسة الماركسية أو أية حركة فكرية اخرى. تؤكد الطروحات الماركسية على حقيقة مفادها بأن المفكرين البرجوازيين يستخدمون الاديولوجية في حماية مصالحهم وامتيازاتهم الطبقية. بينما يعتقد منهايم بأن الافكار والاديولوجيات سواء كانت صادقة أم كاذبة هي انعكاس للظروف الاجتماعية والتاريخية التي يمر بها المجتمع[15]. فالمفكر كما يرى منهايم ينتمي الى فئات اجتماعية معينة ويشغل ادواراً وظيفية تنطبق مع الأدوار التي يؤديها. وكافة هذه الامور تلون ثقافته وتحدد آراءه ومساراته الفكرية والأكاديمية. فالرجال لا يواجهون القضايا والأشياء والظواهر في العالم الذي يعيشون فيه مواجهة تجريدية نابعة من العقل التأملي، ولا يواجهونها بمعزل عن الآخرين، بل يواجهونها سويةً وهم في حالة جماعات منظمة. وعند مواجهتهم لها يتفقون أحياناً ويختلفون أحياناً، ويتعاونون أحياناً ويتنافسون بعضهم مع بعض أحياناً أخرى[16].

لقد عرّف منهايم علم اجتماع المعرفة بالعلم الذي يهتم بنظرية الظروف الاجتماعية والمحيطية المؤثرة في الفكر[17]. فبالنسبة له ترتبط كافة أنماط المعرفة

والفكر بموقع الفرد أو الجماعة في البناء الاجتماعي وفي المرحلة التاريخية التي يمـر بهـا المجتمـع[18]. ففـي بعض الاوقات تستطيع جماعة معينة فهم الظواهر الاجتماعية أحسن من غيرهـا مـن الجماعـات الاخـرى. ومع هذا لا توجد جماعة واحدة تحتكر هذا الفهم لصالحها. ذلك ان للأفكار جـذورها الممتـدة في الواقـع الاجتماعي وفي الحقب التاريخية المختلفة التي تمر بها المجتمعـات، والتـي تلـون معتقـدات وقيم الافـراد والجماعات المؤمنة بها والمتمسكة بتعاليمها الفلسفية والروحية.

لذا فالفكر بالنسبة لمنهايم انما هو شيء منظاري أي يفهم ويحلل من خلال منظار معـين. فكمـا يقول منهايم ان المنظار الذي من خلاله يتم فهم الفكر هو شيء اكثر من مجرد وسيلة للتأثير في التفكير. ذلك انه مؤشر دال الى الطريقة التي من خلالها ننظر الى الأشياء فنـدرك حقيقتهـا ونعـرف أجزاءهـا ونلـم بشكلها الموضوعي وخواصها الذاتية[19]. كما ان هذا المنظار يتعلق بالعناصر الكمية الداخلة في بناء الفكر، هذه العناصر التي يطفر من فوقها المنطق الرسمي الخـالص. لهـذه العوامـل المـؤثرة في المنظار الفكـري للأفراد نرى اختلاف فهمهم للأشياء وتقييمهم لها على نحو يتطابق مع طبيعة المظمار الذي يستعملونه في التحليل والتقييم.

ان فكرة المؤثرات المحيطية للمعرفة تشكل المبدأ الأساس الذي يعتمد عليه علم اجتماع المعرفـة عند منهايم. ذلك ان هذه المؤثرات يمكن ان تظهر بـأن عمليـة المعرفـة لا يمكـن ان تتطـور تاريخيـاً وفـق قوانين جوهرية، واحتمالات منطقية تحددها طبيعـة الخـواص الداخليـة للفكـر، بـل انهـا تتطـور بمـوجب العوامل الاجتماعية والمحيطية المؤثرة فيها[20]. ويمكن تقوية جوانب نظرية العوامل الاجتماعيـة المـؤثرة في المعرفة عن طريق اظهار أهميتها في أصل تكوين الأفكار وفي شكلها ومضمونها والطريقة التي مـن خلالهـا تؤثر في الظواهر والعمليات الاجتماعية التي يشهدها المجتمع.

ويظهر منهايم براعته في تحديد أنماط العلاقة القائمة بين البناء الاجتماعي والمعرفة. فهو يعتقد بأن مصطلح المؤثر المحيطي او الواقعي (Existential Determination) لا يعني العلاقة الميكانيكية بين البناء الاجتماعي (السبب) والمعرفة (النتيجة)، بل يعني العلاقة الجدلية بينهما[21]. ومثل هذه العلاقة يمكن كشفها من خلال الدراسة المسحية العلمية او التجريدية. يقول روبرت ميرتن بأن كارل منهايم استخدم مجموعة من المصطلحات العلمية لتوضيح العلاقة بين المعرفة والبناء الاجتماعي. ففي بعض الأحيان يستخدم مصطلح القوى الاجتماعية ويعتبرها سبباً مباشراً للنتاجات الفكرية. وفي أحيان اخرى يستخدم مصطلح "المصالح" ويعتبرها سبباً مباشراً لظهور الفكر. وفي أحيان اخرى يعتبر اهتمامات الفرد في بعض القضايا والامور هي السبب في ظهور الأفكار ونموها وانتشارها[22]. وعلى الرغم من تباين الأسباب المسؤولة عن ظهور ونمو المعرفة فان منهايم يتفق على شيء واحد الا وهو ان هناك علاقة وثيقة بين الأوضاع الاجتماعية والطبقية والتاريخية وبين أنواع النتاجات الفكرية والثقافية التي تظهر في المجتمع.

ويعتقد منهايم بأن المعرفة تختلف من بيئة الى بيئة أخرى وتختلف من طبقة اجتماعية الى طبقة اخرى وذلك لتمايز وتناشز البيئات الاجتماعية للطبقات. ويصنف منهايم المعرفة في كتابه " الايديولوجية والطوبائية " الى صنفين اساسيين هما المعرفة الحقيقية التي تعتمد على المقاييس العلمية الدقيقة والدراسات الاحصائية والموضوعية المدعومة بالارقام والتحليلات الكمية، والمعرفة التقليدية التي تعتمد على أفكار ومبادىء الطبقات الاجتماعية والتي تنعكس في الدين واللاهوت والفلسفة والمنطق والعادات والتقاليد[23]. ويعتقد منهايم بأن الأفكار التي تدافع عن المصالح تكون على نوعين اساسيين هما الأفكار التي تدافع عن مصالح الجماعات المسحوقة والمظلومة والمغلوبة على امرها التي سماها بالطوبائية، والأفكار التي تدافع عن مصالح الجماعات والصفوات المتنفذة الحاكمة منها وغير الحاكمة والتي سماها بالأديولوجية[24]. ومثل هذه الأفكار تظهر في البيئات التي تعيش في وسطها هذه

الفئات الاجتماعية، وتحاول الأفكار هذه الدفاع عـن أمـاني وطموحـات الجماعـة او الطبقـة التـي تتبناهـا وتعتبرها صيغة عمل لتوجيه أنشطتها نحو تحقيق الأهداف المرسومة.

يقول كارل منهايم بأن كفة الطبقات تشمل على شرائح متوجهة نحـو مـا يمكن تسـميته " علـم الروح " بالاضافة الى الفئـات الممثلـة لمصـالحها الاقتصادية والاجتماعيـة والثقافيـة والسياسية[25]. وهـذه الشرائح المتوجهة توجهاً روحياً ومثالياً تتكون من المثقفين الذين لا يمتلكون امتيـاز السـيطرة علـى الماكنـة التربوية والتعليمية في المجتمع بل الذين يهتمون بالمعرفة ويستعملونها في الدفاع عن مصالح الفئات التـي تمثلها وتنوب عنها كالفئات الحاكمة او الفئات الكادحة. علماً بأن المثقفين الذين يـدافعون عـن الطبقـات الحاكمة والمتنفذة يحملون المعرفة الاديولوجية، وان المثقفين الـذين يـدافعون علـى الطبقـات الكادحـة يحملون المعرفة المثالية[26].

ان هؤلاء المثقفين كما يخبرنا منهايم دائماً موجودون ويشير التاريخ الى اهميتهم، غيـر ان الفـرق بينهم وبين المثقفين السابقين، أي المثقفين في العصور التاريخية القديمـة هـو ان المثقفين السـابقين كـانوا ينحدرون من الطبقة الحاكمة، بينما المثقفون المعاصرون ينحدرون مـن كافـة الطبقـات الاجتماعيـة. ولـو اردنـا وضـع هـؤلاء المثقفين غيـر المنتمـين اجتماعيـاً علـى خارطـة البنـاء الاجتماعـي للأفكار الاجتماعية لوجدنا بأن الفرق بينهم وبين غيرهم من المثقفين هـو فـرق تربـوي، والآخـر هـو فـرق يتعلق بشخصيتهم[27]. ومثل هذان الفرقان يجعلهما يتميزان بروحية متحررة من العقد والمصالح الذاتيـة. فالتربية لها دور مهم في مثل هذه الروحية، الا انها وحدها غير كافيـة الى تحديـد الروحيـة التـي يتمتعـون بها. فبجانب التربية هناك صفات أخرى يمتلكونها الا وهـي مـزاج المثقف ورغبته في أن يكـون مشـاهداً، اضافة الى الصفات اللادينيـة الغريبـة. ومثـل هـذه العناصـر يؤكـد عليهـا منهـايم عنـد دراسـته لروحية المثقف[28].

وفي هذا المجال يعتقد منهايم بالدور الذي تلعبه الجامعات في المجتمع الحديث وبالدور الذي يلعبه علم الاجتماع في الجامعات في خلق مثل هذا المثقف الذي يتمتع بمثل هذه الصفات الملكوتية. فالعدد القليل من المنظرين البرجوازيين الذين ينشقون على طبقتهم ويذهبون الى الطبقة البروليتارية والذين تكلم عنهم ماركس وانجلز في بيان الحزب الشيوعي، يشبهون الى حد كبير المثقفين غير المنتمين اجتماعيا الذين ذكرهم منهايم في كتابه " الاديولوجية والطوبائية " ، اذ قال بأنهم نجحوا في الأرتقاء الى مستوى مكنهم نظرياً من استيعاب الحركة التاريخية بأكملها(29). فهؤلاء تحرروا كلياً من آثار البناء الاجتماعي وتراكماته المادية وغير المادية واصبحوا غرباء عن مجتمعهم، الا ان غربتهم وعدم التصاقهم الاجتماعي هو الذي مكنهم من تشخيص مشكلات بيئتهم وعصرهم ومعالجتها على نحو هادف وبناء(٢٠).

**جـ - العلاقة بين الفكر والبناء الاجتماعي عند منهايم :**

في معظم كتابات ومؤلفات منهايم هناك تأكيد على ان العوامل الاجتماعية والمحيطية المؤثرة في الأفكار والآراء تتجسد في العوامل الطبقية. ذلك انه يقارن بين أفكار مالكي وسائل الانتاج وأفكار غير المالكين لهذه الوسائل، ويقارن بين أفكار الطبقة البرجوازية وأفكار الطبقة العمالية والفلاحية، ويقارن بين الأفكار الطوبائية التي تحملها الطبقة المحكومة وبين الأفكار الأديولوجية التي تحملها الطبقة الحاكمة والتي تريد من خلالها المحافظة على الوضع القائم الذي يخدم مصالحها وطموحاتها(30). لكن منهايم لم يقيد نفسه بالمنهاج الدراسي الذي اعتمده ماركس في التحليل الطبقي، الا وهو المنهاج الاقتصادي، بل اعتمد على عدة مناهج دراسية واستخدم نتائجها في فهم التكوين الطبقي ودوره في ظهور وبلورة الفكر.

يعتقد منهايم بأن العوامل الاجتماعية المؤثرة في التكوين الطبقي لا تكمن في الحقيقة الاقتصادية فحسب بل تكمن ايضا في المنزلة الاجتماعية للجماعات وفي المهن والأعمال التي تزاولها وفي الثقافة والتربية التي تحملها(31). وفي وصفه

لطبيعة الجذور الاجتماعية للفكر الألماني المحافظ الذي كان ماثلاً في بداية القرن التاسع عشر يقول منهايم بأن تحول المجتمع البروسي من مجتمع اقطاعي عقاري الى مجتمع طبقي قد ادى الى ارتفاع القوة السياسية للنبلاء والبيروقراطيين كرد فعل لأحداث الثورة الفرنسية. وهذا يعني بأن الأفكار الاجتماعية السائدة في بروسيا آنذاك هي الأفكار التي يحملها النبلاء والبيروقراطيون. أما في فرنسا فقد اصبحت الطبقة المتوسطة التي ازدادت قوتها وعظمتها بعد الثورة الفرنسية الطبقة المسيطرة على الافكار الاجتماعية التي تسيّر شؤون المجتمع[32].

وهناك عامل آخر انتبه اليه منهايم واعتبره من العوامل المهمة المؤثرة في الأفكار الاجتماعية المتداولة، وهذا العامل هو عامل الاختلافات بين الأجيال. ان الظروف الاجتماعية للأجيال تؤثر في طبيعة أفكارهم وميولهم[33]. ذلك ان الاختلافات العمرية بين الاجيال كجيل الكبار والمسنين وجيل الشباب لابد ان تؤثر في طبيعة المعرفة التي يحملونها اذ تجعلها تتباين من جيل الى جيل آخر، علماً بأن تباينها يعتمد على الظروف الاجتماعية والواقعية المحيطة بهذه الأجيال. وفي هذا الصدد يقول منهايم " ان حقيقة الانتماء الى نفس الطبقة والانتماء الى نفس الجيل او الجماعة العمرية تشترك في شيء واحد ذلك هو ان كلا الانتمائين يمنحان الأفراد مكانة مشتركة في العملية الأجتماعية والتاريخية ويحددان مجال الخبرات الكامنة التي يتمتعون بها ويحثان الافراد على اكتساب نموذج معين من التفكير والخبرة والتجربة التي تؤثر في سلوكهم اليومي وعلاقتهم الانسانية[34].

لذا لا يمكن فصل الفكر عن المجتمع طالما انه وليد تأملات الرجال المنبثقة من المجتمع والتي تستعمل في حل مشكلاته وتشارك في تطوير الكل الاجتماعي وما يتضمنه من آراء وقيم ونظم حضارية ومؤسسات بنيوية. لكن التأمل والتفكير هما قاعدة الأفكار العلمية ونشاط اجتماعي يتبناه المجتمع ويدعم اسلوبه وأهدافه. يقول كارل منهايم بأن التأمل والتفكير ليس هما أنشطة مجردة ومتحررة من الآثار الأجتماعية والحضارية، لذا يجب دراستهما وتفسيرهما بموجب اطارهما ومحيطهما

الأجتماعي والحضاري[35]. ويضيف منهايم قائلاً بأن الفرد لا يستطيع تكوين أفكاره وقيمه ومقاييسه ولا يستطيع التوصل الى الحقيقة والواقع بمفرده طالما ان افكاره وقيمه ومقاييسه وخبراته وتجاربه حصيلة تفاعله واحتكاكه مع الجماعة والمجتمع.

ان هناك طريقتين لدراسة الأفكار العلمية والحضارية. طريقة ترمي الى توضيح وفهم الأفكار العلمية والحضارية داخلياً عن طريق قيام الباحث أو العالم بتفسير الأفكار والظواهر تفسيراً موضوعياً مهنياً يتطرق الى وصف وتحليل الحقائق والظواهر والربط بينها واستنباط الفرضيات والنظريات الجديدة منها التي تفسر حقيقة الأشياء وواقعها[36]. وطريقة أخرى تحاول دراسة الحقائق والظواهر والأفكار دراسة خارجية، أي دراسة العوامل البيئية والحضارية التي تؤثر في المفكر أو العالم وفي سير الانشطة العلمية والتكنولوجية في المجتمع. وهنا يمكن اعتبار المفكر او العالم بمثابة المرآة التي تعكس الواقع الاجتماعي والحضاري الذي ينشأ وينمو ويتبلور فيه. كما تتأثر وتؤثر الحقائق والأفكار العلمية في الواقع الأجتماعي والتاريخي الذي تخرج منه وتتفاعل معه. فالفئة أو الشريحة الأجتماعية التي ينحدر منها العالم أو المفكر والدور الوظيفي والمهني الذي يشغله والسمعة الأجتماعية التي يتمتع بها لابد أن تؤثر في اتجاهاته الفكرية ومساراته العلمية اذ تعطيها صبغة معينة وتحدد فاعليتها البراغماتية وأطرها النظرية والمنهجية[37].

ان العلماء والأدباء لا يدرسون الأشياء دراسة مجردة بعيدة عن الواقع الاجتماعي الذي يعيشون فيه ويتفاعلون معه. فواقعهم كما يخبرنا منهايم هو الذي يحتم عليهم التفاعل مع المجتمع وعدم الانعزال عنه والعمل سوية مع الآخرين في منظمات علمية ذات أساليب وأهداف معينة. والنتاج العلمي لهذه المنظمات يعود مردوده الأيجابي للمجتمع أو يتضرر منه اذا كان موجهاً نحو أغراض الشر والدمار[38].

من كل ما سبق ذكره نستنتج بأن أفكار العلماء والباحثين تنبع من بيئتهم الأجتماعية وتتأصل في موقعهم وطبقتهم والفترة الزمنية التي يعاصرونها. ومفهوم الحتمية الواقعية للمعرفة هـو مـن المفاهيم الاساسية التي تفسر النتاج العلمي والأدبي وحقيقة الفكر بجميع حقوله واختصاصاته العريضة والضيقة. لكن الحتمية التاريخية للفكر كما يعتقد منهايم لا تتأثر فقط بعامل التحول التاريخي والقوانين التي تحكمه او بطبيعة الأشياء والكائنات المدروسة ولا تسير بالقوى الدايلكتيكية الداخلية بل تتأثر كلياً بالعوامل الواقعية المحيطة بالعالم أو المفكر أو المحيطة بالمجتمع او البيئة التي ينشأ ويترعرع فيها[39]. كمـا ان فكرة الحتمية الواقعية للمعرفة تزداد قوة ورسوخاً عنـدما تستطيع برهـان أهميـة العوامـل الواقعيـة لنشوء الآفكار وأشكالها ومضمونها، وتوضح الطريقة التي مـن خلالها تستطيع التـأثير في طبيعـة ومجال خبراتنا وملاحظاتنا للأشياء المحيطة بنا في عالمنا الخارجي.

يقول كارل منهايم بأن الفوارق والاختلافات لا تكون فقط بين مضامين وأبعاد وأنماط وأهداف الأفكار بل تكون ايضاً في طرق ومناهج دراستها والتعبير عنها وفي أساليب جمعها وتصنيفها وصياغتها. لكن هذه الفوارق والأختلافات بين الأفكار التي يتبناهـا ويدافع عنها المفكرون والعلماء تعزى الى مراكزهم الأجتماعية وانحداراتهم الفئوية. وهنا يخرج منهايم من المبدأ الخصوصي الـذي يعتقد بـأن الاديولوجيـة وحدها تتأثر بالمركز الأجتماعي للمفكر أو المفكرين الـذين يخلقونهـا الى المبـدأ العـام الـذي يعتقد بـأن الافكار على جميع أشكالها وأنماطها ومضامينها تتأثر بالمراكز الأجتماعية لمنتجيها والمدافعين عنها[40]. وبالمركز الأجتماعي للمفكر الذي يخلق الاديولوجية أو الافكار العلمية والفلسفية يعني منهايم عدة أشياء في مقدمتها ما يلي:

1-الطبقة الاجتماعية للمفكر وكافة العوامل الموضوعية والذاتية المؤثرة فيها.

2-المهنة التي يزاولها المفكر مع العوامل الاقتصادية والاجتماعية المحيطة به.

3-ثقافة المفكر وتحصيله العلمي والمنبهات الثقافية والعلمية التي يتعرض لها في حياته اليومية.

4-جيل المثقف أو جماعته العمرية حيث أن تفكير جيل الكبار ومتوسطي العمر يختلف عن تفكير جيل الشباب.

والخلاصة هي أن منهايم ساعد في تكوين حقل جديد في البحث الأجتماعي يوضح تفصيلياً تأثر المفكرين في المحيط الأجتماعي والتاريخي والحضاري الذي يعيشون فيه. وفي هذا المجال يخبرنا منهايم بأن رجال الفكر مربوطون بعدة سلاسل مع أبناء ملتهم ومربوطون بمجتمعهم من حيث نتاجاتهم الفكرية، فمجتمعهم هو الذي يفتح قرائحهم ويبرمج تفكيرهم ويصقل كتاباتهم[41]. ومن جهة ثانية نلاحظ بأن النتاجات الفكرية والعلمية التي يهبها المفكر لمجتمعه تساهم في نموه وتطويره وتساعده في بلوغ أهدافه القريبة والبعيدة. لهذا ينصحنا منهايم بأن نقدر مقولة روسو الشهيرة " ان معرفة السلاسل التي تربط المفكرين بالناس على حقيقتها أحسن بكثير من تزيينها بالورود ".

**د-علم اجتماع إعادة البناء المخطط عند منهايم:**

عندما أراد منهايم تفسير حقيقة الأختلاف بين الآقطار الانكلوسوكسونية وأقطار القارة الاوربية اضطر الى دراسة البراغماتيكية البريطانية والأفكار التجريبية التي تكمن خلفها. وهنا استبدل منهايم منهج التحليل البنيوي التاريخي لدراسة الواقع الاجتماعي الذي أثر في تفكيره عندما كان مقيماً في المجر والمانيا بمنهج آخر هو المنهج البراغماتيكي البريطاني الذي بدأ يلم به ويستوعبه ويعتقد بصوابيته عندما دخل المجتمع البريطاني وعاش فيه خلال فترة الثلاثينات والأربعينات من هذا القرن[42].

وعندما سيطرت على أوربا الأفكار السلطوية والدكتاتورية ذات السياقات الجماعية والكلية (Totalitarian Orientations) كالأفكار النازية والفاشستية والتي سببت فيما بعد العديد من الاضطرابات والقلاقل والحروب في القارة الأوربية

أضطر منهايم الى الأبتعاد بل الى هجر الأفكار الثورية ذات المسحة اليسارية والأقتراب من الأفكار المعتدلة والاصلاحية التي كان يحملها ديوي وميد وكولي لتمكنه من تكوين علم تكاملي لإعادة البناء الأجتماعي والهندسة الأجتماعية[43]. وهنا أثنى منهايم على الأهمية الأيجابية للبراغماتيكية وذلك للأضافات الفكرية والمنهجية التي قدمتها للتخطيط الأجتماعي والهندسة الأجتماعية.

فالبراغماتية كما يقول منهايم لم تضع الحدود المجردة بين الفكر والعمل وكانت مستوعبة للعملية العضوية التي تربط بين حركة الفكر وحركة السلوك[44]، وقد وجد منهايم في الفكر البراغماتيكي معتقدات وطرق جديدة تساعد على التكيف الأنساني للبيئة المتغيرة التي يعيش فيها الأنسان. لكنه انتقد علم الأجتماع الأمريكي التقليدي وذلك لألتزامه بمنهجية تجريبية قاصرة وفشله في اجراء التفسيرات والتبريرات البنيوية الشمولية للظواهر والعمليات والتفاعلات والمؤسسات الأجتماعية. ومع هذا فقد كان منهايم معجباً بديوي ومعاصريه من المفكرين وذلك لقدرتهم على الحركة من الخاص الى العام ومن دراسة الفرد دراسة تجريدية الى دراسة الفلسفة والمجتمع دراسة علمية مبنية على الأصلاح والهندسة واعادة البناء.

لقد استمر منهايم في اعتماد الفكر البنيوي التحليلي بعد انتقاله الى انكلترا، غير انه اخذ يستعمل فكرة البناء في معناها الشامل والعميق. كما ركز انتباهه على العناصر النفسية التي تعتمد عليها العمليات الاجتماعية. وفي محاولة منه لتفسير القوى المرضية والتدميرية التي ظهرت على مسرح التاريخ اعتمد منهايم على موضوع التحليل النفسي بعد اطلاعه على كتابات المدرسة الفرويدية الاوربية منها والامريكية، وبعد تأثره بأفكار زوجته المختصة بموضوع وتقنيات التحليل النفسيـ وقد توصل الى حقيقة مفادها بأن الفاشية والحرب هما مشكلتان مرضيتان[45]. وبعد تأثر منهايم بـأعمال هارولد لازويل وغيره من علماء النفس الاجتماعي أخذ يعتقد بأن عدم توفر الطمأنينة الجماعية وشيوع دوافع القلق وعدم الاستقرار اللتين أساءتا الى الأنسـان الحديث تحتاجان الى تحليـل نفسيـ لتوضيـح ومعرفة أسبابهما

ومصادرهما وآثارهما القريبة والبعيدة. وقد دعا منهايم الى ضرورة ايجاد علم نفس السسيولوجيا (Sociological Psychology) الذي يمكن أن يستفيد من ثمار التحليل النفسي وثمار بقية المدارس النفسية لتفسير سلوك الأفراد تفسيراً مؤسسياً وتكوين هندسة اجتماعية تهدف الى استبدال المرض بالصحة واللاعقل بالعقل[46].

وأخيراً يجب أن نقول بأن علاقة منهايم بآليوت وبقية المفكرين الانكلكيين ورجال الدين واللاهوت دفعته الى اعادة النظر بعقلانيته اللادينية التي كان يحملها سابقاً. ذلك ان تأكيده الجديد على أهمية الدين كموجه للسلوك وأهمية الدين في وحدة وتماسك الجماعات الاجتماعية قد أثر في فكره الأجتماعي الى درجة انه في اواخر حياته قد تبنى الفكر المسيحي الانكلوسيكساني واعتمده في كتاباته الأجتماعية التي كانت تتوخى اصلاح المجتمع وانقاذه من أخطار وويلات العصر التي جلبتها له الأفكار والحركات السياسية العاتية كالفاشية والنازية[47].

ولكن عندما هاجر منهايم من المانيا الى انكلترا بعد صعود النازيين الى مقاليد القوة والحكم اضطر الى تبديل أفكاره وخططه وطروحاته النظرية تبديلاً كلياً. فقد هجر دراساته وأبحاثه النظرية في موضوع علم اجتماع المعرفة وبدأ يدرس ويحلل قضايا ومشكلات علم اجتماع التخطيط واعادة البناء الاجتماعي. وقد ظهرت دراساته وتحليلاته الجديدة في كتاب " تشخيص عصرنا " وكتاب " الانسان والمجتمع في عصر اعادة البناء ". وعند طغيان واستفحال المد الفاشستي والنازي على القارة الاوربية خلال الثلاثينات وبداية الأربعينات من هذا القرن شعر منهايم بأن على عالم الأجتماع النزول من برجه العاجي ودراسة الظواهر الأجتماعية والسياسية الجديدة التي انتابت المجتمعات الاوربية بعد ظهور الحركات الجماهيرية التي تطالب بالحرية والديمقراطية والثورة[48].

ان تشخيص منهايم لمشكلات العصر يكمن بتحديده لطبيعة وأسباب الظواهر التي تشهدها المدنية الاوربية، هذه الظواهر التي ترجع الى انتشار الوعي الديمقراطي بين الجماهير. ففي العصور الغابرة كانت النخبة تمنع الجماهير عن

التمتع بحرياتها الأجتماعية والسياسية وكانت تحتكر القوة والحكم لصالحها. اما الآن فقد بدأت الجماهير والمنظمات الشعبية تطالب بحرياتها الأجتماعية والسياسية التي تضمن حقوقها ومصالحها وأهدافها المنشودة. غير ان مطالبتها هذه أصبحت تتعارض مع ارادة النخبة في التفرد بالحكم والسيطرة على مقدرات المجتمع، وأخذت تهدد كيان المجتمع بالتغير والثورة والعصيان. وهنا شهد المجتمع الاوربي حالة من الصراع والتناقض بين الجماهير المنفعلة للأصلاح والتغير والثورة وبين النخبة الحاكمة التي تريد الحفاظ على قوتها ومصالحها[49]. وهنا لا تستطيع النخبة الحاكمة الوقوف بوجه المد الثوري الجارف ولا تستطيع السيطرة على الأوضاع المتوترة التي يعيشها المجتمع الجديد. لذا كان لزاماً على النخبة الأعتراف بواقع ومعطيات الأوضاع المتأزمة وفسح المجال للجماهير بمشاركتها الحكم وذلك من خلال توزيع مواقع القوة بينها وبين الجماهير الثائرة توزيعاً يضمن نشر العدالة والاستقرار والهدوء في ربوع المجتمع ويوفر له أسباب التنمية والازدهار والتقدم[50].

لكن المجتمع الصناعي الاوربي هو مجتمع يعتمد على تقسيم العمل والتخصص فيه. لذا تزداد درجة انشطته وفعالياته المادية وغير المادية وتهيمن عليه الأحكام والقوانين العقلانية التي تحدد واجبات وحقوق الأفراد والجماعات. وتحت هذه الظروف الجديدة التي يعيشها المجتمع الأوربي المعاصر تظهر المشكلات الأنسانية المستعصية نتيجة خضوع عدد غير قليل من الأفراد للدوافع غير المهذبة واللاعقلانية التي يكون مصدرها ميكانيكية وروتينية الحياة العصرية المعقدة التي تسيطر عليها الأزمات والكوارث ذات النتائج غير المحمودة كالحروب والأنتفاضات والأزمات الاقتصادية والبطالة والتضخم النقدي.... الخ.

والأزمة الراهنة التي تعيشها المجتمعات الأوربية خصوصاً بعد الحرب العالمية الثانية تتطلب ظهور أفكار وقيم ونظريات اجتماعية جديدة لها أهميتها في نشر وبلورة الروح العقلانية بين الافراد والجماعات[51]. غير ان المجتمع لا

يستطيع بلوغ الحرية والديمقراطية دون توفر الفكر الأجتماعي المخطط الذي يمكن ان يضع لبناته الاولى وينميه علماء الاجتماع المعاصرون. وجميعنا يعلم بأن المجتمع بعد الحرب لا يمكن الرجوع الى حرية التجارة ولا يمكن ان يدع الأمور تسير دون سيطرة وتنظيم مخطط من قبل الدولة، ذلك ان الحرب هي صانعة الثورة الصامتة طالما أنها تمهد الطريق لنظام مخطط جديد[52].

والتخطيط الديمقراطي بالنسبة لمنهايم ليس هو تخطيط اقتصادي فحسب بل هو تخطيط اجتماعي وتخطيط شامل لإعادة بناء المجتمع. ومن أهم واجبات التخطيط الاجتماعي الديمقراطي تكوين الجماعات البشرية المتضامنة التي لها فعاليات وأهداف معينة. علماً بأن المشكلة الأجتماعية والنفسية التي تجابهها البشرية الآن هي كيفية تحويل الجماهير غير المنظمة والمبعثرة الى جماعات اجتماعية ذات أشكال وتراكيب وأهداف محددة تخدم مسيرة المجتمع المعاصر[53]. ويعتقد منهايم بأن على المجتمع الجديد أن لا يحقق فقط الرفاهية المادية للمواطن، بل يجب عليه ان يحقق له الرفاهية الأجتماعية والروحية والقيمية ايضاً. لهذا طالب منهايم بضرورة تقوية دور الدين في المجتمع لكي يسهم في دعم الجوانب الروحية والأخلاقية ويبلور وظائفها وينشر تعاليمها[54].

وهنا جعل منهايم الكنائس وأماكن العبادة مسؤولة عن مهمة زرع ونشر وبلورة الأخلاق والقيم الرفيعة عند الأفراد مهما تكن طبيعة معتقداتهم الدينية وانتماءاتهم الحزبية والسياسية. لذا ينبغي على عالم الأجتماع ادراك أثر القوة الروحية في وحدة وتكامل الجماعات والأفراد وفي مضاعفة قوتهم وطاقتهم على أداء العمل المطلوب الذي يحقق أهدافهم القريبة والبعيدة. فالدين في السابق كما يعتقد منهايم كان قوة تحافظ على الهدوء والاستقرار في المجتمع، والآن يجب أن يستعيد مكانته السابقة ويكون قوة فاعلة في مساعدة المجتمع على اجتياز مرحلته الأنتقالية بنجاح.

ولم يعتبر منهايم الدين وحده قوة لدعم وتعزيز وحدة المجتمع واعادة بناء هياكله بـل اعتبر ايضا الثقافة والتربية والتعليم والخدمة الاجتماعية ومحاكم الاحداث ومكاتب رعاية الأطفال والمنظمات الشعبية وأدارات المجتمعات المحلية وسائل فاعلة في وحدة المجتمع وتنميته وداينيميكيته في تحقيق أهدافه العليا[55]. واعتبر كذلك الطوائف الدينية والأحزاب السياسية والتنظيمات المهنية ووسائل الأعلام الجماهيرية من المؤسسات المهمة المسؤولة عن وحدة المجتمع وازالة أسباب الخصومات والانقسامات بين أفراده وحث تنظيماته الأنتاجية والخدمية على زيادة الأنتاج كماً ونوعاً. اضافة الى تأكيده على أهمية وجود الجماعات المتخصصة التي تتولى مهمة تنسيق مهام وفعاليات المنظمات والفئات الاجتماعية والتوحيد بين برامجها وأهدافها لكي تؤدي واجبها المطلوب.

ولكي تؤدي هذه المنظمات والجماعات واجباتها الأجتماعية والأخلاقية ينبغي عليها كما يعتقد منهايم الاهتمام بنوعية قياداتها. ذلك ان المجتمع غير المخطط هو المجتمع الـذي لا يعتني بمهمة اختيار قادته وآمريه ورؤسائه، في حين يراعي المجتمع المخطط الـذي أراد منهايم بلوغـه مسألة اختيار قياداته المؤهلة التي تناضل من أجل تقدمه وشموخه ورفاهيته. ويؤكد منهايم مراراً وتكراراً علـى ضرورة تجاوب المخططين الأجتماعيين وعلماء الأجتماع والمربين مع حاجات وطموحات وقيم ومثل أبناء المجتمع وعـدم فرض ارادتهم وأفكارهم الاجتماعية والأصلاحية عليهم لكي لا يعزفوا عن التعاون معهم ومع السلطة التي تمثلهم خلال عمليات التنمية واعادة البناء[56].

لكـن الأفـراد لا يستطيعون استيعاب وهضم بـرامج التنميـة الاجتماعيـة والخلقيـة دون قيـام وسـائل الاعـلام الجماهيريـة بـزرع وبلـورة ونشر ـ القيـم والمقـاييس والمثـل الأخلاقيـة بينهم وصبها في عروقهم عن طريق برامجها التثقيفية والدعائية، واذا ما نجحت وسائل الأعلام الجماهيرية في بلورة ونشر القيم والممارسات الاجتماعية والروحية الايجابية، وبـادر الأفـراد الى التجاوب والتفاعل معهـا فانها

تستطيع ان تلعب الدور القيادي في اعادة توحيد وتكامل المجتمع وازالة الخلافات والانقسامات الظاهرة والكامنة بين أفراده وشرائحه الأجتماعية. وهنا يكون المجتمع بكافة خلفياته الاجتماعية وعناصره السكانية موحداً ومقتدراً على تحقيق أهدافه التنموية والروحية القريبة منها والبعيدة.

**الخلاصة والاستنتاجات:**

يعتبر كارل منهايم من علماء الاجتماع الأوائل الذين تخصصوا في حقل علم اجتماع المعرفة وطوروه وأضافوا اليه الشيء الكثير، خصوصاً ما يتعلق بدراسة العلاقة المتفاعلة بين البنى التحتية والفوقية للمجتمع، ودور البناء والبيئة الاجتماعية في ظهور ونضوج وتكامل الفكر، وعلاقة الفكر بتنمية أو تخلف المجتمع. علماً بأن منهايم يعني بالبيئة الاجتماعية المؤثرة في الفكر كافة الظروف الطبقية والمهنية والاقتصادية والسياسية والعمرية المحيطة بالشريحة المثقفة المسؤولة عن خلق الفكر وانتشاره.

ومما لا شك فيه أن آراء منهايم في علم الاجتماع ترتكز على أساس فلسفي وان كان اساساً صوفياً بعض الشيء. ويحس المرء من قراءة مؤلفاته الأولى إيمانه الميتيفزيقي شبه الديني بالوظيفة الخلاقة للتاريخ ساعياً دائماً الى التوفيق بين الأتجاهات المتصارعة. وقد خلص خلال فترة وجوده في انكلترا الى أن الانسان لا يستطيع الاهتداء بالتاريخ وحده، بل يجب ان يستكمل هذا الاستهداء بمعايير أخرى مثل العقل مقابل اللاعقل والسلام مقابل العدوان. ومن الواضح ان هذا الموقف الجديد يدخل على الدراسة أحكاماً قيمية، وقد أدى هذا الموقف بمنهايم الى تبني فكرة التخطيط الأجتماعي التي يعرضها ببراعة في كتابه " الحرية والسلطة والتخطيط الديمقراطي " الذي يدخل معظمه في نطاق علم الاجتماع السياسي. كما تطرق الى هذا الموضوع في كتابه " الانسان والمجتمع في عصر اعادة ابناء " . واخيراً أهتم منهايم بتخطيط واعادة بناء مجتمع ما بعد الحرب.

# هوامش الفصل

(*) يعرف منهايم على الاجتماع بانه النظرية العامة في المجتمع او العملية الاجتماعية الكلية. ولا تقتصر هذه النظرية على دراسة عمليات الارتباط الاجتماعي بل تتضمن دراسة المعاني التي تؤلف بين الناس أو تفرق بينهم وهم في المؤسسات الاجتماعية. ويهتم علم الاجتماع كذلك بالتنسيق بين نتائج الدراسات الاجتماعية في العلوم الانسانية المختلفة كالاقتصاد والدين والسياسة والتربية، ويستنبط منها نظريات وأسس عامة وثابتة تحكم السلوك الاجتماعي والعلاقات الاجتماعية ومسيرة الهياكل والنظم الاجتماعية الفرعية.

(1)Kulcsar, K. The Past and Present of Hungarian Sociology, Sociological Revew Monograph, Hungarian Sociological Studies, Keele University, England, 1972, P.9.

(2)Kettler, D. The Life and Work of Karl Manheim, Berlin, 1975, PP.9-11.

(3)Coser, L. Masters of Sociological Thought, Harcourt Brace, Jovanovich, New York, 1971, P.444.

(4)Ibid., P.445.

(5)Ibid., P.446.

(6)الحسن، احسان محمد (الدكتور). نشوء وتطور علم الاجتماع الاشتراكي، مجلة كلية الآداب، العدد26، حزيران 1979، ص30.

(7)Mannheim, K. Essays On Sociology and Social Psychology, New York, Oxford Univ. Press, 1983, Ch.1.

(8)Coser, L. Masters of Sociological Thought, P.447.

(9)Floud, Jean. Karl Mannheim in Timothy Raison ed., The Founding Fathers of Social Science, Harmondsworth, England, Penguin Books, 1993, P.204.

(10)Ibid., P.206.

(11)Ibid., P.213.

(12)Martindale, D. The Nature and Types of Sociological Theory, 2nd, ed., Houghton Mifflin Co., Co., Boston,1981, P.405.

(13)Coser, L. Masters of Sociological Thought, P.429.

(14)Marx, K. and F. Engels. Selected Works, Moscow, Progress Publishers, 1975, PP.35-36.

(15)Mannheim, K. Ideology and Utopia, New York, Harcourt Brace, Jovanovich, 1976, P.27.

(16)Ibid., P.3.

(17)Dahlke, H. The Sociology of Knowledge, New York, Appleton, 1995, P.87.

(18)Ibid., P.90.

(19)Coser, L. Masters of Sociological Thought, P.431.

(20)Mannheim, K. Ideology and Utapia, P.244.

(21)Ibid., P.240.

(22)Merton, R.K. Social Theory and Social Structure, New York, the Free Press, 1987, PP.498-499.

(23)Mannheim, K. Ideology and Utapia, PP.242-245.

(24)Mitchell, Duncan. A Dictionary of Sociology, Routledge and Kegan Paul, London, 2001, P.113.

(25)Mannheim, K. Ideology and Utpia, P.232.

(26)Madge Charles. Society in the Mind, Faber and Faber, London, 1994, P.117.

(27)Ibid., P.117.

(28)Mannheim, K. Ideology and Utopia, PP.235-237.

(**)ان هؤلاء الأفراد يتواجدون في مؤسسات تربوية معينة لاسيما الجامعات والتي فيها يتمتعـون بـنمط معين من الحياة ويتقاضون رواتب محددة. ويسمي منهايم هؤلاء الناس الشريحة الاجتماعيـة المثقفـة الوسطى.

(29)Ibid., P.239.

(30)Coser, L. Masters of Sociological Thought, P.433.

(31)Mannheim, K. Conservative Thought, in Essays on Sociology and Social Psychology, New York, Oxford University Press, 1973, P.120.

(32)Ibid., P.121.

(33)Mannheim, K. The Problem of Generations, in Essays On the Sociology of Knowledge, New York, Oxford University Press, 2000, P.291.

(34)Ibid., P.292.

(35)Mannheim, K. Ideology and Utopia, P.3.

(36)Maizel, I. The Sociology of Science : Problems and Trends, Leningrad, 1991, P.4.

(37)Mannheim, K. The Problem of Generations, P.291.

(38)Ibid., P.293.

(39)Martindale, D. The Nature and Types of Sociological Theory, P.406.

(40)Mannheim, K. Ideology and Utopia, P.242.

(41)Mannheim, K. Essays On the Sociology of Culture, New York, Oxford University Press, 1986.

(42)Mannheim, K. Man and Sociology in an Age of Reconstruction, New York, Harcourt, Brace, 1976, P.205.

(43)Ibid., P.206.

(44)Ibid.., P.207.

(45)Ibid., P.208.

(46)Ibid., P.209.

(47)Ibid., P.211.

(48)Coser, L. Masters of Sociological Thought, P.437.

(49)Ibid., P.438.

(50)Mannheim, K. Man and Society in an Age of Reconstruction, PP.25-26.

(51)Mannheim, K. Diagnosis of Our Time, London, Routlege and Kegan Paul, 1983, P.37.

(52)Ibid., P.38.

(53)Ibid., P.93.

(54)Mannheim, K. Freedom, Power and Democratic Planning, New York, Oxford University Press, 1980, P.312.

(55)Mannheim, K. Diagnosis of Our Time, P.29.

(56)Mannheim, K. Freedom, Power and Democratic Planning, P.69.

Printed in the United States
By Bookmasters